吕思勉 [著]

中国民族史

中国史略丛刊

中国书籍出版社
China Book Press

图书在版编目（CIP）数据

中国民族史 / 吕思勉著. ——北京：中国书籍出版社，2019.7
（中国史略丛刊. 第二辑）
ISBN 978-7-5068-7349-9

Ⅰ.①中… Ⅱ.①吕… Ⅲ.①中华民族—民族历史
Ⅳ.①K28

中国版本图书馆CIP数据核字(2019)第125193号

中国民族史

吕思勉　著

责任编辑　牛　超
责任印制　孙马飞　马　芝
封面设计　东方美迪
出版发行　中国书籍出版社
地　　址　北京市丰台区三路居路97号（邮编：100073）
电　　话　（010）52257143（总编室）　（010）52257140（发行部）
电子邮箱　eo@chinabp.com.cn
经　　销　全国新华书店
印　　刷　三河市顺兴印务有限公司
开　　本　880毫米×1230毫米　1/32
字　　数　201千字
印　　张　10.5
版　　次　2019年8月第1版　2019年8月第1次印刷
书　　号　ISBN 978-7-5068-7349-9
定　　价　58.00元

版权所有　翻印必究

序

吕君诚之,著《先秦学术概论》,予既为序而行之矣。越三日,君复以所著《中国民族史》相示。读之,二日而毕。则其贯通精确,又有非前书所能逮者。汉高祖之盛也,以三十万众,困于平城。是役也,上距蒙恬之逐头曼,仅十余年耳。蒙恬之兵则强矣,自此以前,秦之兵威,未能若是其盛也;燕赵诸国,兵力尤不逮秦;匈奴之为国则旧矣,何以迄无冒顿其人者,侵扰北垂?此史事之可疑者一也。汉世所谓上谷,渔阳,右北平,辽西东者,实苞今辽、热二省,且渡鸭绿江入朝鲜。乌桓居五郡塞外,其地亦不狭矣。乃自魏武柳城一捷,而乌桓之名,几不复见,其众果何往乎?此史事之可疑者二也。朝鲜为箕子之国,无足疑者。然当商周之间,辽东西究作何状,殊不可知。无论箕子出走,武王封建,安能及于朝鲜?此史事之可疑者三也。蒙古由来,《元史》不载。赖有《秘史》,少窥崖略。然《秘史》所述,则蒙古王室之先世耳。其部族缘起,不可知也。近世考证之家,谓其实出室韦,以地望核之,是矣,然蒙人又自号曰鞑靼,何居?抑鞑靼者,《五代史》云:靺鞨别部之居阴山者也。靺鞨在松花江畔,何缘西附阴山?既附阴山,又何缘绝漠而北?此史事之可疑者四也。往史所载诸民族,一夫多妻者多,一妻多夫者少。苟其有之,必且竞相传述。当南北朝时,有具一妻多夫之俗者曰嚈哒,居今于阗。史谓其自金山而南；班勇平西域时，已有其国。果如所言，《后书》《国志》，何以一语不及？而吐蕃赞普，《唐书》谓其系出秃发，越积石而抚有群羌。羌固父死妻后母，兄亡报嫠嫂者。以一妻多夫之藏族，而谓其原出于羌，可乎？此史事之可疑者五也。苗，瑶，僚，僰，占地既广，称名猥多。果一族乎？抑多族乎？若为多族，当得几族？若本一族，缘何派分？历来记诸族之事迹者多，能董理其派别者少。此尤予读书以来所怀疑莫释者也。一读此书，则向之怀疑莫释者，今皆昭若发矇。昔人谓《汉书》可以下酒，得此快作，真可一石不醉矣。然向所胪举，乃仅就予所怀疑者言之耳。全书中精辟之处，盖未易枚数。如匈奴与中国同文也，其前后龙庭所在也，契丹十部八部之异也，金源王室得氏之由也，靺鞨二字之义也，文身食人之俗，究出何族也，无一不怡然涣然，未道破则人不能言，已道破则人人共信者。又如濮族远迹，曾及秦豫；肃慎濊貊，皆因燕开五郡，播迁东北；则穿贯史事，若缀千狐之白而为裘；使往史失载之大事，突然现于眼前。斯尤足究民族盛衰兴替之原，岂徒曰诵习简策，若数米盐而已。近人所撰《东北史纲》，因夫余诸国，俗类有殷，而疑满族来自东方，远不如此书诸族本居燕北，因燕国开拓而播迁之说之善。盖尝论之：考证之学，以清代为最精。实详于经而略于史。清儒之考史者，多留心于一枝一节，为古人弥缝其阙，匡救其灾，其能贯串全史，观其会通者盖寡；比合史事，发见前人所未知之事实者，尤不可睹矣。君之所为，诚足令先辈咋舌。附录诸篇，若三皇五帝、昆仑、鬼方、长狄诸考，则又淹贯经子，虽专门之经生有不逮。才士固无所不可哉！谁谓古今人不相及乎？

民国二十二年夏武进陈协恭序

目 录

序 / 1

第一章　总论 / 1

第二章　汉族 / 9

  附录一　昆仑考 …………………………………… 20

  附录二　三皇五帝考 ……………………………… 23

  附录三　夏都考 …………………………………… 28

  附录四　释亳 ……………………………………… 33

第三章　匈奴 / 41

  附录一　赤狄白狄考 ……………………………… 64

  附录二　山戎考 …………………………………… 71

  附录三　长狄考 …………………………………… 74

  附录四　秦始皇筑长城 …………………………… 79

第四章　鲜卑 / 81

　　附录一　鲜卑 ················· 102

　　附录二　后魏出自西伯利亚 ········· 105

　　附录三　宇文氏先世 ············· 106

　　附录四　契丹部族 ·············· 107

第五章　丁令 / 111

　　附录一　丁令 ················· 132

　　附录二　丁令居地 ·············· 135

　　附录三　突厥与蒙古同祖 ·········· 138

第六章　貉族 / 145

　　附录一　貉族发见西半球说 ········· 165

第七章　肃慎 / 169

　　附录一　金初官制 ·············· 210

第八章　苗族 / 213

第九章　粤族 / 229

第十章　濮族 / 261

第十一章　羌族 / 277

　　　附录一　鬼方考 …………………………………………… 293

第十二章　藏族 / 301

第十三章　白种 / 311

第一章 总论

此书凡分十二族，今各述其大概如下：

（一）汉族　此为最初组织中国国家之民族。其语言、习俗、文化等，皆自成一体，一线相承。凡世所称为中国民族者，皆以其能用此种语言，具有此等习俗文化而言之也。此族初居黄河流域，渐向长江、粤江两流域发展。其开化之年代，今尚不能确知。据史家所推算者计之，则其有史时期，当在距今五千年前后。中国确实之纪年，始于共和元年，在公元前八百四十一年。自此以前，据《汉书·律历志》所推：周尚有一百九十二年，殷六百二十九年，夏四百三十二年，为公元前二千零二十四年，即民国纪元前三千九百三十五年，更加巢、燧、羲、农，及黄帝、颛顼、帝喾、尧、舜等，事迹较可凭信者，必在距今五千年前后也。其为故居此地，抑自他处迁徙而来，今亦未能确知，其奄有中国本部，盖定于秦、汉平南越开西南夷之日。自此以后，其盛衰之迹，即普通中国历史，人人知之。其与他族交涉，则述他族时可以见之。故述此族之事，即至此为止。

（二）匈奴　此族当前二世纪至纪元一世纪时，据今内外蒙古地方，为中国之强敌。一世纪末，为中国所破；辗转西迁，直至欧洲为止，与中国无甚交涉矣。其入居中国内地者，四世纪之初，乘中国内乱而崛起。是为五胡中之胡、羯，十六国中之前后赵，约五十年，大为冉闵所屠戮，遂骤衰，其遗族浸与汉族相同化焉。此族自周以前，盖与汉族杂居黄河流域，详见篇中。此时今内外蒙古之地，盖极地广人稀；错处之种族虽多非尽此族，实无一强大者。故中国当未统一之前，无北方游牧民族侵掠之患，实天幸也。

（三）鲜卑　此族似即古所谓析支，散居中国之北。秦、汉时，则在今辽、热之间。盖南限于燕所开上谷、渔阳、右北平诸郡，西限于匈奴也。更东则为貉族。中国人称为东胡。公元前一二世纪之间,为匈奴所破,余众分保乌桓、鲜卑二山,因以为名。二山所在,今不能确知,然必满、蒙之间,所谓内兴安岭之脉者。乌桓在南,鲜卑在北。汉武帝时,招致乌桓,居于上谷、渔阳、右北平、辽西、辽东五郡塞外,助汉捍御匈奴。自此乌桓与汉较亲。一世纪末,匈奴亡。鲜卑徙据其地,而臣其遗落,由此大盛。至二世纪后半,遂与中国相抗衡。然未久复衰。惟其部落分布仍甚广。乌桓当二世纪后半,其大人亦颇有桀骜者。三世纪初,曹操袭破之于柳城。自此不能复振。然后此崛起之鲜卑,核其地,实多前此乌桓所据。故予颇疑鲜卑为其种族之本名,乌桓仅其分部之号;柳城战后,非乌桓自此遂亡,乃皆改从本名耳。此族分布既广,故五胡之乱,乘时崛起者颇多。前后燕、西秦、南凉、拓跋魏、宇文周皆是。高齐虽自称汉族,风气实同鲜卑,亦不能视为汉族也。两晋南北朝之世,此族之兴,始于慕容氏之据辽东西。事在三世纪末叶。至五八一年,隋代宇文周,而其在中国割据之局始终,其人亦大抵同化于中国。而其种落,仍有居西辽河上游流域者,是为奚、契丹。公元十世纪之初,契丹崛起,尽服漠南北;声威西至西域;又东北灭渤海;南割燕云十六州。至千一百二十五年,乃为金所灭。自东胡之强至此,盖千三四百年,其运祚,实远较匈奴为久也。

(四)丁令 此族在今日,中国人通称为回,西人则通称为突厥,皆其后来之分部。其种族之称,实惟丁令,异译作敕勒,亦作铁勒。地在匈奴及西域诸国之北。自贝加尔湖附近起,至咸海、里海之北,成一弧形。鲜卑侵入内地后,此族踵之而据漠南北。公元四世纪前半,北魏与柔然,争斗最烈。柔然虽鲜卑分部,其所用,实皆丁令之众也。五世纪中叶,柔然衰,而此族之突厥盛。

自此或与中国为敌，或则臣服于中国，至七世纪初乃亡。而其同族回纥又继之。至八世纪初叶，乃为黠戛斯所破。自此弃漠南北，居河西及天山南路，以至于今。以上所述，为此族之居东方者。其居西方者为西突厥。六世纪中叶，为中国所破；后中国之威力衰，则臣服于大食，然其种落仍在。大食衰，此族复多崛起者。元世，入居中国者不少焉。

（五）貊族　东洋史上，汉族而外，当以此族程度为最高。古所称东方君子之国者，实指此族言之。其根据地，予疑其本在辽、热、河北之间，自燕开五郡，乃为所逐，奔进塞外。于是此族名国，在今吉林西境者有夫余；其南下朝鲜半岛者，为高句丽及百济。夫余亡于三世纪之初。而句丽、百济，日益昌大，终成半岛之主人焉。此族文化，酷类有殷，盖受之箕子。古代之朝鲜，断不能在半岛，盖亦随燕之开拓，而奔进于东者也。

（六）肃慎　即今所谓满族，此族在古代，疑亦近北燕，随燕之开拓而东北走者，详见篇中。自汉以后，此族居于松花江流域；而黑龙江两岸，亦其种落所在。初盖服属夫餘，后亦臣事句丽。句丽之亡，助之之粟末部，入居今热河境。七八世纪之间，因契丹叛乱，东走出塞，建国曰渤海。尽有吉、黑及清咸丰间割畀俄国之地。并有今辽宁东境，及朝鲜北境。一切制度文物，皆模范中华，称为海东盛国。九百二十六年，为辽所灭。于是此族大致服辽。至千一百十四年，而此族之黑水部曰女真者兴起。以飘风暴雨之势，十有二年而灭辽；又二年而亡北宋，奄有中国之半。凡百二十年，而亡于元。其居长白山者，后四百年乃兴起，是为清。其居黑龙江上游者为室韦。其别部，唐时曰蒙兀，即后来之蒙古。然蒙古王室之先世，则实沙陀突厥与室韦之混种也。详见篇中。

（七）羌族　此族在今陇蜀之间，及西康、青海、前藏之境。其分支东出，沐浴中国之文化最早者曰氐。三代时，即与中国有交涉。据河、湟肥饶之地，为中国患最甚者，为汉时之西羌。又西北至天山南路，南至云南西境，亦有其种落。但非其蟠结繁盛之区而已。此族所处之地，极为崎岖，且较硗瘠；既不能合大群，产业亦无由开发，故其进化颇迟。然亚洲中央之高原，大半为此族所据。将来大陆中心开发时，实占极重要之地位也。

（八）藏族　此族有一特异之俗，曰一妻多夫。自晋以前无闻焉。南北朝时，乃有据今于阗之地者，曰嚈哒。其兵威远暨西亚。至突厥兴，乃为所破。嚈哒原起，史籍所云，殊不足据。以予观之，则嚈哒二字，实系于阗异译。后藏、于阗之间，本有交通孔道。嚈哒盖后藏民族之北出者也。西康、青海、西藏，同为亚洲中央高原。然其地势，仍有微别。西康、青海及前藏，皆向东南倾斜，为诸大川上游谷地，此为羌族所据。后藏之地，则高而且平，其水皆无出口，地理学家称为湖水区域，此则藏族之所据也。前藏之南，雅鲁藏布江流域，地最肥饶，亦较平坦，去印度又近，是以吐蕃王室之先，自此入藏，遂为羌、藏二族之主。此族以所居之地之闭塞，其开化亦迟。然正以此故，其信教之心极笃。佛教衰于印度，遂以此为根据。蒙、羌两族，亦皆受其感化。亚洲内陆开发时，亦必占极重要之位置也。

（九）苗族　南方诸族，向来论者，不甚加以分别。然考诸史籍，则固显然可分为三：其一族，予从今日通行之名，称之曰苗。又其二族，则稽诸古初，而称之曰越，曰濮。苗族古称黎，汉以后称俚，亦作里。其地居正南，故古书多称为蛮。今所谓苗，即蛮字之转音也。或以附会古之三苗，误矣。然今苗族之称，不因古三苗之国；而古三苗之国所治，则确为今之苗民，即所谓九黎也。此族当五帝时，曾据今长江中流，洞庭、彭蠡之间，后为汉族所破。周时，江域之地入楚。此族退居湖南，自汉以后，又沿洞庭流域西南退。凡今湖南及贵州沅江上游之地，古所谓蛮者，大抵皆此族也。

（一〇）越族　今所谓马来人。其分布之地，在亚洲沿海；暨环亚洲诸岛屿，即地理学家所谓亚洲大陆之真沿边者。其形状之异甚著，史多明载之。又文身食人之俗，散见史籍者甚多，比而观之，则皆系此族人。此族之程度，似较苗族为低。然其所据之地，远较苗族为广。山东半岛及江、浙、闽、广、湘、赣，古代盖皆此族人所据；且有深入川、滇者。今日中国人之成分中，此族之血胤，必不少也。

（一一）濮族　此族今称猓猡。其与苗族之异，日本鸟居龙藏曾言之。然考诸史籍，其事亦甚显著也。此族之文明程度，又较苗族为高。其地在苗族之西；贵州西境，云南东境，四川南境，则其蟠据之区也。此族在古代，踪迹曾深入北方，达今秦、豫之境。湖北西半，亦大抵为所据，详见篇中。其去汉族盖最近，故其程度亦最高也。

（一二）白种诸族　今日欧、亚二洲之界线，非历史上东西洋之界线也。历史上东西洋之分界，实为亚洲中央之帕米尔高原。自此以东之地，其事皆与中国之关系多，与欧洲之关系少；自此以西之地，则与欧洲之关系多，而与中国之关系少矣。白种人之分布，大都在葱岭以西，故与中国关系较浅。然彼此往来，究亦不乏。而葱岭以东，白种人之分布，亦非曰无之，特非大部落耳。

以上所述，除白种诸族甚少，不足计外，其余十一族，可分三派：匈奴、鲜卑、丁令、貉、肃慎为北派；羌、藏、苗、越、濮为南派此以大致言。羌、藏中，亦有具北派之性质者；而汉族居其中。北派除貉族外，非据瘠薄之草原，则据山岭崎岖而苦寒之地，故其性好杀伐。历代为中国患，又蹂躏西域，有时且及于欧洲者，皆此派民族也。南方则地势崎岖，而气候炎热，其民性较弱，而团结亦较难，故不能为大患。然其开发亦不易。汉族卵翼之，教诲之，迄今已数千年，犹未能全然同化也。惟汉族，根据黄河，而渐进于长江、粤江两流域。川原交错，物产丰饶，幅员广大，交通利便，气候亦具寒热温三带，取精用弘，故能大启文明，创建世界所无之大国。得天独厚，良非偶然。然以四围诸族，程度皆下于我，遂不免傲然自大，而稍流于故步自封；又以广土众民，生活及文化程度，皆远较他族为胜；一时虽为人所征服，不久即能同化他人；不恃兵力，亦足自立，民气遂日流于弱；此则其缺点也。今日所遇诸族，则非复昔时之比矣。狃于蒲骚之役者，虽遇小敌，亦不免败绩失据，况今之所遇，固大敌乎？可不深自念哉？

[第二章] 汉族

民族与种族不同。种族论肤色，论骨骼，其同异一望可知。然杂居稍久，遂不免于混合。民族则论言文，论信仰，论风俗，其同异不能别之以外观。然于其能否抟结，实大有关系。同者虽分而必趋合，异者虽合而必求分。其同异，非一时可泯也。

一国之民族，不宜过杂，亦不宜过纯。过杂则统理为难，过纯则改进不易。惟我中华，合极错杂之族以成国。而其中之汉族，人口最多，开明最早，文化最高，自然为立国之主体，而为他族所仰望。他族虽或凭恃武力，陵轹汉族，究不能不屈于其文化之高，舍其故俗而从之。而汉族以文化根柢之深，不必借武力以自卫，而其民族性自不虞澌灭，用克兼容并苞，同仁一视；所吸合之民族愈众，斯国家之疆域愈恢；载祀数千，巍然以大国立于东亚。斯固并世之所无，抑亦往史之所独也。

汉族之称，起于刘邦有天下之后。近人或谓王朝之号，不宜为民族之名。吾族正名，当云华夏。案《书》曰："蛮夷猾夏。"《尧典》，今本分为《舜典》。《左氏》曰："戎狄豺狼，诸夏亲昵。"闵元年。又曰："裔不谋夏，夷不乱华。"定十年。又载戎子驹支对晋人之言曰："我诸戎饮食衣服，不与华同。"襄十四年。《论语》曰："夷狄之有君，不如诸夏之亡也。"《八佾》。《说文》亦曰："夏，中国之人也。"则华夏确系吾族旧名。然二字音近义同，窃疑仍是一语。二字连用，则所谓复语也。"裔不谋夏，夷不乱华"二语，意同辞异，古书往往有之，可看俞氏樾《古书疑义举例》。以《列子》黄帝梦游华胥，附会为汉族故壤，未免失之虚诬。夏为禹有天下之号，夏水亦即汉水下流。禹兴西羌，《史记·六国表》。汉中或其旧国。则以此为吾族称号，亦与借资刘汉相同。且炎刘不祀，已越千年。汉字用为民族之名，久已不关朝号。如唐时称汉、蕃，清时称满、汉，民国肇建，则有汉、满、蒙、回、藏五族共和之说是也。此等岂容追改？夏族二字，旧无此辞。华族嫌与贵族混。或称中华民族，词既累重，而与合中华国民而称为一民族者，仍复相淆。夫称名不能屡更，而涵义则随时而变。故片辞只语，其义俱有今古之不同。训诂之事，由斯而作，必谓汉为朝号，不宜用为民族之名，则今日凡百称谓，何一为其字之初诂哉？废百议一，斯为不达矣。

汉族自有史以前，久居此土乎？抑自他处迁来，其迹尚有可考者乎？此近人所谓"汉族由来"之问也。昔人暗于域外地理，即以其国为天下，此说自无从生。今则瀛海大通，知中国不过世界列国之一；远览他国史乘，其民又多非土著；而读史之眼光，始一变矣。法人拉克伯里氏撰《支那太古文明西原论》，谓汉族来自巴比伦。日本白河次郎、国府种德取其说以撰《支那文明史》，东新译社译之。改名《中国文明发达史》。说极牵强。顾中国人自此颇留意考据。搜辑最博者，当推蒋智由之《中国人种考》。见《新民丛报》。此篇以博为主，故所采不皆雅言。作者亦无确实论断。此外丁谦、章炳麟等，咸有论著，或主来自小亚细亚。丁氏之说。见所著《穆天子传地理今释》。略谓"此书体例，凡穆王经过诸国，有所锡赉皆曰'赐'；惟于西王母则曰：'献'。诸受天子之赐者，皆膜拜而受，惟西王母及河宗氏不然。天子觞西王母于瑶池之上。西王母为天子谣曰：白云在天，山陵自出。道里悠远，山川间之。将子无死，尚复能来"。意谓中华大国，然其初起自西方，犹天上白云，出自山陵也。然则西王母为汉族故国，理自可信。《传》云："自群玉之山以西，至于西王母之邦，三千里。自西王母之邦，北至于旷原之野，飞鸟之所解其羽，千有九百里。"又云："至于西王母之邦，遂驱，升于弇山。乃纪其迹于弇山之石，而树之槐，眉曰西王母之山。"群玉之山，以穆王游行道里核之，当在今葱岭左右。旷原之野，盖印度固斯山以北高平之地。西王母在群玉之山之西三千里,旷原之野之西千九百里,则当在今小亚细亚。弇山,《郭注》云:弇兹山,日所入也。即《山海经》之崦嵫山。《经》云:"崦嵫之山,苕水出焉,而西流注于海。可证西王母之池,西面滨海。然则西王母当在小亚细亚之西端。昔人所知陆地,西尽于此,遂以为日之所入耳。"愚案西王母之名,见于《尔雅》,为四荒之一。《淮南子·地形训》:"西王母,在流沙之濒。"《礼记·王制》:"自西河至于流沙,千里而遥。"则西王母之地,极远亦不过在今甘肃边境。《太平御览·地部》引崔鸿《十六国春秋》:"酒泉太守马岌上言:酒泉南山,即昆仑之体。有西王母石室"云云。虽未必密合,地望固不甚远。故虞舜时,西王母能来献其白琯,若在小亚细亚,则葱岭东西,古代了无交通之迹,西王母安能飞越邪?舜时西王母来献白琯,见《大戴礼记·少间篇》。或谓来自大夏故墟。章氏之说,见《太炎文录·论种姓》篇。以西史之巴克特利亚Bactria,《史记》称为大夏,必其地之旧名。而引《吕览·古乐》篇,黄帝命伶伦作律。伶伦自古大夏之西,乃之阮隃之阴,取竹于嶰谿之谷,为大夏为汉族故土之证。然大夏之名,古籍数见,虽难确指其地,亦必不得在葱岭之西也。详见近人柳诒徵所撰《大夏考》,载《史地学报》。要其立说,皆不免借《山海经》《穆天子传》等书为佐证。此等书,后人所以信之者,以其述域外地理多合。予谓二书实出晋世,汉时西域地理已明,作伪者乃取以为资,而后人遂为所欺耳。此说甚长,当别著论,乃能详之。《山海经》系据汉后史志伪造。予所考得,凡数十事。予昔亦主汉族西来之说。所立证据,为《周官》《郑注》。谓古代之祀地祇,有昆仑之神与神州之神之别。入神州后仍祀昆仑,则昆仑为汉族故土可知。自谓所据确为雅言。迄今思之,郑氏此注,原本纬候。疏引《河图·括地象》为证。纬候之作,伪起哀、平,亦在西域地理既明之后。虽多取材故记,未必不附以新知。则其所言,亦与《山海经》《穆天子传》等耳。据此议彼,未免五十步之笑百步也。参看拙撰《昆仑考》。

然则汉族由来，竟不可知乎？曰：非不可知也，特今尚非其时耳。草昧之时，讫无信史，为各国各族所同。他国古史，所以渐明者，或则发掘古物，以求证验；或则旁近史乘，可以参稽。吾国开化最早，四邻诸国，其有史籍，皆远出我后；掘地考古，方始萌芽；则邃古之事，若存若灭，盖无足怪，与其武断，无宁阙疑也。

然则汉族发展之迹，竟不可知乎？曰：汉族入中国以前，究居何处不可知。其入中国后发展之迹，则尚有可征也，特皆在有史以后耳。案欲考汉族发展之迹，必先明其地理。考证古史地理，厥有三法：（一）考其疆域四至，及九州境界。（二）考古国所在。（三）考其用兵地理是也。疆域四至及州之境界，多有山川之名为据，似若可信。然此不过声教所及，非必实力所至也。古国所在，多难确考。有可考者，亦难分别其究为汉族，抑非汉族。无已，其惟考证古代帝王都邑乎？王朝史事，传者较详。都邑所在，亦较可凭信也。用兵地理，能传诸后世者，其间战胜攻取之方，遁逃负固之迹，皆足以考立国形势，交通路线。较诸仅知其都邑所在者，尤为可贵。故此三法者，第三法可用其全，第二法可用其半，第一法则全不足用也。

古代帝王事迹，多杂神话。其较可信者，盖始三皇五帝。三皇五帝，异说纷如，要以《尚书大传》燧人、伏羲、神农为三皇；《史记·五帝本纪》，黄帝、颛顼、帝喾、尧、舜为五帝之说为可信。详见鄙人所撰《三皇五帝考》。燧人都邑无征。《遁甲开山图》，谓伏羲生于成纪，今甘肃秦安县徙治陈仓，今陕西宝鸡县地在秦、陇之间。神农氏，一称厉山氏，亦曰大庭氏。厉山，《括地志》谓在随县，今湖北随县即春秋时之厉国。而春秋时鲁又有大庭氏之库，皇甫谧

《帝王世纪》，谓神农都陈徙鲁《史记·五帝本纪》正义引，盖本诸此。黄帝邑于涿鹿之河。服虔云：涿鹿，山名，在涿郡，今河北涿县张晏谓在上谷，皆见《集解》盖因《汉志》上谷有涿鹿县云然。窃疑服说为是也。颛顼、帝喾，《史记》皆不言其都邑。《集解》引《皇览》，谓其冢并在濮阳，今山东濮阳县则在今山东境。尧都晋阳，今山西太原县见于《汉志》。舜盖因之。《左》定四年，祝佗谓唐叔封于夏虚，启以夏政，则禹亦仍尧旧都也。然《世本》谓禹都阳城，盖其后嗣所徙。《左》哀六年引《夏书》曰："惟彼陶唐，帅彼天常，有此冀方。今失其行，乱其纪纲，乃灭而亡。"盖指太康失国之事。窃疑有夏自此，遂失冀州，后嗣更居河南也。详见鄙人所撰《夏都考》。汤都曰亳，异说尤繁。鄙意当采魏氏源之说，以商，今陕西商县偃师，今河南偃师县及汉薄县，今河南商丘、夏邑、永城三县境三处皆为亳。汤初居于商，《史记》所谓"自契至汤八迁，汤始居亳，从先王居"者也。其后十一征，自葛始。韦、顾既伐，遂及昆吾、夏桀。桀败于有娀之虚，奔于鸣条。汤以其间又伐三㚇。其战胜攻取之迹，皆在河南、山东，则必在汉薄县境矣。此孟子所谓"汤居亳，与葛为邻"者也。有天下之后，盖定都偃师。故盘庚渡河而南，《史记》谓其"复居成汤之故居"也。详见鄙人所撰《释亳》。其后仲丁迁于敖；《书》序作嚻。《正义》："李颙曰，嚻在陈留浚仪县，皇甫谧云：仲丁自亳迁嚻，在河北也。或曰：今河南敖仓。二说未知孰是。"《史记·正义》："《括地志》云：荥阳故城，在郑州荥泽县西南十七里，殷时敖地也。"案浚仪，今河南开封县。荥泽，今河南荥泽县。《水经·济水》注：济水又东经敖山，山上有城，即殷帝仲丁之所迁也。皆同《正义》或说。河亶甲居相；《史记正义》："《括地志》云：故殷城，在相州内黄县东南十三里，即河亶甲筑都之所，故名殷城也。"案今河南内黄县。祖乙迁邢；

《书》序："祖乙圮于耿。"《正义》："皇甫谧以耿在河东，皮氏县耿乡是也。"《史记索隐》："邢，近代本亦作耿，"案此盖后人以《书序》改之。《通典》谓祖乙所迁之邢为邢州，说似较确。皮氏，今山西河津县。邢州，今河北邢台县。盘庚涉河南，治亳；武乙立，复去亳，徙河北《项羽本纪》："项羽乃与期洹水南殷虚上。"《集解》："应劭曰：洹水在汤阴界。殷虚，故殷都也。瓒曰：洹水，在今安阳县北，去朝歌殷都一百五十里。"然则此殷虚非朝歌也。案清光绪己亥，河南安阳县西五里小屯，发见龟甲兽骨，刻有文字。近人多谓即《史记》之殷虚，武乙所迁。亦皆在大河两岸。然则自伏羲至殷，汉族踪迹，迄在今黄河流域矣。

《史记·六国表》："或曰：东方物所始生，西方物之成熟。夫作事者必于东南，收功实者常于西北。故禹兴于西羌；汤起于亳；周之王也，以丰、镐伐殷；秦之帝，用雍州兴；汉之兴，自蜀、汉。"此等方位地运之说，原不足信。然自汉以前，兴亡之迹，确系如此。此实考汉族发展者所宜留意也。伏羲起自秦、陇；神农迹躔兖、豫；黄帝、尧、舜，则宅中冀州，已隐有自西徂东之迹。然犹曰：古史茫昧，不尽可据也。至殷而事迹较详矣。犹曰：都邑地里，多有歧说也。至周则更无异辞矣。统观古史，大抵肇基王迹，必在今之陕、甘；继乃进取直、鲁、晋、豫；终至淮域而止。三代、秦、汉，莫不皆然。然则唐虞以前，虽无信史，亦可臆测矣。尧、舜嬗代，究由禅让？抑出争夺？久成疑案。予则颇信《史通·疑古篇》之说，别有《广疑古篇》明之。今姑勿具论。使予所疑而确，则舜卒于鸣条，禹会诸侯于涂山，今安徽怀远县皆淮域地也。商事已见前。周封有邰，今陕西武功县公刘迁邠，今陕西邠县大王迁岐，今陕西岐山县文王作丰，武王作镐，今陕西鄠县皆在今陕西境。文王伐犬戎，见下篇，伐密须，今甘肃灵台县则今陕西西北及甘肃境。虞、芮，今山西平陆县质成，败耆，今《尚书》作黎，今山西长子县，伐邘，今河南沁阳县，则今山西及河南北境。盖济蒲津东出。武王渡孟津，战牧野，则出函谷而东也。武王末受命，周公乃大成王业。亲戡三监之叛，而使子鲁公伯禽平淮夷、徐戎。成王复东征，残奄。《说文》郼在鲁。亦犹汤韦、顾、昆吾，三㚇之伐，鸣条之放矣。武王营雒邑，周公卒成之，则汤之建偃师为景亳也。秦起关中，其出函谷，劫韩包周，则武王东伐之路也。其迁魏安邑今山西夏县，坑赵众长平今山西高平县，南下上党今山西晋城县，北定太原今山西太原县，则文王东出之路也。而其灭楚，用兵亦至寿春今安徽寿县而止。与周之平淮夷、徐戎，如出一辙。特其灭燕，开辽东，及破楚鄢今河南鄢陵县郢今湖北江陵县争战之烈，则商、周所未有耳。汉高祖使韩信渡河北出，而身距项羽于荥阳今河南荥泽县、成皋今河南汜水县之间。卒背约追楚，破之垓下今安徽灵璧县。其形势，犹夫商、周以来之形势也。兴亡之迹，异世同揆，岂真有如《史记·六国表》之说，故"收功实者必于西北"哉？非也。射猎之民，率依险阻。降丘宅土，必耕农之世乃然。故汉族初基，实在黄河上流，后乃渐进于其下流。东方地形平衍，戎狄之杂居者少，其民以无与竞争而弱。秦、陇、燕、晋之境，则其民多与异族错处，以日事淬厉而强。此则三代、秦、汉，所以累世有胜于天下也。岂真有地运方位之说哉？然而汉族在河域发展之迹，则固可以微窥矣。

春秋时强国，曰晋、楚、齐、秦，其后起者则吴、越，皆与蛮夷杂处。其居腹地者，如鲁、卫、宋、郑、陈、蔡等，皆寖弱以即于亡。一由无与竞争。一亦由四邻皆文明之国，非如戎狄之贵货贱土，拓境不易也。梁氏启超《中国之武士道》序，论此义颇悉，可以参看。又冀州亦邻戎狄，而商、周皆起雍州者，窃疑冀州为黄帝、尧、舜所都，其文明程度，已较雍州为高；故其民亦较雍州为弱矣。

汉族在江域之发展，中流最早，下流次之，上流最晚。以蜀地大险，吴、越距文物之邦太远故也。中流古国，厥惟三苗。《韩诗》述其地曰："衡山在南，岐山在北；左洞庭之陂，右彭蠡之泽；"实跨楚、豫、湘、赣之交。近人误谓即今之苗族。以予所考，实为姜姓之国，炎帝之后，详见《苗族》篇。此实汉族开发江域之最早者矣。然自夏以后，阒焉无闻。《国语》谓"少昊之衰，九黎乱德。民神杂扰，不可方物"。得毋南迁之后，已化于越人巫鬼之习邪？三苗为九黎之君，见《苗族篇》。此江域文明之大启，所以必有待于楚人也。

楚封丹阳，《汉志》谓即汉时之丹阳县，地在今安徽之当涂。与郢都相距，未免太远。故后人多主杜预说，谓在今之秭归。宋氏翔凤，始考得丹阳在丹、淅二水入汉处，地实在今南阳、商县之间。熊绎徙荆山，在今湖北南漳。至武王徙郢，乃居今之江陵。《过庭录·楚鬻熊居丹阳武王徙郢考》参看《濮族》篇。吾侪读此，乃知楚之开拓，实自北而南。本此以观古史，则知丹、淅一带，实为古代形胜之地。《吕览·召类》谓"尧战于丹水之浦，以服南蛮"；而其子朱，即封于此；《书传》谓"汤纲开三面，而汉南诸侯，归之者四十国"；周南之地，《韩诗》谓在南郡、南阳之间；皆是物也。周公奔楚，盖亦袭三分有二之势，故出武关，走丹、淅矣。昭王南征而不复，管仲以诘屈完。杜预谓是时汉非楚境，故楚不受罪。信如杜言，管子岂得无的放矢？观宋氏之说，乃知是时汉正楚境；昭王是役，盖伐楚而败也。《左》僖四年，"昭王南征而不复。寡人是问"。杜注："昭王南巡守，涉汉，船坏而溺。"《正义》："《吕氏春秋·季夏纪》云：周昭王亲将征荆蛮。辛余靡长且有力，为王右，还反涉汉，梁败，王及祭公陨于汉中。辛余靡振王北济，反振祭公。高诱注引此《传》云：昭王之不复,君其问诸水滨。由此言之,昭王为没于汉,辛馀靡焉得振王北济也?振王为虚,诚如高诱之注,又称梁败,复非船坏。旧说皆言汉滨之人,以胶胶船,故得水而坏,昭王溺焉。不知本出何书。"又《史记·齐太公世家》《集解》:"服虔曰:周昭王南巡狩,涉汉,未济,船解而溺昭王。"《索隐》:"宋忠云:昭王南伐楚,辛由靡为右。涉汉,中流而陨。由靡逐王,遂卒不复。周乃侯其后于西翟。"案《史记·周本纪》云:"昭王南巡狩不返,卒于江上。其卒不赴告,讳之也。"此盖因周人讳饰,故传闻异辞。诸家或云巡狩,或云征伐;或云陨汉,或云卒江;甚有振王北济之说,皆由于此。然以理度之,自以伐楚而败,陨没于汉,为得其实。古人造舟为梁,梁败船坏,实非异事。屈完之对,乃谓此事楚弗与知,非谓是时汉非楚境也。牧野之役,实有庸、蜀、羌、髳、微、庐、彭、濮人,得力于西南诸族者不少。详见《濮族》篇。至是武关道阻,而周室之威灵,亦日替矣。楚既南下,其势力浸达长江下游。观熊渠三子,皆封江域,少子实王越章可见也。越章即豫章,乃汉之丹阳也。亦见宋氏《楚鬻熊居丹阳武王徙郢考》。是时吴、越尚在榛狉之境,故皆服从于楚。至春秋时,巫臣奔吴,教之射御战陈,而形势乃一变。吴为泰伯后,越为少康后,其受汉族之牖启亦甚早,而其开化独迟者,则以地处僻远,不与上国通故也。《华阳国志》谓"蜀之为国,肇自人皇";黄帝之子昌意,降居若水,说者谓即今雅龙江;而蜀至战国时始为秦有,亦同此理。

五岭南北,开拓尤晚。春秋时楚地不到湖南,顾氏栋高尝论之。《春秋大事表》。然《史记·越世家》载齐使说越王之辞曰:"此时不攻楚,臣以是知越大不王,小不伯。复雠、庞《集解》:'徐广曰:一作宠'长沙,楚之粟也。竟泽陵,楚之材也。越窥兵通无《集解》:'徐广曰:无一作西',假之关,此四邑者,不上贡事于郢矣。"《索隐》云:"复字上脱况字。雠,当作犨。竟泽陵,当作竟陵泽。四邑者，鄳一，庞二，长沙三，竟陵四也。"无假之关，《正义》谓在长沙西北。又云："战国时，永今湖南零陵县、郴今湖南郴县、衡今湖南衡阳县、潭今湖南长沙县、岳今湖南岳阳县、鄂今湖北武昌县、江今江西九江县、洪今江西南昌县、饶今江西鄱阳县，并属楚。袁今江西宜春县、吉今江西吉安县、虔今江西赣县、抚今江西临川县、歙今安徽歙县、宣今安徽宣城县，并属越。"则湖南、江西及皖南，皆已开辟矣。越攻楚而败，诸族子或为王，或为君，滨于江南海上，服朝于楚。后七世，闽君摇，佐诸侯平秦。汉高帝复以为越王。东越闽君皆其后。则浙东、福建之地，亦勾践后裔所开也。两广之地，秦始皇帝始略取之。秦亡，南海尉赵佗，据以自立。汉武时乃卒入版图。云南之地，楚庄蹻始开拓之，亦至汉武而后大定，详见《粤族》《濮族》两篇，此不赘。

附录一　昆仑考

　　昆仑有二：《史记·大宛列传》："汉使穷河源。河源出于阗。其山多玉石，采采。而天子案古图书，名河所出山曰昆仑云。"此今于阗河上源之山，一也。《禹贡》："织皮：昆仑，析支，渠搜，西戎即叙。"《释文》引马云："昆仑，在临羌西。"《汉志》：金城郡临羌有昆仑山祠。敦煌郡广至有昆仑障。《太平御览·地部》引崔鸿《十六国春秋》："酒泉太守马岌上言：酒泉南山，即昆仑之体。"地望并合。《周书·王会解》："正西昆仑，请令以白旄、纰、罽为献。"旄,氂牛尾。纰,《说文》:"氐人缫缏也。""缏,西胡毛布也。"氂牛正出甘肃、青海,物产亦符。析支,马云:"在河关西。"《水经·河水注》:"司马彪曰:西羌者,自析支以西,滨于河首,左右居也。河水屈而东北流,经析支之地,是为河曲矣。"《后汉书·西羌传》亦曰:"河关之西南,滨于赐支,至于河首,绵地千里。"《禹贡》叙述之次,盖自西而东。渠搜虽无可考,《凉土异物志》:"渠搜国,在大宛北界。"《隋书·西域传》:"钹汗国,都葱岭之西五百余里。古渠搜国。"地理并不合。度必更在析支之东;故《汉志》朔方郡有渠搜县,盖其种落迁徙所居邪?蒋氏廷锡说,见《尚书地理今释》。析支在河曲,而昆仑更在其西,则必在今黄河上源矣,二也。《书疏》引郑玄云:"衣皮之民,居此昆仑、析支、渠搜三山之野者,皆西戎也。"又申之曰:"郑以昆仑为山,谓别有昆仑之山,非河所出者也。"《山海经·海内西经》:"海内昆仑之墟在西北,河水出其东北陬",《郭注》亦曰:"言海内者,明海外复有昆仑山。"一似此两昆仑者,必不可合矣。然予谓以于阗河源之山为昆仑,实汉人之误,非其实也。水性就下;天山南路,地势实低于黄河上源;且其地多沙漠,巨川下流,悉成湖泊;安得潜行南出,更为大河之源?汉使于西域形势,盖本无所知;徒闻大河来自西方,西行骤睹巨川,遂以为河源在是。汉武不知其诳,遽案古图书而以河所出之昆仑名之。盖汉使谬以非河为河,汉武遂误以非河所出之山,为河所出之山矣?太史公曰:"《禹本纪》言河出昆仑;昆仑,其高二千五百余里,日月所相避隐为光明也;其上有醴泉瑶池。今自张骞使大夏之后也,穷河源,恶睹《本纪》所谓昆仑者乎?故言九州山川,《尚书》近之矣。至《禹本纪》《山海经》所有怪物,余不敢言之也。"《禹本纪》等荒怪之说,自不足信。然其所托，实今河源所出之昆仑。史公据于阗河源之山以斥之，其斥之则是，其所以斥之者则非也。《太史公书》，止于麟止。此篇多元狩后事，实非史公所作也。《尔雅》："河出昆仑墟。"虽不言昆仑所在，然又云："西方之美者，有昆仑墟之璆琳琅玕焉。"《淮南子·地形训》作西北方。《禹贡》昆仑之戎，实隶雍州；而雍州之贡，有璆琳琅玕；可知《尔雅》河所出之昆仑，即其产璆琳琅玕之昆仑，亦即《禹贡》之昆仑矣。《淮南子·地形训》："河水出昆仑东北陬，贯渤海，入禹所导积石山。"《海内西经》则云："入渤海，又出海外，入禹所导积石山。"《说文》："河水出敦煌塞外昆仑山，发源注海。"所谓海，渤海者，盖指今札陵、鄂陵等泊言，所据仍系旧说。《水经》谓"河水入渤海，又出海外；南至积石山下；又南，入葱岭，出于阗；又东，注蒲昌海"，则误合旧说与汉人之说为一矣。以山言之则如彼，以河言之则如此。然则河源所在，古人本不误，而汉之君臣，自误之也。《周官·大宗伯》，"以黄琮礼地"。《郑注》："此礼地以夏至，谓神在昆仑者也。"《典瑞》，"两圭有邸，以祀地旅四望"。《郑注》："祀地，谓所祀于北郊，神州之神。"《疏》："案《河图·括地象》，昆仑东南万五千里，神州是也。"案郑氏之说，盖出纬候，故《疏》引《河图·括地象》为证。江、淮、河、济，古称四渎。汉族被迹，先在北方。北方之水，惟河为大。记曰："三王之祭川也，皆先河而后海。或源也，或委也，此之谓务本。"《大司乐》注：谓"禘大祭地祇，则主昆仑"。昆仑为河源所在，故古人严祀之与？

附录二　三皇五帝考

言古史者，必称三皇五帝，三皇之名，不见于经。五帝则见《大戴礼记》。然说者犹多异辞。盖尝博考之，三皇之异说有六，五帝之异说有三。《河图·三五历》云："天地初立，有天皇氏，十二头。澹泊，无所施为，而俗自化。木德王，岁起摄提。兄弟十二人，立各一万八千岁。地皇，十一头。火德王。姓十一人，兴于熊耳、龙门等山，亦各万八千岁。人皇，九头。乘云车，驾六羽，出谷口。兄弟九人，分长九州，各立城邑。凡一百五十世，合四万五千六百年。"司马贞《补三皇本纪》。此三皇之说一也。《史记·秦始皇本纪》：丞相绾等与博士议帝号曰："古有天皇，有地皇，有泰皇。泰皇最贵。"此三皇之说二也。《尚书大传》以燧人、伏羲、神农为三皇。《含文嘉》《风俗通引》《甄耀度》宋均注《援神契》引之，见《曲礼正义》《白虎通》正说、谯周《古史考》《曲礼正义》并同。惟《白虎通》伏羲次燧人前。此三皇之说三也。《白虎通》或说，以伏羲、神农、祝融为三皇。此三皇之说四也。《运斗枢》郑注《中候敕省图》引之，见《曲礼正义》。《元命苞》《文选·东都赋》注引。以伏羲、女娲、神农为三皇。此三皇之说五也。《尚书·伪孔传序》、皇甫谧《帝王世纪》、孙氏注《世本》，以伏羲、神农、黄帝为三皇。《史记·五帝本纪正义》此三皇之说六也。太史公依《世本》《大戴礼》，以黄帝、颛顼、高辛、唐尧、虞舜为五帝，谯周、应劭、宋均皆同。《五帝本纪正义》此五帝之说一也。郑注《中候敕省图》，于黄帝、颛顼之间，增一少昊。谓德合五帝座星者为帝，故实六人而为五。《曲礼正义》此五帝之说二也。伪孔、皇甫谧、孙氏，以少昊、颛顼、高辛、唐、虞为五帝。《五帝本纪正义》此五帝之说三也。案《大传》云："燧人以火纪，火，太阳，故托燧皇于天。伏羲以人事纪，故托羲皇于人。神农悉地力，种谷蔬，故托农皇于地。天地人之道备，而三五之运兴矣。"则三皇之说，义实取于天地人，犹五帝之义，取于五德迭代也。伏生者，秦博士之一。《始皇本纪》所谓天皇、地皇、泰皇者，盖即《大传》所谓燧皇、羲皇、农皇《索隐》："天皇，地皇之下，即云泰皇，当人皇也。"虽推测之辞，说自不误；《河图》说虽荒怪，然其天皇、地皇、人皇之号，仍本诸此也。《白虎通》释祝融之义曰："祝者，属也。融者，续也。言能属续三皇之道而行之。"司马贞《补三皇本纪》曰："女娲氏，代伏羲立。无革造。惟作笙簧。故《易》不载，不承五运。一曰：女娲亦木德王。盖伏羲之后，已经数世，金木轮环，周而复始。特举女娲，以其功高而充三皇。"无革造及同以木德王，皆与属续之义相关。未知《白虎通》意果谁主？然司马氏之言，则必有所本也。《补三皇本纪》又曰："当其末年，诸侯有共工氏。与祝融战，不胜而怒，乃头触不周山，天柱折，地维缺。女娲乃炼五色石以补天，断鳌足以立四极"云云。原注："按其事出《淮南子》。"上云祝融，下云女娲，则祝融女娲一人。盖今文家本有此异说，故《白虎通》并列之，造纬候者亦取之也。实六人而为五，立说殊不可通。然实伪孔说之先河。《后汉书·贾逵传》："逵奏《左氏》大义长于《二传》者，曰：五经皆言颛顼代黄帝，而尧不得为火德。《左氏》以为少昊代黄帝，即《图谶》

所谓帝宣也。如令尧不得为火，则汉不得为赤。"此古文家于黄帝、颛顼之间，增一少昊之由，然以六为五，于理终有未安。伪孔乃去燧人而升黄帝为三皇，则少昊虽增，五帝仍为五人矣。且与《易系》盖取一节，始伏羲而终尧舜者相合。此实其说之弥缝而更工者也。伪孔以《三坟》为三皇之书，《五典》为五帝之典。据《周官·外史疏》，其说实本贾、郑。增改之迹，固可微窥。然则三皇之说：义则托于天地人；其人则或为燧人、伏羲、神农，或为伏羲、神农、祝融，此经师旧说也。因天地人之名，而立为怪说者，纬候也。五帝本无异说，古文家增一少昊，伪孔遂并三皇而易其人。异说虽多，固可穷其源以治其流矣。

问曰：三皇五帝之义，及其人之为谁某，则既闻之矣，敢问旧有此说邪？抑亦儒家所创也？应之曰：三皇五帝之名，旧有之矣。托诸天地人，盖儒家之义也。《周官》："都宗人，掌都宗祀之礼。凡都祭祀，致福于国。"《注》："都或有山川，及因国无主，九皇六十四民之祀。"《疏》："史记，伏羲以前，九皇六十四民，并是上古无名号之君，绝世无后，今宜主祭之也。"按《注》以因国无主之祀，释《周官》之都宗人，盖是以九皇六十四民说周因国无主之祭，则非也。《周官》虽战国时书，然所述必多周旧制。九皇六十四民，见《春秋繁露·三代改制质文篇》。其说：存二王之后以大国，与己并称三王。自此以前为五帝，录其后以小国。又其前为九皇，其后为附庸。又其前为民，所谓六十四民也。其说有三王九皇而无三皇。《周官》："外史，掌三皇五帝之书。"伏羲者，三皇之一，《疏》引史记<small>史记为史籍之通称。今之《史记》，古称《太史公书》。汉东观所续，犹称史记。盖未有专名，故以通名称之也。此《疏》所引《史记》，不知何书，然必南北朝旧疏，其说必有所本也。</small>云伏羲以前，明在三皇五帝之前，其说必不可合。郑盖但知《周官》都宗人所祀，与《繁露》九皇六十四民，并是绝世无名号之君，遂引彼注此。郑注好牵合，往往如此。《疏》亦未知二说之不可合，谓《史记》所云伏羲以前上古无名号之君，即郑所云九皇六十四民，遂引以疏郑也。《史记·封禅书》："管仲曰：古者封泰山禅梁父者七十二家。"又曰："孔子论述六艺传，略言易姓而王，封泰山，禅梁父者七十余王矣。其俎豆之礼不章。"而《韩诗外传》曰："孔子升泰山，观易姓而王，可得而数者，七十余人，不得而数者万数也。"《封禅书正义》引，今本无之。然《书序疏》及《补三皇本纪》，并有此语，乃今本佚夺，非张氏误引也。万盖以大数言之，然其数必不止七十二可知。数不止七十二，而管仲、孔子，皆以七十二言之者，盖述周制也。七十二家，盖周登封之所祀也。曰俎豆之礼不章，言周衰，不复能封禅，故其礼不可考也。《春秋》立新王之事，不纯法古制，然损益必有所因。因国无主之祭，及于远古有功德于民之人，忠厚之至也。盖孔子之所因也，然不能无所损益。王制者，孔子所损益三代之制也。《王制》多存诸经之传，如说巡守礼为《尧典》之传是也。皆孔门六经之义，非古制。郑以其与《周官》不合，多曲说为殷制大非。《王制》曰："天子诸侯，祭因国之在其地而无主后者。"此《周官》都宗人之所掌，盖孔子之所因也。《繁露》曰："圣王生则称天子，崩迁则存为三王，绌灭则为五帝，下至附庸，绌为九皇，下极其为民。有一谓之三代。虽绝地，庙位祝牲，犹列于郊号，宗于岱宗。"绝地者，六十四民之后，封爵之所不及，故命之曰民。绝地而庙位祝牲，犹列于郊号，宗于岱宗，此盖周登封时七十二家之祭矣。周制：盖自胜朝上推八世，谓之三皇五帝，使外史氏掌其书，以备掌故。自此以往，则方策不存，徒于因国无主及登封之时祀之而已。其数凡七十二。合本朝为八十一。必八十一者，九九八十一；九者，数之究；八十一者，数之究之究者也。孔子则以本朝合二代为三王，又其上为五帝，又其上为九皇，又其上为六十四民。必以本朝合二代为三王者，所以明通三统之义也。上之为五帝，所以视昭五端之义也。九皇之后，绌为附庸；六十四家徒为民，亲疏之义也。此盖孔子作新王之事，损益前代之法，《春秋》之大义。然此于《春秋》云尔；其于《书》，仍存周所谓三皇五帝者，以寓"天地人之道备，而三五之运兴"之义；故伏生所传，与董子所说，有不同也。《古今注》："程雅问于董生曰：古何以称三皇五帝？对曰：三皇者，三才也。五帝，五常也。"三才者，天地人也。五常可以配五行。董子之言，与伏生若合符节。故知三皇五帝为《书》说，三王、五帝、九皇、六十四民为《春秋》义也。或曰：《繁露》谓"汤受命而王；亲夏，故虞绌唐谓之帝尧。以神农为赤帝。周以轩辕为黄帝；因存帝颛顼、帝喾、帝尧之帝号；绌虞而号舜曰帝舜，推神农以为九皇"。明九皇六十四民为周时制也。应之曰：此古人言语与今人不同，其意谓以殷周之事言之当如此，非谓殷周时实然也。或曰：管子曰："古者封泰山禅梁父者七十二家；夷吾所记，十有二焉。"下历举无怀、伏羲、神农、炎帝、黄帝、颛顼、帝喾、尧、舜、禹、汤、周成王之名，凡十二家，明三皇五帝，即在七十二家之中。应之曰：此亦古今言语不同。上云七十二家，乃极言其多。下云十二家，则更端历举所能记者，不蒙上七十二家言。此以今人语法言之为不可通，然古人语自如是，多读古书者自知之也。《庄子·胠箧篇》，列古帝王称号，有容成氏、大庭氏、伯皇氏、中央氏、栗陆氏、骊连氏、轩辕氏、赫胥氏、尊庐氏、祝融氏，多在三皇以前。古人同号者甚多。大庭氏不必即神农、轩辕、祝融，亦不必即黄帝、女娲也。《礼记·祭法正义》引《春秋命历》序："炎帝曰大庭氏。传八世，合五百二十岁。黄帝，一曰帝轩辕。传十世，二千五百二十岁。次曰帝宣,曰少昊,一曰金天氏,则穷桑氏。传八世,五百岁,次曰颛顼,则高阳氏。传二十世,三百五十岁。次是帝喾,即高辛氏。传十世,四百岁。"又《曲礼正义》:"《六艺论》云:燧人至伏羲,一百八十七代。宋均注《文耀》钩云:女娲以下至神农七十二姓。谯周以为伏羲以次,有三姓,始至女娲。女娲之后五十姓,至神农。神农至炎帝,一百三十三姓。"说虽怪迂,然三皇五帝,不必身相接,则大略可知;亦足为韩诗不得而数者万数作佐证也。二千五百二十岁之二,闽本宋本作一。

附录三 夏都考

夏都有二:《汉志》:太原郡晋阳,"故《诗》唐国"。《左》定四年,祝佗谓唐叔封于夏虚,启以夏政。服虔以为尧居冀州,虞、夏因之。是夏之都,即唐尧旧都也。金氏鹗《禹都考》云:"杜预注《左传》云:夏虚,大夏,今太原晋阳是也。本于《汉志》,其说自确。《水经》云:晋水,出晋阳县西县壅山。郦道元注:县故唐国也。亦本《汉志》。乃臣瓒以唐为河东永安,张守节以为在平阳。不知唐国有晋水,故燮父改唐曰晋。若永安去晋四百里,平阳去晋七百里,何以改唐曰晋乎?"愚按臣瓒、张守节之言,盖泥《史记》唐叔封于河、汾之东致误。不知古人言地理,皆仅举大概,太原固亦可曰河、汾之东也。顾亭林引《括地志》:故唐城,在绛州翼城县西二十里。尧裔子所封。成王灭之,以封唐叔,以为唐叔始封在翼。不知《括地志》此文亦误,故又有唐城,在并州晋阳县北二里。全谢山已纠之矣。《汉志》:颍川郡,阳翟,"夏禹国。""应劭曰:夏禹都也。""臣瓒曰:《世本》禹都阳城,

《汲郡古文》亦言居之，不居阳翟也。"《礼记·缁衣正义》：谓《世本》及《汲郡古文》，皆云禹都咸阳。咸阳乃阳城之误。洪氏颐煊谓"阳城亦属颍川郡，与阳翟相近。或禹所都阳城，实在阳翟"。金氏鹗驳之，谓"赵岐《孟子注》，阳城在嵩山下。《括地志》：嵩山，在阳城县西北二十三里。则阳城在嵩山之南，今河南府登封县是也。若阳翟则在开封府禹州，其地各异。《汉志》于偃师曰殷汤所都，于朝歌曰纣所都，于故侯国皆曰国。今阳翟不曰夏禹所都，而曰夏禹国，可知禹不都阳翟矣"。愚案古代命山，所苞甚广；非如后世，但指一峰一岭言之。又其时去游牧之世近，民习于移徙。宫庙民居，规制简陋，营构皆易。不恒厥居，事所恒有。稽古都邑，而出入于数十百里之间，殊不足较也。《国语》："伯阳父曰：河竭而商亡。"《韦注》谓："禹都阳城，河洛所近。"盖据《世本》，说初不误。而金氏引《史记》吴起对魏武侯之言，谓桀都必在洛阳。其拘泥之失，亦与此同也。金氏又谓"《史记·夏本纪》：禹避舜之子于阳城，诸侯去商均朝禹，禹于是即天子位。知其遂都阳城，盖即所避之处以为都也"。释于是字亦非是。《史记》此文，大同《孟子》。《孟子》及《史记》叙舜事，皆有"之中国践天子位"语。《集解》引刘熙曰："帝王所都为中，故曰中国。"虽未知当否，然必自让避之处，复归建都之处可知。不然，即位之礼，岂可行之草莽之间哉？"于是"二字，指诸侯之朝，不指让避之地也。予谓夏盖先都晋阳，后都阳城。阳城之迁，盖在太康之后。《左》哀六年，引《夏书》曰："惟彼陶唐，帅彼天常，有此冀方。今失其行，乱其纪纲，乃灭而亡。"盖指太康失国之事。《伪五子之歌》曰："太康尸位以逸豫，灭厥德。黎民咸贰。乃盘游无度，畋于有洛之表，十旬弗反。有穷后羿，因民弗忍，距于河。厥弟五人,御其母以从。徯于洛之汭。五子咸怨,述大禹之戒以作歌。"伪书此文,将羿好田猎,移诸太康。且误太康兄弟五人为厥弟五人,不直一笑夏之亡,由好乐太过,非以畋也。《墨子·非乐》:"于武观曰:启乃淫溢康乐,野于饮食。将将铭苋磬以力,湛浊于酒,渝食于野。万舞翼翼,章闻于天,天用弗式。"辞虽不尽可解,然夏之亡,由好乐太过,则固隐约可见。《楚辞》曰:"启九辩与九歌兮,夏康娱以自纵。不顾难以图后兮,五子用失乎家巷。羿淫游以佚田兮。又好射夫封狐。固乱流其鲜终兮,浞又贪夫厥家。浇身被服强圉兮,纵欲而不忍。日康娱而自忘兮,厥首用夫颠陨。"综述太康、羿、浞始末,以好乐属夏,以好田属羿,尤极分明。《周书·尝麦》:"其在启之五子,忘伯禹之命。假国无正,用胥兴作乱。遂凶厥国。皇天哀禹,赐以彭寿,思正夏略。"似五子之间,复有作乱争夺之事,与《左》昭元年"夏有观扈",《国语·楚语》"启有五观"之言合。韦注:"五观,启子太康昆弟也。"《汉书·古今人表》:"太康,启子。兄弟五人,号五观。"《潜夫论·五德志》:"启子太康、仲康更立,兄弟五人,皆有昏德,不堪帝事,降在洛汭,是为五观。"皆以太康兄弟凡五人,武五同声,即墨子所谓武观也,然"须于洛汭",亦见《史记·夏本纪》。即谓《史记》同《书序》处,为后人窜。然《潜夫论·五德志》,亦有"兄弟五人,降居洛汭"之言,非撰伪书者所臆造也。《左》襄四年,"后羿自鉏以代夏政"。鉏不可考。《淮南子·地形训》:"河水出昆仑东北陬,贯渤海,入禹所道积石山。赤水出其东南陬,西南注南海。丹泽之东。赤水之东,弱水出自穷石,至于合黎,余波入于流沙。绝流沙,南至南海。洋水出其西北陬,入于南海。羽民之南。凡四水者,帝之神水。以和百药,以润万物。"此节文字颇错乱。王引之谓"自穷石以下十三字,为后人窜改。原文当作弱水出其西南陬。而出自穷石等文,当在下江出岷山诸条间"。王说信否难遽定。然王逸注《楚辞》,郭璞注《山海经》,

并引《淮南子》，谓弱水出自穷石，则此语虽或简错，决非伪窜。至于合黎十字，或后人以《禹贡》旁注，误入正文。《淮南》既云绝流沙，不必更衍此十字也。然窃疑《禹贡》入于流沙之下，亦夺南至南海一类语。《禹贡·雍州》，"弱水既西。"其导九川，先弱水，次黑水，次河，次漾，次江。黑水即今长江；黄河上源，出于昆仑，与今所谓河源同；予别有考。导川叙次，盖自西而东。《集解》引《地记》曰："弱水西流入合黎，余波入于流沙，通于南海。"《地记》古书，颇可信据。见予所撰《黑水考》。《集解》引郑玄曰："《地理志》：弱水出张掖。"又曰："《地理志》：流沙，居延西北，名居延泽也。"似郑亦宗《汉志》所谓古文说者。《汉志》：张掖郡，居延，"居延泽在其北古文以为流沙"。然《索隐》又云："《水经》云：合黎山，在酒泉会水县东北。郑玄引《地记》，亦以为然。"合诸《集解》所载郑引《地记》之说，则郑初无所偏主矣。《禹贡》《地记》说弱水，皆仅云西流，不云北向。古文以居延泽当之，盖误。既云入于南海，而又在黑水西，则弱水必今澜沧江。澜沧江东南流，而《禹贡》《地记》云弱水西流者，其所指上源与今异也。《禹贡》云："道黑水，至于三危，入于南海。"《集解》引《地记》曰："三危山，在鸟鼠之西南。"弱水在黑水西，穷石亦必在三危之西。然亦不越陇、蜀、青海之境。羿迁穷石，果即此弱水所出之穷石者，则当来自湟、洮之间。其地本射猎之区，故羿以善射特闻，而其部族亦强，不可圉也。太康此时，盖失晋阳而退居洛汭。少康光复旧物，然曾否定居河北，了无可考。窃疑自太康之后，遂居阳城也。《周官·大司徒》："以土圭之法，测土深，正日景，以求地中。日至之景，尺有五寸，谓之地中。天地之所合也，四时之所交也，风雨之所会也，阴阳之所和也，然则百物阜安，乃建王国焉。"《注》:"郑司农云:土圭之长,尺有五寸,以夏至之日,立八尺之表,其影适与土圭等,谓之地中。今颍川阳城为然。"《正义》:"颍川郡阳城县,是周公度景之处,古迹犹存。案《春秋左氏》,武王克商,迁九鼎于洛邑,欲以为都,不在颍川地中者?武王欲取河、洛之间,形胜之所;洛都虽不在地之正中,颍川地中,仍在几内。"司农父子,皆明三统历,所举当系历家旧说。《义疏》此言,亦当有所本。此可见阳城附近,确为历代帝都所在;而先后营建,出入于数十百里之间,则曾不足较也。然则《汉志》《世本》,非有异说;应劭、臣瓒,亦不必相非矣。

夏迁阳城之后,盖未尝更反河东?故桀时仍在阳城,而伯阳父以伊、洛之竭,为夏亡之征也。郑氏《诗谱》云:"魏国,虞舜夏禹所都。"此亦以大较言之。乃造《伪孔传》者,见战国之魏曾都安邑,遂以为夏都亦在安邑;又不知《史记》所谓"汤始居亳从先王居"者,先王为契,亳为契本封之商,而以为即后来所都之偃师见予所撰《释亳》;于是解先王为帝喾;凿空,谓帝喾亦都偃师。《史记》云:"汤自把钺,以伐昆吾,遂伐桀。桀败于有娀之虚。桀奔于鸣条。"《尚书大传》云:"汤放桀,居中野。士民皆奔汤。桀与其属五百人,南徙千里,止于不齐。不齐士民往奔汤。桀与其属五百人徙于鲁。鲁士民复奔汤。桀曰:国,君之有也。吾闻海外有人,与五百人俱去。"《周书·殷祝》篇略同。末作"桀与其属五百人去居南巢"。其迹皆自西而东。今安邑反在偃师之西,其说遂不可通。《左》昭十二年:"楚灵王谓子革曰:昔我皇祖伯父昆吾,旧许是宅。"《国语》:史伯对郑桓公曰:"昆吾为夏伯矣。"韦昭云:"祝融之孙陆终,第三子名樊,为巳姓,封于昆吾。昆吾,卫是也。其后夏衰,昆吾为夏伯,迁于旧许。"

是则桀时昆吾之地，在今许昌，去阳城极近。故得与桀同日亡。《孟子》曰："舜，生于诸冯，迁于负夏，卒于鸣条，东夷之人也。"《吕览·简选篇》："殷汤登自鸣条，乃入巢门。"《淮南·主术训》："汤困桀鸣条，禽之焦门。"《修务训》："汤整兵鸣条，困桀南巢。谯以其过，放之历山。"则鸣条之地，必与南巢、历山相近，当在今安徽境，故《孟子》谓之东夷。《书序》："伊尹相汤伐桀，升自陑，遂与桀战于鸣条之野。"陑虽不知何地，度必近接鸣条。《伪传》乃谓"陑在河曲之南，鸣条在安邑之西"；遂生绕道攻桀，出其不意之说，费后来多少辩论。皇甫谧又谓"昆吾亦来安邑，欲以卫桀，故同日而亡"。又谓"安邑有昆吾邑，鸣条亭"。不知暂来卫桀，安暇筑邑，遂忘其自相矛盾也。不徒妄说史事，并妄造地名以实之。江艮庭谓"谧无一语可信"，诚哉其不可信矣！

西汉经说，多本旧闻。虽有传讹，初无臆造。东汉古文家，则往往以意穿凿。今日故书雅记，百不一存，故无从考其谬。然偶有可疏通证明者，其穿凿之迹，则显然可见。如予所考东汉人谬以仓颉为黄帝史官，其一事也。详见予所撰《中国文字变迁考》。魏晋而后，此风弥甚。即如《左氏》所载，羿代夏政，少康中兴之事，据杜注，其地皆在山东。设羿所迁穷石，果在陇蜀之间，则杜注必无一是处，惜书阙有间，予说亦无多佐证，不能辞而辟之耳。

附录四　释亳

《史记》曰："自契至于成汤，八迁。汤始居亳，从先王居。"

其后仲丁迁于嚣。河亶甲居相。祖乙迁于邢。盘庚渡河南，复居成汤之故居。武乙立，复去亳，徙河北。历代都邑迁徙，盖无如殷之数者？而亳之所在，异说尤滋。《汉书·地理志》：河南郡，偃师县，"尸乡，殷汤所都。"《续汉书·郡国志》：偃师县下，亦云"有尸乡"。《注》引《皇览》曰："有汤亭，有汤祠。"《书序疏》："郑玄云：亳，今河南偃师县。有汤亭。"此皆以亳在偃师者也。《汉志》论宋地云："昔尧作游成阳，舜渔雷泽，汤止于亳，故其民犹有先王遗风。"山阳郡薄县下，"臣瓒曰：汤所都。"偃师县下，又载瓒说曰："汤居亳，今济阴薄县是也。今亳有汤冢，巳氏有伊尹冢，皆相近也。"《续汉书·郡国志》："梁国薄县，汤所都。"《注》："杜预曰：蒙县西北有亳城，中有汤冢。"《书序疏》："皇甫谧云：孟子称汤居亳，与葛为邻，葛伯不祀，汤使亳众往为之耕。葛即今梁国宁陵之葛乡也。若汤居偃师，去宁陵八百余里，岂当使民为之耕乎？亳，今梁国谷熟县是也。"又《立政》："三亳阪尹。"《疏》："皇甫谧以为三亳，三处之地，皆名为亳。蒙为北亳，谷熟为南亳，偃师为西亳。"此以薄、亳、蒙、谷熟之地为亳者也。魏氏源以《史记·六国表》，以"汤起于亳"，与"禹兴于西羌；周之王也，以丰、镐伐殷；秦之帝，用雍州兴；汉之兴，自蜀汉"并言；又《雒子命》《尚书中候》，皆有"天乙在亳，东观于洛"之文；断"从先王居"之先王为契。谓"汤始居商《帝喾鳌沃序疏》：'郑玄云：契本封商，国在太华之阳'，有天下后，分建三亳：徙都偃师之景亳，而建东亳于商丘，仍西亳于商州"。案魏氏说三亳，虽与皇甫谧异，而其立三亳之名，以牵合《立政》"三亳阪尹"之文则同。似非。《立政疏》云："郑玄以三亳阪尹，共为一事。云：汤旧都之民，服文王者，分为三邑。其长居险，故言阪尹。"盖是。此自周初事，不必牵及商代。此又以商之地亦为亳者也。《书古微·汤誓序发微》。王氏鸣盛《尚书后案》谓："薄县汉本属山阳郡。后汉又分其地，置蒙、谷熟二县，与薄并改属梁国。晋又改薄为亳，且改属济阴。故臣瓒所谓汤都在济阴亳县，及其所谓在山阳薄县，司马彪所谓在梁国薄县，杜预所谓在梁国蒙县者，本即一说。孔颖达《书诗疏》，皆误认为异说。皇甫谧以一亳分为南北，且欲兼存偃师旧说，以合《立政》三亳之交，实为谬误。"其说甚确。然谧谓"偃师去宁陵八百余里，不当使民往为之耕"，则其说中理，不容妄难。王氏论古，颇为精核，惟佞郑太过。如于此处，必执谓"薄非亳，薄非亳，则蒙、谷熟可知"。其所据者，谓"晋人改薄为亳，乃以《汉志》谓汤尝止于是，又其地有汤冢也。然《汉志》仅谓汤尝游息于此。刘向云：殷汤无葬处。而《皇览》云：哀帝建平元年，大司空御史长卿案行水灾，因行汤冢。突然得之，足征其妄"。其说以辨矣。然于偃师去宁陵八百里，不当使民往为之耕之难，不能解也。此难不能解，而必谓薄非亳，则非疑《孟子》不可。尊郑而排皇甫谧可也，佞郑而疑《孟子》则慎矣。王氏于谧说，但谓"其说浅陋，更不足辨"，岂足服谧之心乎？魏氏谓汤始居商，所举皆古据。诸侯不敢祖天子；《玄鸟》之颂，及契而不及喾；先王为契，尤为确凿也。然则亳果安在邪？予谓古本无今世所谓国名。古所谓国者，则诸侯所居之都邑而已。然四境之内，既皆属一人所统，则人之称此国者，亦渐该四境之内言之。于是专指都邑之国，乃渐具今世国名之义焉。都邑可以屡迁，而今世之所谓国名者，不容数变。于是虽迁新邑，仍以旧都之名名之，如晋之新故绛是也。商代之亳，盖亦如是。《左》襄二十年，"鸟鸣于亳社"，是春秋之宋，其都仍有亳称也。《史记·秦本纪》："宁公二年，遣兵伐荡社。三年，与亳战。亳王奔戎，遂灭荡社。"《集解》："徐广曰：荡音汤，社一作杜。"《索隐》："西戎之君，号曰亳王，盖成汤之胤。其邑曰荡社。"徐广曰："一作汤杜，言汤邑在杜县之界，故曰汤杜也。"《封禅书》："于杜亳，有三社主之祠。"《索隐》：徐广云：京兆杜县有亳亭，则社字误，合作杜亳。且据文，列于下者皆是地邑，则杜是县。案秦宁公与亳王战，亳王奔戎，遂灭汤社。皇甫谧亦云："周桓王时自有亳王号汤，非殷也。"是汤后在雍州者，春秋时其都仍有亳称也。此皆亳不止一处之证。亳既不止一处，则商也，偃师也，薄县也，固无妨其皆为亳矣。予盖以汤用兵之迹证之，而知其始居商，中徙薄，终乃定居于偃师也。何以言之？案《史记》云："葛伯不祀，汤始伐之。"又云："当是时，夏桀为虐政，淫荒，而诸侯昆吾氏为乱。汤乃兴师，以伐昆吾。遂伐桀，桀败于有娀之虚。桀奔于鸣条，夏师败绩，汤遂伐三㚇。伊尹报。于是诸侯服，汤乃践天子位。平定海内，汤归至于泰卷陶，还亳"云云。葛，《汉志》：陈留郡宁陵，"孟康曰：故葛伯国，今葛乡是"。今河南宁陵县是也。昆吾有二：（一）《左》昭十二年，"楚灵王谓子革曰：昔我皇祖伯父昆吾，旧许是宅"。地在今河南许昌。（二）哀十七年，"卫侯梦于北宫，见人登昆吾之观"。《注》："卫有观，在古昆吾之虚，今濮阳城中。"今河北之濮阳，《国语》："史伯对郑桓公曰：昆吾为夏伯矣。"韦昭《注》："祝融之孙陆终，第三子名樊，为已姓，封于昆吾，昆吾，卫是也。其后夏衰，昆吾为夏伯，迁于旧许。"则此时之昆吾，在今许昌，去桀都阳城极近，桀都阳城，见予所撰《夏都考》。故得同日亡也。有娀之虚不可考。鸣条，《吕览·简选》篇云："登自鸣条，乃入巢门。"《淮南·主术训》云："汤革车三百乘，困之鸣条，禽之焦门。"《注》："焦，或作巢。"《修务训》云："乃整兵鸣条，困夏南巢。谯以其过，放之历山。"

《注》："南巢，今庐江居巢是。历山，盖历阳之山。"居巢，今安徽巢县。历阳，今安徽和县。鸣条亦当在今安徽。故"舜卒于鸣条"，孟子以为"东夷之人"也。《史记·夏本纪集解》："郑玄曰：南夷地名。"《书·汤誓序正义》引同。三嫂者，《续汉书·郡国志》：济阴郡，定陶，"有三嫂亭"。地在今山东定陶县。泰卷陶者，《集解》："徐广曰：一无此陶字。"《索隐》："邹诞生卷作䪻，又作泂，则卷当为泂，与《尚书》同。解《尚书》者以大泂为今定陶，旧本或旁记其地名，后人转写，遂衍斯字也。"则泰卷亦今定陶也。《诗》云："韦，顾既伐，昆吾夏桀。"则汤伐昆吾之先，又尝伐韦、顾。《郡国志》：东郡白马县，"有韦乡"。《注》："杜预曰：县东南有韦城，古豕韦氏之国。"今河南滑县。《郡县志》"顾城，在濮州范县东，夏之顾国。"今山东范县。《尚书大传》："汤放桀，居中野，士民皆奔汤。桀与其属五百人南徙千里，止于不齐。不齐士民往奔汤。桀与其属五百人徙于鲁，鲁士民复奔汤。桀曰：国，君之有也。吾闻海外有人，与五百人俱去。"《周书·殷祝篇》略同。末云"桀与其属五百人，去居南巢"。不齐盖即齐，鲁则周公所封也。纵观汤用兵之迹：始伐今宁陵之葛；次伐今滑县之韦，范县之顾；遂伐今许昌之昆吾，登封之夏桀。一战而胜，桀遂自齐、鲁辗转入今安徽。汤以其间，更伐今定陶之三嫂。三嫂，盖桀东方之党也。其战胜攻取之迹，皆在今河南、山东，则其所都，必跨今商丘、夏邑、永城三县境之薄矣。《礼记·缁衣》引《尹吉》曰："惟尹躬天见于《西邑》夏。"《注》："天当为先字之误。夏之邑在亳西。"夏都阳城，薄县在其东，商与偃师、顾在其西，此则《孟子》汤居亳与葛为邻之铁证也。《孟子》言"伊尹五就汤，五就桀"。《史记》言"伊尹去汤适夏，既丑有夏，复归于亳"。《书·大传》："夏人饮酒，醉者持不醉者，不醉者持醉者，相和而歌。曰：盍归于亳？盍归于亳？亳亦大矣！故伊尹退而闲居，深听歌声。更曰：觉兮较兮！吾大命极兮！去不善而就善，何不乐兮？伊尹入告于桀，曰：大命之亡有日矣。桀僴然叹，哑然笑，曰：天之有日，犹吾之有民也。日亡，吾乃亡矣。是以伊尹遂去夏适汤。"所谓先见也。郑释先见，谓"尹之先祖，见夏之先君臣"，似迂曲。如此，非谓夏本在亳西不可，则汤始居商之说不可通。吾旧疑西邑夏，乃别于夏之既东言之，疑桀尝自阳城迁居旧许，故得与昆吾同日亡。然此说了无证据，亦不能立。似不如释尹躬先见，即为尹初就夏之为直捷也。然汤始居商，后迁偃师，亦自有其佐证。《太平御览·皇王部》引《韩诗内传》曰："汤为天子十三年，百岁而崩。葬于征。今扶风征陌是也。"《韩诗》当汉时，传授甚盛；刘向治鲁诗，与韩诗同属今文。韩诗果有此说，刘向岂得不知？而云殷汤无葬处乎？然则征陌汤冢，盖汤后裔，如《史记》亳王之类，或其先祖耳。然传者以为汤冢，则亦汤尝居关中之证也。《大传》谓"汤网开三面，而汉南诸侯，归之者四十国"。亦必居关中，乃能通武关之道，如周之化行江、汉矣。《盘庚》："不恒厥邑，于今五邦。"《正义》："郑王皆云汤自商徙亳，数商、亳、嚣、相、耿为五。"郑说商国在太华之阳，自商徙亳，即谓其自本封之商，徙居偃师。《春秋繁露·三代改制质文篇》："汤受命而王，作宫邑于下洛之阳"，亦指偃师言之也。《孟子》谓"伊尹耕于有莘之野，汤三使往聘之"。《史记》则谓"阿衡欲干汤而无由，乃为有莘氏媵臣，负鼎俎，以滋味说汤"。《吕览·本味》云："有优氏女子采桑，得婴儿于空桑之中，献之其君。其君令烰人养之。察其所以然，曰：其母居伊水之上，孕。梦有神告之曰：臼出水而东走；毋顾。明日，视臼，出水。告其邻，东走十里而顾。其邑尽为水。身因化为空桑。故命之曰伊尹。此伊尹生空桑之故也。

长而贤。汤闻伊尹,使人请之有侁氏。有侁氏不可。伊尹亦欲归汤。汤于是请取妇为昏。有侁氏喜,以伊尹为媵,送女。""故命之曰伊尹",黄氏东发所见本,作"故命之曰空桑",盖是。如今本,文义不相衔接。身化空桑,迹涉荒怪。谓阿衡得氏,由其母居伊水,难可依从。尹之氏伊,盖由后居伊水,故后人以其母事附会之邪?有莘者,周太任母家,其地"在洽之阳,在渭之涘",今陕西郃阳县是也。伊尹始臣有莘,后居伊水,亦汤初居商,终宅偃师之一证矣。统观诸说,汤盖兴于关中,此犹周文王之作丰,武王之宅镐也。其战胜攻取,则在薄县,犹周公之居东以戡三监也。终宅偃师,犹武王欲营洛邑,而周公卒成其志也。世之相去,五百有余岁;事又不必相师也,而其攻战之略,后先一揆,岂不诡哉?

商周之得天下殆同。特周文武周公,相继成之,汤则及身戡定耳。

〔第三章〕
匈奴

第三章 匈奴

中华民国，所吸合之异族甚多。顾其与汉族有关系最早、且最密者，厥惟匈奴。

《史记·匈奴列传》曰："匈奴，其先祖，夏后氏之苗裔也，曰淳维。"其说未必可信。《索隐》："张晏曰：淳维以殷时奔北边。又乐彦《括地谱》云：夏桀无道，汤放之鸣条。三年而死，其子獯粥，妻桀之众妾，避居北野，随畜移徙，中国谓之匈奴。"案此说羌无证据。鸣条在南，桀子何由北走？又獯粥乃种族名，非人名，而此云"其子獯粥"。《索隐》因谓"淳维獯粥是一"，疏矣。顾又云："唐虞以上，有山戎、猃允、荤粥，居于北蛮。"则其由来之久，可想见矣。夷蛮戎狄，其初自系按方位言之。然游牧之族，迁徙无常。居地可以屡更，名称不能数变，则夷蛮戎狄之称，不复与其方位合矣。居地迁徙，种族混淆，皆常有之事，故古书中夷蛮戎狄等字，不能据以别种族，并不能据以定方位也。《史记·匈奴列传》，叙述匈奴古代之事，颇得纲要。或讥其并戎狄为一谈，非也。又或以戎为汉时之羌人，亦非。观第十篇及予所撰《山戎考》自明。此族在古代，盖与汉族杂居大河流域。其名称：或曰猃狁，亦作玁狁。或曰獯鬻獯，亦作熏，作荤，鬻亦作粥，或曰匈奴，皆一音之异译。《史记索隐》："应劭《风俗通》曰：殷时曰獯粥，改曰匈奴。又晋灼云：尧时曰荤粥，周曰猃狁，秦曰匈奴。韦昭云：汉曰匈奴，荤粥其别名。"《诗·采薇》毛传："玁狁，北狄也。"笺云："北狄，匈奴也。"《孟子·梁惠王下》赵注："熏粥，北狄强者，今匈奴也。"《吕览·审为篇》高注："狄人，猃允，今之匈奴。"案伊尹四方令迳作匈奴。又案《史记》："唐虞以上，有山戎、猃狁、荤粥。"荤粥两字，盖系自注；史公非不知其为一音之转也。又称昆夷、畎夷、串夷，则胡字之音转耳。昆，又作混，作绲。畎，亦作犬。又作昆戎，犬戎。《诗·皇矣》："串夷载路。"郑笺："串夷，即混夷。"《正义》："《书传》作畎夷，盖犬混声相近，后世而作字异耳。或作犬夷，犬即畎字之省也。"案《诗·采薇》序疏引《尚书大传》注："犬夷，昆夷也。"

《史记·匈奴列传》："周西伯昌伐畎夷氏。"又"自陇以西，有绵诸，绲戎"。《索隐·正义》皆引"韦昭曰：春秋以为犬戎"。足征此诸字皆一音异译。《索隐》又引《山海经》云："黄帝生苗，苗生龙，龙生融，融生吾，吾生并明，并明生白，白生犬。犬有二牡，是为犬戎。"又云："有人面兽身，名犬夷。"则附会字义矣。狄、貉、蛮、闽等字，其初或以为种族所自生。故《说文》有犬种、豸种、虫种之说。然其后则只为称号，不含此等意义。至于犬戎之犬，则确系音译，诸家之说可征也。昆夷，猃狁，系一种人，犹汉时既称匈奴亦称胡也。《孟子》："文王事昆夷"，"大王事獯粥"，乃变文言之耳。《诗序》："文王之时，西有昆夷之患，北有獫狁之难"，竟以为两族人，误矣。《出车》之诗曰："赫赫南仲，獫狁于襄。"又曰："赫赫南仲，薄伐西戎。"又曰："赫赫南仲，獫狁于夷。"獫狁在西北，可称戎，亦可称狄，诗取协韵也。笺云："时亦伐西戎。独言平獫狁者，獫狁大，故以为始以为终"，已不免拘滞。序析獫狁、昆戎而二之，益凿矣。"并明生白，白生犬"，今本作"并明生白犬"。此族在古代，与汉族之交涉盖甚多。其或可考或不可考者，乃书缺有间，吾族之记载，不甚完具，而非彼族之事迹有断续也。《史记·匈奴列传》曰："申侯怒，而与犬戎共攻杀周幽王于骊山之下。遂取周之焦获，而居于泾渭之间，侵暴中国。"又曰："于是惠后与狄后子带为内应，开戎狄。戎狄以故得入，破逐周襄王，而立子带为天子。于是戎狄或居于陆浑，东至于卫，侵盗暴虐中国。"一似戎狄本居塞外，至此乃入内地者。说春秋者亦多谓赤狄白狄等，乃踵周之东迁而入内地。然求诸古籍，实无此等部落，本居塞外之证。故谓匈奴从古即与汉族杂居大河流域，实甚确也。

此族与汉族交涉，见于史传最早者，则《史记·五帝本纪》所谓"黄帝北逐荤粥，合符釜山，而邑于涿鹿之阿"是也。又尧都晋阳，而《墨子》称其"北教八狄"，则《禹贡》冀州之域，自隆古即与此族杂居。夏自中叶以后，盖迁都河南，商虽闲居河北，然不过在今河北大名,河南河北道境,非如黄帝、尧、舜之深入其阻,故此族在冀州之事,不复见于纪载;而其在《禹贡》雍州之域者,其事迹乃随商、周先世之史实而并传,史称"自契至于成汤八迁",其所以迁之故不可知;然观诸周代之行事,则商之先世,或亦为戎狄所迫逐,未可知也。周自后稷封于有邰。越数世,即失官,而窜于戎狄之间。至公刘,乃复修后稷之业,居于邠。《史记·周本纪》:"封弃于邰,号曰后稷,别姓姬氏。后稷之兴,在陶唐、虞、夏之际,皆有令德。后稷卒,子不窋立。不窋末年,夏后氏政衰,去稷不务,不窋以失其官,而犇戎狄之间。不窋卒,子鞠立。鞠卒,子公刘立。公刘虽在戎狄之间,复修后稷之业,务耕种,行地宜。自漆沮渡渭取材用,行者有资,居者有畜积,民赖其庆。百姓怀之,多徙而保归焉,周道之兴自此始。故诗人歌,乐思其德。"《匈奴列传》则曰:"夏道衰,而公刘失其稷官,变于西戎,邑于豳。"案"号曰后稷"之后稷,指弃。"后稷之兴"之后稷,指自弃以后居稷官者。"后稷卒"之后稷,则不窋之父也。周先世之失稷官自不窋,后迄未复,至公刘犹然。《匈奴列传》不叙鞠以前事,故迳云"公刘失其稷官";其复修后稷之业则所谓"变于西戎"者也。本无矛盾。《正义》云:"《周本纪》云不窋失其官,此云公刘,未详",疏矣。又案《周本纪索隐》:"《帝王世纪》云:后稷纳姞氏,生不窋。而谯周按《国语》云:世后稷,以服事虞夏,言世稷官,是失其代数也。若不窋亲弃之子,至文王千余岁,唯十四代,亦不合事情。"《正义》:"《毛诗疏》云:虞及夏殷,共有千二百岁,每世在位皆八十年,乃可充其数耳。命之短长,古今一也;而使十五世君,在位皆八十许载,子必将老始生,不近人情之甚。以理而推,实难据信也。"不窋非弃之子,古人早言之甚明。乃近犹有据此攻古书之不可信者,何其疏也。再传至大王,复为狄所逼,徙岐山下。以上参看前篇。爰及文、武,世济其德,而周势始张。文王伐昆夷。《书》传文王受命后,四年伐昆夷。《诗》:"柞棫拔矣,行道兑矣。混夷駾矣,维其喙矣。"笺云："今以柞棫生柯叶之时，使大夫将师旅出聘问。昆夷见文王之使者，将士众过己国，则惶怖惊走，奔突入此柞棫之中而逃，甚困剧也，是之谓一年伐昆夷。"《正义》："《帝王世纪》云：文王受命四年，周正丙子，混夷伐周。一日三至周之东门，文王闭门修德而不与战。王肃同其说，以申毛义，以为柞棫生柯叶拔然时，混夷伐周。"至武王，遂放逐之泾洛以北，命曰荒服，以时入贡。周之声威，盖于是为盛。然穆王之世，荒服即已不至。《史记·匈奴列传》："武王伐纣而营雒邑，复居于酆、鄗，放逐戎夷泾、洛之北，以时入贡，命曰荒服。其后二百有余年，周道衰，而穆王伐犬戎，得四白狼四白鹿以归。自是之后，荒服不至。"则穆王之所伐，即武王之所放也。至于幽王，卒有骊山之祸。时则玁狁"整居焦获"《尔雅》十薮之一。据郭注，在今陕西泾阳县，"侵镐及方，至于泾阳"。周人尝命将伐之，至太原，而城朔方。诗家说此，多以为宣王时事。然观《史记·匈奴列传》，则似在骊山之役以后，疑莫能明也。《史记·周本纪》及《匈奴列传》，皆不言宣王时有与玁狁争战之事。《匈奴列传》曰："穆王之后，二百有余年，周幽王用宠姬褒姒之故，与申侯有隙。申侯怒，而与犬戎共攻，杀周幽王子骊山之下。遂取周之焦获，而居于泾、渭之间，侵暴中国。"又曰："初周襄王欲伐郑，故取戎狄女为后，与戎狄兵共伐郑。已而黜狄后，狄后怨。而襄王后母曰惠后，有子子带，欲立之。于是惠后与狄后、子带为内应，开戎狄。戎狄以故得入，破逐周襄王，而立子带为天子。于是戎狄或居于陆浑，东至于卫，侵盗暴虐中国。中国疾之，故诗人歌之曰：戎狄是膺。薄伐猃狁，至于太原。出舆彭彭，城彼朔方。"则似诗之所咏，皆周东迁后事。案镐、方、朔方，说诗者皆不能指为何地。若以为东迁后事，则镐即武王所居，方或丰之转音也。刘向《讼甘延寿疏》："千里之镐，犹以为远"，镐京与雒邑，相去固得云千里。朔方亦当在泾水流域。自镐京言之，固可云西北也。平王虽不能御犬戎，特以畏逼东迁；不应一迁之后，西都畿内之地，即尽沦戎狄。据《史记·秦本纪》及《十二诸侯年表》：秦襄公伐戎至岐,在其十二年,当周平王五年,秦文公十六年,收周余民有之,地至岐,当平王十九年。德公元年,"卜居雍,后世子孙饮马于河"。可见是时秦东境尚未至河。德公元年,乃周釐王五年,东迁后之九十四年也。《六国表》曰:"穆公修政,东境至河。"据《秦本纪》及《十二诸侯年表》,事在穆公十六年,则周襄王之八年,东迁后之百二十七年矣。周与西都交通之绝,由晋灭虢,守桃林之塞而然。虢之灭,在周惠王二十二年,亦在东迁后百十六年。然则自平王东迁后百余年间,周与西都之交通,迄未尝绝。西都畿内之地,亦未尝尽为秦有,命将出师,以征玁狁,固事所可有也。《出车》之诗曰:"王命南仲,往城于方。"《毛传》:"方,朔方,近玁狁之国也。"案《诗》又言"天子命我,城彼朔方",所咏当系一事,毛传是也。然则朔方乃近玁狁之地,在周之北。刘向《讼甘延寿疏》,亦以《诗》所咏为宣王时事。然古人学术,多由口耳相传,久之乃著竹帛,不审席处甚多。无妨其言千里之镐为是,其言宣王时事为非也。

　　春秋以后,史籍之传者较富,此族之事,可考者亦较多。其见于《春秋》者,或称戎,或称狄,盖就其始所居之方位名之,无关于种族也。其称狄者,初止作狄,后又有赤狄、白狄之分。赤狄始见宣公三年,白狄始见宣公八年。据《左氏》杜说,则赤狄种类有六:曰东山皋落氏今山西昔阳县东皋落山,曰廧咎如《公羊》作将咎如,今山西乐平县,曰潞氏今山西潞城县,曰甲氏今河北鸡泽县,曰留吁今山西屯留县,曰铎辰今山西长治县。皆灭于晋。白狄种类有三:曰鲜虞今河北定县,曰肥今河北藁城县,曰鼓今河北晋县。肥鼓亦灭于晋。鲜虞至战国时曰中山,灭于赵。《史记·匈奴列传》曰:"晋文公攘戎翟,居于河内、圁、洛之间,号曰赤翟、白翟",则居河内者为赤翟,居圁、洛之间者为白翟。窃疑《史记》之说为是也。详见予所撰《赤狄白狄考》。其以戎称者:曰扬拒、泉皋、伊雒之戎,杨拒,在今河南偃师县附近。泉皋,在今河南洛阳附近。伊雒之戎,《春秋》作雒戎。文八年,公子遂会雒戎盟于暴。《释文》："本或伊雒之戎,此后人妄取传文加之耳。"地皆入于周,曰蛮氏之戎今河南临汝县。本居茅津。亦称茅戎,《公羊》作贸戎。地入于晋,曰骊戎今陕西临潼县。地亦入晋。以上释地,据顾氏栋高《春秋大事表》。又有陆浑之戎,乃羌族,见第十篇,皆在今河南、陕西境。其跨今河南、山东及河北境者,时曰山戎,亦曰北戎。《管子》常以山戎与令支、孤竹并举。杜预又以山戎、北戎、无终三者为一。《汉志》:右北平无终,故无终子国。辽西郡令支,有孤竹城。汉无终,今河北蓟县。令支,今河北迁安县。读史者因以山戎为在今河北东北境。然据《公羊》,则齐桓公之伐山戎,尝旗获而过鲁;而《左氏》亦载北戎侵郑,北戎侵齐;又《春秋》所载,鲁与戎之交涉甚多;窃疑山戎之地,实不仅东北一隅。至于无终,则《左》襄四年,尝遣使请成于晋,昭元年,晋又败其众于太原;窃疑其地必近晋,亦不得在今河北东北境也。详见予所撰《山戎考》。又有所谓长狄者,其君盖别一种族,其民则亦狄也。详见予所撰《长狄考》。

　　以上所述,皆其地在腹里者。其君多有封爵,时与于会盟征伐,俨然厕于冠裳之列。较诸战国初年之秦,为东诸侯所摈者,犹或过之。自此以往,则其地较偏僻;其文明程度,亦当较低;故犹沿部落时代之习。《史记·匈奴列传》,所谓"自陇以西,有绵诸、绲戎皆在今甘肃天水县、翟豲之戎今陕西南郑县;岐梁山、泾、漆以北,有义渠今甘肃宁县、庆阳县、大荔今陕西大荔县、乌氏今甘肃泾川县、朐衍之戎今甘肃灵武县。而晋北有林胡今山西马邑县、楼烦之戎今山西岚县,燕北有东胡、山戎;各分散居溪谷,自有君长。往往而聚者,百有余戎。然莫能相一"者也。战国之世,燕、赵、秦、魏并起而攘斥之。魏有河西、上郡后入于秦。赵有云中、雁门、代郡,秦有陇西、北地,以与胡界边。而燕秦开亦袭破东胡,置上谷、渔阳、右北平、辽西、辽东五郡。参看第三篇。赵自代并阴山至高阙山名。在今绥远省境，黄河沿岸，燕自造阳地名，在上谷至襄平今辽宁辽阳县，秦于陇西、北地、上郡，皆筑长城以拒胡。及始皇并六国，燕、赵之地，亦皆入于秦。秦又使蒙恬收河南地今河套，因河为塞。因边山险，堑溪谷，可缮者治之。起临洮，至辽东万余里。临洮，今甘肃岷县。秦之长城，全非今之长城。当起陇西、北地、上郡塞外。东循阴山，沿黄河北岸，经今宣化之北，历热河至辽宁，迤东南，度鸭绿江，入朝鲜。即上谷、渔阳、右北平、辽西、辽东五郡之界也。秦长城东端，在乐浪郡遂城县，见《晋书·地理志》。乐浪郡，今黄海平安二道地也。汉初，辽东与朝鲜，以浿水为界。秦界则更在浿水以东。浿水，今大同江也。而北干山脉以南谓黄河流域与蒙古之界山，尽为中国之地矣。

四裔为中国患者，莫如北族；北族之为中国患者，多在漠南北。中国人对朔方，遂有一种恐怖心；以为敌之起于是者，皆不可御也。中国自与欧洲交通，讫日俄战前，国人论者，皆最畏俄。林文忠曰："英法诸国，皆不足患，终为中国患者，其俄罗斯乎？"徐继畬撰《瀛寰志略》，谓英法之助土耳其以拒俄，犹之六国之合从以摈秦。甲午战后，犹有著论，谓俄国形势酷类强秦者，皆此等见解也。其实不然，历代游牧之族，为中国患者，多非起自蒙古；即入据蒙古者，亦或能为中国患，或不能为中国患。可见敌国外患，原因甚多，地理特其一端耳。

蒙恬之斥逐匈奴也，匈奴单于曰头曼。头曼不胜秦，北徙。史不言其所居。然侯应议罢边塞事曰："北边塞至辽东，外有阴山。东西千余里；草木茂盛，多禽兽。本冒顿单于，依阻其中；治作弓矢，来出为寇，是其苑囿也。"冒顿弑父，龙庭未闻徙地，则头曼弃河南后，必即居阴山中矣。本居河南，平夷无险，至是盖依山为阻。秦之乱，适戍边者皆去。匈奴得宽，复稍度河南，与中国界于故塞。

时北方游牧之族，在匈奴之东者为东胡，西为月氏，北为丁令。冒顿单于皆击破之。又南并楼烦、白羊王。_{白羊王，在河南。}《史记》云："诸左王将居东方，直上谷，以东接濊貉、朝鲜。右王将居西方，直上郡，以西接氐、羌。而单于庭直代云中。"匈奴盖至是始尽有漠南北之地。冒顿子老上单于，又击破西域。置僮仆都尉居焉耆、危须间，赋税诸国，取富给焉。孝文三年，右贤王入居河南为寇。其明年，单于遣汉书曰："今以少吏之败约，故罚右贤王，使至西方求月氏击之。以天之福，吏卒良，马力强，以灭夷月氏，尽斩杀降下定之。楼兰、乌孙、呼揭，及其旁三十六国，皆已为匈奴。"则匈奴之服西域，在孝文三四年间。而匈奴之国势，遂臻于极盛。

汉初对匈奴，亦尝用兵。已而被围于平城_{今山西大同县}，不利。乃用刘敬策，妻以宗室女，与和亲。盖以海内初平，不能用兵，欲以是徐臣之也。高后、文、景之世，守和亲之策不变。然匈奴和亲不能坚，时入边杀掠。中国但发兵防之而已。是时当匈奴冒顿、老上、军臣之世，为匈奴全盛之时。武帝即位，用王恢策，设马邑之权，以诱军臣单于。军臣觉之而去。匈奴自是绝和亲，攻当路塞，数入盗边。然尚乐关市，耆汉财物，汉亦关市不绝以中之。元光元年，汉始发兵出击。自后元朔二年、五年、六年，元狩三年，仍岁大举。而元朔二年之役，卫青取河南，置朔方郡_{在今鄂尔多斯右翼后旗，黄河西岸}。汉既筑朔方，遂缮蒙恬所为塞，因河为固；元狩二年，浑邪王杀休屠王降汉_{汉通西域之道自此开，羌、胡之交关自此绝}；匈奴受创尤巨。于是伊稚斜单于_{军臣之弟，继军臣立}，用汉降人赵信计_{本胡小王，降汉，封为翕侯，败殁，又降胡}，益北绝幕。欲诱疲汉兵，徼极而取之。元狩四年，汉发十万骑，私负从马凡十四万匹，粮重不与焉。使卫青、霍去病中分兵。青出定襄_{今山西右玉县}，至寘颜山赵信城。去病出代，封狼居胥，禅于姑衍，临瀚海而还。自是匈奴远遁，而漠南无王庭。汉度河，自朔方以西至令居今甘肃平番县，往往通渠，置田官。吏卒五六万人。稍蚕食，地接匈奴以北矣。

　　伊稚斜单于后，再传而至儿单于。儿单于之立，当武帝元封六年。自儿单于以后，益徙而西北。左方兵直云中，右方兵直酒泉、敦煌。龙庭所在，史亦不详。而以兵事核之，则距余吾水至近。天汉四年，贰师之出，且鞮侯单于悉远其累重于余吾水北，而自以兵十万待水南。征和二年，闻汉兵大出，右贤王驱其人民，度余吾水六七百里，居兜衔山。壶衍鞮单于时，汉生得瓯脱王，匈奴恐以为导袭之，即北桥余吾，令可渡。《山海经》"北鲜之山，鲜水出焉。北流注于余吾"。"北鲜"二字，疑鲜卑之倒误。余吾，仙娥，一音之转。颇疑今色楞格河，古时本名鲜水即鲜卑水，或译名但取上一音，或夺卑字；而拜哈勒湖，则名余吾；后乃弛其所注之湖之名，以名其水也。本始二年，五原之兵，出塞八百余里，而至丹余吾水。丹余吾，当系余吾众源之一，或其支流。以道里计之，亦当在今色楞格河流域也。匈奴之弱，实由失漠南。侯应《罢边塞议》，谓"边长老言，匈奴失阴山之后，过之未尝不哭也"。据《汉书·匈奴传》：元封六年，冬，匈奴大雨雪，畜多饥寒死。诛贰师后，连雨雪数月，畜产死，人民疫病，谷稼不熟。始元二年，单于自将击乌孙。欲还，会天大雨雪，一日深丈余。人民畜产冻死，还者不什一。虚闾权渠单于之立，匈奴饥，人民畜产死十六七。盖三十七年之间，大变之见于中国史者四矣。度尚有较小，为中国史所不载者也。儿单于四传而至壶衍鞮单于。宣帝本始二年，匈奴欲掠乌孙。乌孙公主来求救。汉发五将军十五万众，出塞各二千余里以击之。匈奴闻之，驱畜产远遁。是以五将少所得，而校尉常惠，护乌孙兵，入自西方，获三万九千余级；马、牛、驴、骡、橐驼五万余匹，羊六十余万头。《乌孙传》云："乌孙皆自取所虏获"，则此数未必确实。然匈奴之所损，必甚多也。匈奴民众死伤,及遁逃死亡者,不可胜数。其冬,单于自将攻乌孙,颇有所得。欲还,会大雨雪,人畜冻死,还者不及什一。于是丁令攻其北,乌桓入其东,乌孙击其西,凡三国,所杀,数万级;马数万匹,牛羊甚众。匈奴大虚弱,诸国羁属者皆瓦解。滋欲乡和亲,然尚未肯屈服于汉也。其后匈奴内乱,五单于争立。呼韩邪尽并诸单于,又为新立之郅支单于所败。乃于甘露元年,款五原塞降汉。三年,入朝。郅支北击乌揭,降之。发其兵,西破坚昆,北降丁令。并三国之众,留都坚昆。乌揭、坚昆、丁令,见第四篇。《三国志》注引《魏略》:匈奴单于庭,在安习水上,当系指此时言之。安习水,今额尔齐斯河也。后杀汉使谷吉,自以负汉;又闻呼韩邪日强,恐袭之,欲远去。会康居数为乌孙所困,使迎郅支居东边,欲并力取乌孙以立之。郅支大悦,引而西。康居王甚尊敬之,妻以女。郅支数借兵击破乌孙,乌孙西边空虚不居者且千里。郅支骤胜而骄,杀康居王女,又役康居之民为筑城。元帝建昭三年,西域副都护陈汤,矫制,发诸国及车师,戊己校尉屯田兵攻杀之。传首京师。北方积年之大敌,至是称戡定焉。

呼韩邪既降汉,请留居光禄塞下太初三年,徐自为所筑,去五原塞近者数百里,远者千里;有急,保汉受降城。太初元年所筑,在今乌喇特旗西北。许之。后人众渐盛,乃归北庭,事汉甚谨。王莽时,抚驭失宜,始复为寇。光武之世,至徙幽、并边人于常山在今河北唐县,居庸关在今河北昌平县之东以避之。幸匈奴旋复内乱。其奥鞬日逐王比,自立为呼韩邪单于,降汉。于是匈奴分为南北。南单于入居西河美稷。今鄂尔多斯左翼中旗。北匈奴连年旱蝗,又为南部、丁令、鲜卑、西域所侵,益弱。和帝时,南部求并之。永元元年,窦宪合南部击之,降其众二十余万。至燕然山,出塞三千余里。

明年，南部又分兵：左过西海，至河宗北；右绕天山南，度甘微河。北单于被创走。明年，右校尉耿夔又破之金微山。出塞五千余里，前此出师未尝至也。《后汉书》谓单于遁走，不知所在。《魏书·悦般传》，则谓其逃亡康居。盖《后书》所载，乃当时军中奏报；《魏书》所载，则后来得之于西域者也。北单于之弟于除鞬自立，止蒲类海，遣使款塞。四年，立为北单于。欲辅还北庭，于除鞬自畔还北，汉使人诱还杀之，其余众辗转西域。《后书》：永元十六年，北单于遣使诣阙贡献，愿和亲，修呼韩邪故约。和帝以其旧礼不备，未许。元兴元年，重遣使诣敦煌贡献。辞以国贫，未能备礼。愿请大使。当遣子入侍。时邓太后临朝，亦不答其使，但加赐而已。据此，则北匈奴向章、和后，仍自有单于。特微弱，又去中国远，世系事迹，皆不可考耳。至南北朝时，犹立国于乌孙西北者曰悦般。其入欧洲者，立国于马加之地，为今匈牙利等国之祖焉。见《元史译文证补》卷二十七上。

南单于入居西河后，汉使中郎将段郴、副校尉王郁留拥护之。又令西河长史岁将骑二千，弛刑五百，助中郎将护卫单于。冬屯夏罢，岁以为常。单于亦遣诸部王屯驻北地、朔方、五原、云中、定襄、雁门、代郡，为郡县侦罗耳目。明帝时，南部有欲叛还北者。置度辽营，以中郎将行将军事以制之。灵帝时，张纯反，率鲜卑寇五郡。诏发南匈奴兵配幽州牧刘虞讨之。国人恐单于发兵无已，反，攻杀单子。子于扶罗立。国人杀其父者遂畔。立须卜骨都侯为单于。一年死。南庭遂虚其位，以老王行国事。于扶罗诣阙自讼。会灵帝崩，天下大乱，单于将数千骑与白波贼合，寇河内诸郡。时民皆保聚，寇钞无利，而兵遂破伤。复欲归国。国人不受，乃止河东。卒，弟呼厨泉立。建安二十一年，入朝。曹操留之于邺，遣右贤王去卑监其国，分其众为五部。立其中贵者为帅，选汉人为司马监之。魏末，复改为长史。左部都尉所统可万余落，居太原故兹氏县今山西高平县。右部六千余落，居祁县今山西祁县。南部三千余落，居蒲子县今山西隰县。北部四千落，居新兴县今山西忻县。中部六千落，居太陵县今山西文水县。左部帅豹，即刘渊之父。右贤王去卑，则赫连勃勃之先也。别部居上党武乡县之羯室者今山西辽县，亦称羯，其后为后赵。而居临松卢水者今甘肃张掖县，先世为匈奴左沮渠，遂以沮渠为氏，其后为北凉焉。

五胡之中，匈奴、鲜卑，部落皆盛；而匈奴尤居腹地，故最先叛。然刘、石二氏，皆淫暴无人理。石氏亡后，冉闵大肆杀戮，胡、羯遂衰。其历久而后同化者，惟稽胡而已。《北史》云："稽胡，一曰步落稽，盖刘元海五部之苗裔也。或曰：山戎、赤狄之后，自离石今山西离石县以西，安定今甘肃固原县以东，方七八百里。居山谷间，种类繁炽。虽分统郡县，列于编户；然轻其徭赋，有异华人。山谷阻深，又未尽役属。而凶悍者，恃险数为寇。"案元海部落，当时多散居郡县。《晋书》云："其部落随所居郡县，使宰牧之，与编户大同，而不输贡赋。"稽胡盖因生事及风俗之异，入居山谷。其能久而不亡，正以其自成一部落故也。《两汉书》及《三国志》，皆无稽胡之名。以为山戎、赤狄之后者，必误。《北史》云："言语类夷狄，因译乃通。"盖因少与汉人交接之故。然又云："其俗土著，亦知种田。地少桑蚕，多衣麻布。其丈夫衣服，及死亡殡葬，与中夏略同。其渠帅颇知文字。"则渐染华风，亦非一日矣。故自隋、唐以后，遂泯焉无迹也。

匈奴政教风俗，与中国相类者极多。《史记》云："自淳维以至头曼，千有余载，时大时小，别散分离，尚矣。然至冒顿而匈奴最强大，尽服从北夷，而南与诸夏为敌国。"是则头曼以前，匈奴迄未尝为大国也。夫使当战国以前，漠南北之地，已有控弦数十万，如汉时之匈奴者，则深入杀略之事，必时有所闻；大兴师征伐，亦必在所不免；断非仅筑长城，所能限戎马之足也。参看附录《秦始皇筑长城》。然则自秦以前，漠南北部落，亦不过如《史记》所谓散居溪谷，莫能相一者耳。其大部落，实自皇古以来，即与汉族杂居黄河流域也。则其渐染汉族文化之深，固无足怪矣。

中国之俗，敬天而尊祖。而《史记·匈奴列传》曰："岁正月，诸长少会单于庭、祠。五月，大会龙城，祭其先天地鬼神。秋，马肥，大会蹛林，校课人畜计。"《后书》称其俗岁有三龙祠，尝以正月，五月，九月戊日祭天神。合二书观之，盖此三会皆祭天地，并及其余诸鬼神也。南单于内附后，兼祠汉帝。"单于朝出营，拜日之始生，夕拜月"，亦与中国朝日夕月合。其围高帝于平城也，其骑：西方尽白，东方尽駹，北方尽骊，南方尽骍；月尚戊己；祭天神以戊日；此中国五行干支之说也。贰师之降匈奴，岁余，卫律害其宠。会母阏氏病，律饬胡巫言："先单于怒曰：胡故时祠兵，尝言得贰师以社，今何故不用？"遂屠贰师以祠。征和中，汉武帝诏："军候弘上书：言匈奴缚马前后足，置城下，驰言：秦人，我匄若马。丞相、御史、二千石、诸大夫，郎为文学者，乃至郡属国都尉赵破奴等，皆以虏自缚其马，不祥甚哉。或以为欲以见强。重合侯得虏候者，言：闻汉军当来，匈奴埋羊牛所出诸道及水上以诅军。单于遗天子马裘，常使巫祝之。缚马者，诅军事也。"贰师之出塞，匈奴使右大都尉与卫律将五千骑要击汉军于夫羊句山狭。贰师遣属国胡骑二千与战，虏兵坏散，死伤者数百人。汉军乘胜追北，至范夫人城。应劭曰：本汉将筑此城。将亡，其妻率余众完保之，因以为名也。张晏曰：范氏，能胡诅者。夫信巫，则亦中国之古俗也。《北史·悦般传》："真君九年，遣使朝献，并送幻人。称能割人喉脉令断；击人头，令骨陷血出，或数升，或盈斗，以草药内其口中，令嚼咽之。须臾血止，养疮一月复常，无瘢痕。世疑其虚。乃取死罪囚试之，皆验。云中国诸名山，皆有此草。乃使人受其术而厚遇之。"此幻人自出西域。又云："又言其国有大术者，蠕蠕来钞掠，术人能作霖雨、盲风、大雪及行潦。蠕蠕漂亡者十二三。"此则柔然、丁令，皆云有此术，或受之匈奴耳。《左氏》：狄之入卫也，"因史华龙滑与礼孔，以逐卫人。二人曰：我大史也，实掌其祭。不先，国不可得也。乃先之"。注曰："夷狄畏鬼，故恐言当先白神。"则狄人之巫鬼，由来旧矣。此其教之相类者也。

　　北狄无称其君为天子者，有之者，其惟匈奴乎？匈奴以外皆称汗。汗，大也。盖音译则曰汗，意译则曰大人。匈奴称其君曰撑犁孤涂单于。撑犁，天也。孤涂，子也。单于，广大之貌也；言其象天，单于然也。老上《遗汉书》，自称"天地所生，日月所置，匈奴大单于"；狐鹿姑《遗汉书》，亦曰："胡者，天之骄子"；得毋感天而生之说，亦为彼所习闻邪？颇重盟约。永光元年，汉使韩昌、张猛送呼韩邪侍子。昌、猛见单于民众益盛，塞下禽兽尽；单于足以自卫，不畏郅支。闻其大臣多劝单于北归者，恐北去后难约束，即与为盟约，曰："自今以来，汉与匈奴，合为一家。世世毋得相诈相攻。有窃盗者，相报，行其诛，偿其物。有寇，发兵相助。汉与匈奴，敢先背约者，受天不祥，令其世世子孙尽如盟。"俨然见古者束牲载书之辞焉。《汉书》载董仲舒之言曰："如匈奴者，非可说以仁义也，独可说以厚利，结之于天耳。与之厚利，以没其意。与盟于天，以坚其约，质其爱子，以累其心。"刘敬之说高帝和亲也，曰："陛下诚能以适长公主妻单于，厚奉遗之。彼知汉女，送厚，必慕，以为阏氏；生子，必为太子。陛下以岁时汉所余，彼所鲜数问遗，且使辨士风谕以礼节，冒顿在，固为子婿；

死则外孙为单于。岂闻外孙敢与大父抗礼哉？可毋战以渐臣也。"此古代诸侯屡盟交质，事之以货贿，申之以婚姻之习；抑刘敬之策，亦莒人之所以亡郐也。此其政之相类者也。

匈奴之俗，与中国尚文之世，若不相容，而反诸尚质之世，则极相类。"其送死，有棺椁、金银、衣裳而无封树、丧服。近幸臣妾，从死者数百人。"此古者不封不树，丧期无数及殉葬之俗也。"父死，妻其后母；兄弟死，皆取其妻妻之。"此晋献公所以烝于齐姜，象所以欲使二嫂治朕栖也。"有名不讳而无字"，幼名，冠字，本乃周道也。"贵壮健，贱老弱；壮者食肥美，老者食其余。"此古之人所以兢兢于教悌也。"利则进，不利则退；不羞遁走。苟利所在，不知礼义。"春秋时戎狄之俗皆如此。尤其久与汉族杂居河域之征也。其文教虽不如中国乎，然《史记》称其"狱久者不满十日；一国之囚，不过数人"。中行说谓其"约束径易行，君臣简可久；一国之政犹一体"；犹足想见古者刑措不用；及未施信于民而民信，未施敬于民而民敬之风焉。要之匈奴之俗，与周以后不相类，若返诸夏、殷以前，则我国之俗，且可资彼以为借镜也。此其俗之相类者也。

《罗马史》载匈奴西徙后，有诗词歌咏，皆古时匈奴文字。当时罗马有通匈奴文者，匈奴亦有通拉丁文者，惜后世无传焉。见《元史译文证补》。案匈奴之有文字，史不言其始于何时，亦不言为何种文字。或谓当时西域诸国，多有旁行文字，匈奴或西徙后受之西域，如回纥文字，出自大食者然。案匈奴之服西域，事在孝文三四年间，自此以前，久与中国书疏相往还矣。中行说教单于左右疏记，以计识其人众畜数，必先有文字，疏记之法，乃有可施。《史记》谓其"无文书，以言语为约束"，乃谓其无文书，非谓其无文字也。然则匈奴之有文字旧矣。创制文字，实为大业，虽乏史记，十口不得无传。辽、金、元、清、西夏皆然。然则匈奴文字，非由自制。即非自制，舍中国将安所受之哉？汉遗单于书以尺一牍；中行说令单于以尺二寸牍，及印封，皆令广长大；则其作书之具，正与中国同。从古北族文字，命意措词，与中国近者，莫匈奴若，初未闻其出于译人之润饰也。然则匈奴与中国同文，虽史无明文，而理有可信矣。抑《史》《汉》之不言，非疏也。《西域传》云："自且末以往，有异乃记。"记其与中国异者，而略其与中国同者，作史之例则然。然则《史》《汉》之不言，正足为匈奴与我同文之证矣。《汉书》于《安息传》，明著其书革旁行为书记，即因其有异而记之者也。然则我国文字之流传于欧洲也旧矣。日逐王比遗汉人郭衡奉匈奴地图求内附，则匈奴并有地图。又《说文》控字下曰："匈奴引弓曰控弦。"《一切经音义》引作"匈奴谓引弓曰控弦"。案《一切经》引是也，今本盖夺谓字。观此，则匈奴之语，亦有与中国同者矣。皆其久与汉族杂居之证也。《一切经》又一引作突厥。汉时无突厥，必误也。《观堂集林》有匈奴相邦印跋，曰："匈奴相邦玉印，藏皖中黄氏。形制文字，均类先秦。当是战国秦汉之物。考六国执政，均称相邦。秦有相邦吕不韦，见戈文，魏有相邦建信侯，见剑文。今观此印，知匈奴亦然。史作相国，盖避汉高帝讳改。《史记·大将军骠骑列传》，屡言获匈奴相国都尉。而《匈奴列传》，记匈奴官制，但著左右贤王以下二十四长，而不举其目。又言二十四长，亦各自置千长、百长、十长、裨小王、相封、都尉、当户、且渠之属。相封即相邦。易邦为封，亦避高帝讳耳。"此印若真，亦匈奴与中国同文之一证。

匈奴与汉族关系之深如此，然其文明程度，终不逮汉族者，则汉族久进于耕农，而匈奴迄滞于游牧之故也。《史记》云："自唐、虞以上，有山戎、猃狁、荤粥，居于北蛮，随畜牧而转移。"

可见其从事畜牧，由来之久。然迄春秋战国时，此族仍多以游牧、射猎为生。故魏绛劝晋悼公和戎之辞曰："戎狄荐居，贵货易土；土可贾焉。"《左》襄四年。杂居内地者如此，在塞外者，自更不待言矣。《史记·匈奴列传》，谓其"自君王以下，咸食畜肉，衣其皮革，被旃裘"。又云："儿能骑羊，引弓射鸟鼠；稍长，则射狐兔；用为食。"盖犹《王制》所谓北方之狄，衣羽毛穴居不粒食之旧也。《王制》：四海之内，北不尽恒山。所谓北狄，当在恒山之北。然汉时之匈奴，亦间有事种植者。《汉书》谓匈奴诛贰师，连雨雪数月，谷稼不熟。师古曰："北方早寒，虽不宜禾稷，匈奴中亦种黍穄。"师古此言，当有所本。盖生业之兴，由于地利，漠南北亦有宜于种植之地，农业遂缘之而兴也。特究不以为正业耳。

　　《春秋》僖公三十二年，"卫人及狄盟"。《杜注》："不地者，就狄庐帐盟。"《疏》云："狄逐水草，无城郭宫室，故云就庐帐盟也。"杜氏此注，非必经意，然当时北狄未有宫室，说当不诬。《史记》云："其后义渠之戎，筑城郭以自守，而秦稍蚕食；至于惠王，遂拔义渠二十五城。"盖后来之事；且亦未必凡戎狄皆然也。秦、汉时之匈奴，"无城郭常居耕田之业，然亦各有分地"。其国中间有城郭，大抵汉人所筑；如赵信城，孟康曰："赵信所筑"；范夫人城，应劭曰："本汉将筑此城，将亡，其妻率余众保完之"是也。壶鞬衍单于初立，年少，母阏氏不正，国内乖离，常恐汉兵袭之。卫律为单于谋，穿井，筑城，治楼以藏谷观此语，亦可知匈奴有农业，与秦人守之。汉兵至，无奈我何。即穿井数百，伐材数千。或曰：胡人不能守城，是遗汉粮也。乃已。郅支之徙康居，役其民以筑城，日五百人，二岁乃已。然终为汉兵所诛夷。

胡人不能守城，此其一证也。

匈奴极重汉物。"其攻战，斩首虏，赐一卮酒"，酒之贵重可知。汉文与匈奴和亲，遗以缯絮、秫蘖，岁有数，所以中之也。自关市之通，单于以下皆亲汉，往来长城下，几堕马邑之权。然犹乐关市，不能绝，可知其陷溺之深。贾生三表五饵之说，不能谓为处士大言矣。见《新书·匈奴》篇。中行说之说匈奴曰："匈奴人众，不能当汉之一郡，然所以强之者，以衣食异，无仰于汉也。今单于变俗，好汉物，汉物不过十二，则匈奴尽归于汉矣。其得汉絮缯，以驰草棘中，衣袴皆敝裂，以视不如旃裘之坚善也；得汉食物，皆去之，以视不如湩酪之便美也。"呜呼！何其计之深而虑之远也！

匈奴风俗，最称强悍。《史记》曰："其俗宽则随畜田猎为生业，急则人习战攻以侵伐，其天性也。"《淮南子》曰："雁门之北，狄不谷食。贱长贵壮，俗尚气力。人不弛弓，马不解勒。"《原道训》此即《中庸》所谓"衽金革，死而不厌，北方之强"者邪。扬雄《谏不受单于朝书》曰："往时尝屠大宛之城，蹈乌桓之垒，探姑缯之壁，借荡姐之场，艾朝鲜之旃，拔两越之旗，近不过旬月之役，远不离二时之劳，固已犁其庭，扫其闾，郡县而置之；云彻席卷，后无余菑。惟北狄为不然，真中国之坚敌也；三垂比之悬矣，前世重之滋甚。"江统《徙戎论》曰："并州之胡，本实匈奴。其天性骁勇，弓马便利，倍于氐羌："是匈奴在四裔中为最强也。左伊秩訾之劝呼韩邪降汉也，呼韩邪问诸大臣，皆曰："不可。匈奴之俗，本上气力而下服役，以马上战斗为国；故有威名于百蛮。战死，壮士所有也。今兄弟争国，不在兄，则在弟，虽死，犹有威名；子孙常长诸国。奈何乱先古之制，臣事于汉，卑辱先单于，为诸国笑？虽如是而安，何以复长百蛮？"百世之下，读之虎虎有生气焉。其能以不逮一县之众，见附录《秦始皇筑长城》。使中国为之旰食，宜矣。

然匈奴众虽勇悍，而训练节制颇缺。"利则进，不利则退，不羞遁走"，犹是春秋战国以来戎狄之旧俗。"其攻战，斩首虏，赐一卮酒；而所得虏获，因以与之。得人，以为奴婢。故其战，人人自为趋利，如鸟之集。其困败，瓦解云散矣。"此孙卿所讥齐人隆技击，若飞鸟然，倾侧反覆无日者也。古汉族事耕稼，故多居平原。戎狄事畜牧射猎，故多居山险。故汉族重车战，戎狄则用骑兵及步兵。《左》隐九年，北戎侵郑。郑伯御之。患戎师，曰："彼徒我车，惧其侵轶我也。"昭元年，晋中行穆子败无终及群狄于太原。将战，魏舒曰：彼徒我车，所遇又阨，请皆卒。乃毁车以为行。而赵武灵王亦胡服骑射，以灭中山，皆是道也。汉时匈奴，仍系如此。晁错《论兵事疏》曰："上下山阪，出入溪涧，中国之马弗与也。险道倾仄，且驰且射，中国之骑弗与也。风雨罢劳，饥渴不困，中国之人弗与也。此匈奴之长技也。若夫平原易地，轻车突骑，则匈奴之众易挠乱也。劲弩长戟，射疏及远，则匈奴之弓弗能格也。坚甲利兵，长短相杂，游弩往来，什伍俱前，则匈奴之兵弗能当也。材官驺发，矢道同的，则匈奴之革笥木荐，弗能支也。下马地斗，剑戟相接，去就相薄，则匈奴之足弗能给也。此中国之长技也。"要而言之，匈奴长于骑，中国长于步；匈奴利于险阻，中国利于平地；匈奴之勇悍，非中国所及；中国之兵器及行陈，亦非匈奴所能当也。《史记》云："其长兵则弓矢，短兵则刀铤。"则其兵器，亦与中国同，特不如中国之精而已。又曰："善为诱兵以包敌。"此亦居广原，习于驰逐之故也。又曰："举事常随月盛壮以攻战，月亏则退兵。"案《左》成十六年，晋郤至谓楚有六间，"陈不违晦"其一。《注》："晦，月终，阴之尽，故兵家以为忌。"昭二十三年，戊辰，晦，战于鸡父。《注》："七月二十九日。违兵忌晦战，击楚所不意。"盖月无光时，惧敌夜袭，故不用师也。此亦匈奴俗类汉族之一证。

北族多辫发，惟匈奴则似椎髻。《汉书·李广苏建传》："昭帝立，大将军霍光、左将军上官桀辅政，素与陵善。遣陵故人陇西任立政等三人俱至匈奴招陵。后陵、律卫律持牛酒劳汉使。博饮，两人皆胡服椎结。立政大言曰：汉已大赦，中国安乐，主上富于春秋，霍子孟、上官少叔用事。以此言微动之。陵嘿不应，熟视，而自循其发，曰：我已胡服矣！"明椎髻为匈奴俗也。或曰：文帝前六年遗单于，有比疏一。《史记》作比余。师古曰："辫发之饰也，以金为之。"此实匈奴辫发之证，陵、律盖未忍效之，故犹椎髻也。曰我已胡服，明发未尝如胡也。案比疏即篦梳，古今字。不必辫发然后可用。师古之说，似睹当时北族辫发，以意言之。《朝鲜列传》谓"卫满椎结蛮夷服，东走出塞"，明是时塞北蛮夷多椎结，满岂亦有所不忍邪？《北史·悦般传》，谓其"翦发齐眉"。又云："其人清洁。与蠕蠕结好。其主尝将数千人入蠕蠕，欲与大檀相见。入其界，百余里，见其部人不浣衣，不绊发，不洗手。妇人口舐器物。王谓其从臣曰：汝曹诳我，将我入此狗国。乃驰还。"不绊发即辫发之谓，辫发即被发也。从古西域多洁清，北族则否。悦般西徙后，盖已渐染西域之俗。然绊发当系匈奴之旧。翦发齐眉，不知为匈奴俗否？若然，则颇似中国之两髦矣。又匈奴之法，汉使不去节，不以墨黥面，不得入穹庐。盖以以墨黥面，为示辱之意也。

匈奴为汉族所追逐，正支西徙，至今立国欧洲。然其同化于我者实不少。《左》庄二十八年，"晋献公娶二女于戎。大戎狐姬生重耳，小戎子生夷吾"。《注》："大戎，唐叔子孙，别在戎狄者。"《晋语》："狐氏出自唐叔；狐伯耳之子，实生重耳"，是《杜注》所本也。又曰："晋伐骊戎，骊戎男女以骊姬。"《注》云："骊戎，其君姬姓，爵男也。"案骊戎立国甚古。《周书·史记篇》："昔有林氏召离戎之君而朝之"，即骊戎也。《史记·周本纪》："纣囚西伯于羑里。闳夭之徒，求骊戎之文马而献之纣。"是时骊戎为姬姓之国与否不可知，然其与姬姓之国有交涉，则甚确凿矣。昭十二年，晋伐鲜虞，《公》、《穀》皆责其伐同姓。《范注》云："鲜虞，姬姓。"疏谓《世本》文。又戎州已姓，见哀十七年。已者，黄帝之子之姓也。见《国语》。廧咎如隗姓。隗姓，姓范谓出古帝大隗氏。是则春秋以前，我族作大长于戎狄中者多矣。《公羊》谓潞氏"离于夷狄，而未能合于中国。晋师伐之，中国不救，夷狄不有"，实为其渐即诸夏之征。《穀梁》例，灭夷狄时，婴儿以贤书月。甲氏，留吁余邑，以贤婴儿，灭亦月。《左氏》谓狄有五罪，亦谓鄋瞒有三俊才。《韩非子·外储说》："赵主父使李疵视中山可攻不也，还报曰：中山可伐也。君不亟伐，将后齐、燕。主父曰：何故可攻。李疵对曰：其君见好顾千里曰："当依下文作好显"岩穴之士，所倾盖与车，以见穷闾隘巷之士以十数；亢礼下布衣之士，以百数矣。"亦见《中山策》。周秦诸子，固多寓言，然寓诸何国，亦必有其所由。中山之文明程度，亦可想见矣。然则古代之戎狄，至秦、汉以后，不复闻其为患者，大抵皆同化于汉族也。汉时南部之降，汉人骄纵之太甚读扬雄《谏不受单于朝书》，可见此时汉人之见解，卒酿成刘、石之乱，致召冉闵之杀戮。然是时胡人居中国者甚多，闵所杀戮，实不过十之一二。谓足摧挫胡、羯则有之，谓能诛锄胡、羯殆尽，则事理所必无也。据《晋书·载记》：闵躬率赵人，诛诸胡羯，死者二十余万。屯据四方者，所在承闵书诛之。此亦杀其屯聚者耳。又云："高鼻多须，滥死者半。"高鼻多须，自系白种人，见第十三篇。当时所谓胡，范围甚广，初不专指匈奴。如鲜卑称东胡，西域诸国称西胡是也。闵欲诛胡羯，而非胡羯以形状之异而滥死，则胡羯之形状不异者，必多获免可知。其颇同化于汉族者，更无论矣。魏五部都尉所统，已二万九千余落。晋初归化，武帝使居塞内者，亦辄千万落。此等非同化于中国，果何往哉？然则中华民国国民中，匈奴之成分，必不少矣。

附录一　赤狄白狄考

狄之见于《春秋》者，或止称狄，或称赤狄、白狄。宣十五年，"六月，癸卯，晋师灭赤狄潞氏"。《注》："潞，赤狄之别种。"《疏》云："狄有赤狄，白狄。就其赤白间，各自别有种类。此潞是国名，赤狄之内，别种一国。夷狄祖其雄豪者，子孙则称豪名为种，若中国之始封君也。谓之赤白，其义未闻；盖其俗尚赤衣白衣也，"案两爨亦称乌白蛮。《唐书》：初裏五姓皆乌蛮，其妇人衣黑缯，东钦二姓皆白蛮，其妇人衣白缯。《疏》盖据后世事推之。如《疏》意，则凡狄非属于赤，即属于白矣。窃谓不然。

赤狄种类，见于《春秋》者有三：潞氏及甲氏、留吁是也。宣十六年，"晋人灭赤狄甲氏及留吁"。《左氏》云："晋士会帅师灭赤狄甲氏及留吁，铎辰。"《杜注》："铎辰不书，留吁之属"，似以意言之。又成三年："晋郄克卫孙良夫伐廧咎如。"《左氏》曰："讨赤狄之余焉。"是《左氏》所称为赤狄者，较《春秋》多一铎辰，一廧咎如也。廧咎如，《公羊》作将咎如。至东山皋落氏，则《左氏》亦不言为赤狄。《杜注》云:"赤狄别种也。"《正义》:"成十三年《传》,晋侯使吕相绝秦,云:白狄及君同州,则白狄与秦相近,当在晋西。此云东山,当在晋东。宣十五年,晋师灭赤狄潞氏。潞则上党潞县,在晋之东。此云伐东山皋落氏,知此亦在晋东,是赤狄别种也。"其说似属牵强。

白狄种类,《春秋》及《左氏》,皆未明言。昭十二年《杜注》曰:"鲜虞,白狄别种。""肥,白狄也。"十五年《注》又曰:"鼓,白狄之别。"《疏》云:"宣十五年,晋师灭赤狄潞氏。十六年,晋人灭赤狄甲氏及留吁。成三年,晋郤克,卫孙良夫伐廧咎如。《传》曰:讨赤狄之余焉,是赤狄已灭尽矣。知鲜虞与肥,皆白狄之别种也。"其说之牵强,与前说同。

案《春秋左氏》言赤狄种类,虽似不同。然铎辰之名,《春秋》无之。"讨赤狄之余焉",语有两解。刘炫以为"廧咎如之国,即是赤狄之余"。见《疏》。杜预则谓宣十五年晋灭赤狄潞氏,其余民散入廧咎如,故讨之。揆以文义,杜说为长,以《春秋》《左氏》,于潞氏,甲氏,留吁,铎辰,皆明言为赤狄,于廧咎如则不言也。然则《左氏》之意,盖不以廧咎如为赤狄。《左》不以廧咎如为赤狄,而铎辰为《春秋》所无,则《春秋》《左氏》,言赤狄初无歧异矣。然则赤狄自赤狄;白狄自白狄:但言狄者,自属非赤,非白之狄;安得谓凡狄皆可分属赤狄、白狄乎?杜说盖失之也。

予谓赤狄、白狄,乃狄之两大部落。其但称狄者,则其诸小部落。小部落时役属于大部落,则有之;若遂以赤白为种类之名,谓凡狄皆可或属诸赤,或属诸白,则非也。《左》宣十一年云:"众狄疾赤狄之役,遂服于晋。"必赤狄之名,不苞众狄,乃得如此措辞。若众狄亦属赤狄,当云疾潞氏之役,安得云疾赤狄之役乎?

此《春秋》及《左氏》，凡言狄者，不得以为赤狄或白狄之明征也。

然则赤狄、白狄，果在何方乎？曰：赤狄在河内，白狄在圁、洛之间。何以知之？曰：以《史记·匈奴列传》言"晋文公攘戎翟居于河内、圁、洛之间，号曰赤翟白翟"知之也。居河内者盖赤狄？居圁、洛之间者盖白狄也？曰：《史记》上云"攘戎翟"，而下云"号曰赤狄、白狄"，明赤狄、白狄为两种之总称，所包者广矣。曰：《史记》之言，盖举其大者以概其余，非谓凡狄皆可称赤狄或白狄也。若谓凡狄皆可称赤狄或白狄，则无解于《春秋》之或称赤狄，或称白狄，或但称狄矣。盖狄在《春秋》时，就大体言之，可区为二：一在东方，一在西方。在东方者，侵轶于周、郑、宋、卫、齐、鲁之间。其地盖跨今河北之保定、大名两道，山西冀宁道之东境，河南之河北道。或且兼及河洛、开封道境。其中以居河内之赤狄为最大。居西方者，其地盖跨今山西冀宁道之西境，及河东道。陕西之榆林道及关中道。其中以居圁、洛之间之白狄为最大。故史公举之以概其余也。言春秋时狄事者，莫详于《左氏》。今请举之，以为吾说之证。

狄之居东方者，莫张于庄、闵、僖之间。庄三十二年，伐邢。闵二年，入卫。以齐桓公之威，纠合诸侯，迁邢于夷仪，封卫于楚丘；然及僖十二年，诸侯复以狄难故，为卫城楚丘；其明年，狄侵卫；又明年，侵郑；则其势初未弱也。齐桓公之卒也，宋襄公伐齐而纳孝公。虽曰定乱，实有伐丧之嫌。诸侯莫能正。惟狄人救之。僖十八年。是时邢附狄以伐卫。至二十五年，而为卫所灭。狄虽不能救；然二十年，尝与齐盟于邢。《左氏》曰：为邢谋卫难也；二十一年，狄侵卫；三十一年，又围卫；卫为之迁于帝丘；狄之勤亦至矣。先是僖公九年，狄灭温。温者，苏子封邑，周初司寇苏忿生之后也。见成十一年。十一年，王子带召扬拒、泉皋、伊洛之戎以伐周。入王城，焚东门。秦、晋伐戎以救周。晋侯平戎于王。十二年，王讨王子带。王子带奔齐。齐侯使管夷吾平戎于王，使隰朋平戎于晋。十六年，王以戎难告于齐，齐征诸侯而戍周。此所谓戎，不知与狄有关否？然及僖二十四年，王以狄师伐郑；冬，遂为狄所伐，出居于郑；大叔以狄女居于温；则必即九年灭温之狄矣。晋文勤王，取大叔于温，杀之于隰城。王以温锡晋。三十二年，狄有乱。卫人乘之侵狄，狄请平焉。其在河内者，至是当少衰。然三十二年及文七年、九年、十一年，迭侵齐；七年，伐鲁西鄙；十年侵宋；十三年又侵卫；则东方之狄，亦未尝遂弱也。凡此者，《春秋》及《左氏》，皆但称为狄。惟文七年侵鲁之役，《左氏》云：公使告于晋，赵宣子使因贾季问酆舒，且让之。酆舒潞氏相，似其事由赤狄，然此只可谓侵鲁之狄，役属于赤狄，不能谓侵鲁者即赤狄也。

赤狄见《经》，始于宣公三年之侵齐。六年，伐晋。七年，又侵晋，取向阴之禾。十一年，晋侯会狄于攒函。《左氏》云："众狄服也。众狄疾赤狄之役，遂服于晋。"观宣七年赵宣子之让酆舒，则知赤狄是时所役属之狄颇众，故其势骤张也。及是，党与携离，势渐弱矣。十三年，虽伐晋及清，及十五年，潞氏遂为晋所灭。晋侯治兵于稷，以略狄土。明年，灭甲氏留吁及铎辰。成三年，又伐廧咎如，以讨赤狄之余焉。赤狄之名，自是不复见。盖赤狄本居河内，是时强盛，故兼据潞氏、甲氏、留吁、铎辰之地也。据《左氏》伯宗之言，则潞氏又夺黎侯之地。其本据地河内，未知灭亡以否？然纵幸存，其势力亦无足观矣。

东方之狄，自晋灭赤狄后，不见于《春秋》及《左氏》者若干年。至昭、定以降，鲜虞、肥、鼓，乃复与晋竞。《左》昭十二年，晋荀吴伪会齐师者，假道于鲜虞，遂入昔阳。秋，八月，壬午，灭肥，以肥子绵皋归。十三年，荀吴以上军侵鲜虞，及中人。十五年，荀吴伐鲜虞，围鼓，以鼓子鸢鞮归。既献而反之。又叛于鲜虞。二十二年，六月，荀吴灭之。定三年，鲜虞人败晋师于平中。四年，晋士鞅卫孔圉伐鲜虞。五年，士鞅围鲜虞。哀元年，齐、卫会于乾侯，救范氏也。师及齐师、卫孔圉、鲜虞人伐晋，取棘蒲。三年，齐、卫围戚。求援于中山。四年，十一月，邯郸降。荀寅奔鲜虞。十二月，齐国夏会鲜虞，纳荀寅于柏人。六年，晋伐鲜虞，治范氏之乱也。鲜虞、肥、鼓，地与潞氏、甲氏、留吁、铎辰相近；与齐、晋、鲁、卫，皆有关系；其形势，正与自庄公至宣公时之狄同。《春秋》及《左氏》，皆绝不言及白狄，不知杜氏何所见而云然？以予观之，毋宁谓为与赤狄相近之群狄，为较当也。

白狄本国，盖在圁、洛之间。然西方之狄，跨据河之东西者亦甚众，非止一白狄也。晋之建国也，籍谈追述其事曰："晋居深山之中，戎狄之与邻，而远于王室。王灵不及，拜戎不暇。"昭十五年。是唐叔受封之时，已与此族为邻矣。二五之说晋献公也，曰："蒲与二屈，君之疆也。疆场无主，则启戎心。"又曰："狄之广莫，于晋为都。晋之启土，不亦宜乎？"则蒲、屈所与为界者，即狄人也。僖五年，晋侯使寺人披伐蒲，重耳奔狄。明年，贾华伐屈。夷吾将奔狄。郤芮曰：后出同走，罪也。不如之梁，梁近秦而幸焉，乃之梁。重耳、夷吾，盖皆欲借资于秦以复国。夷吾不果奔狄，仍奔近秦之梁，则狄之近秦可知也。晋文公让寺人披之辞曰："予从狄君以田渭滨"，则晋文所奔，夷吾所欲奔而未果之狄，即与蒲、屈为界之狄；其地自渭滨跨河而东，界于蒲、屈也。《左》闵二年，"虢公败犬戎于渭汭"，虽未知即此狄否，然其地则相近矣。重耳之奔狄也，狄人伐廧咎如，获其二女叔隗、季隗，纳诸公子。成十三年，吕相绝秦之辞曰："白狄及君同州，君之仇雠，而我之婚姻也。"《杜注》："季隗，廧咎如赤狄之女也。白狄伐而获之，纳诸文公。"杜氏此注，殊属牵强，故《疏》亦游移其辞，不敢强申其说也。凡此等狄，其地皆与白狄相近。然《春秋》及《左氏》，皆不明言为白狄，则亦西方之众狄，与白狄相近者而已。僖八年，"晋里克帅师，梁由靡御，虢射为右，以败狄于采桑。梁由靡曰：狄无耻，从之，必大克。里克曰：惧之而已，无速众狄。虢射曰：期年狄必至，示之弱矣。夏，狄伐晋，报采桑之役也。复期月"。曰"无速众狄"，明西方狄亦甚众；如东方赤狄所役属也。西方之狄，与晋相近，故争阋颇烈。僖十六年，因晋韩原之败，侵晋，取狐厨，受铎，涉汾，及昆都。二十八年，晋作三行以御狄。三十一年，又作五军以御狄。三十三年，晋侯败狄于箕。郤缺获白狄子。曰获白狄子，而不言所败者即白狄，盖白狄与他狄俱来也？范文子曰："吾先君之亟战也有故。秦、狄、齐、楚皆强，不尽力，子孙将弱。"成十六年。以狄与秦、齐、楚并举，可以见其盛矣。此等狄人，东为晋人所攘斥；又秦穆修政，东境至河《史记·六国表》；其在渭滨及河东之地，盖皆曰蠻。昭十三年，晋人执季孙意如，使狄人守之；定十四年，晋人围朝歌；成鲋，小王桃甲率狄师以袭晋，战于绛中；盖皆其服属于晋者也。《史记》云："秦穆公得由余，西戎八国服于秦。"此《匈奴列传》文。《秦本纪》云："益国十二，开地千里。"与《韩非子·十过》篇同。《李斯传》作"并国二十"。二十字疑倒。《汉书·韩安国传》作"并国十四"，四亦疑二之误。古文一二三四皆积画也。

穆公所服，盖多岐以东之地，即大王所事之獯粥，文王所事之昆夷，及灭幽王之犬戎也。然则同、蒲间之狄，盖尽为秦、晋所并矣。白狄居圁、洛之间，其地较僻，盖至魏开河西、上郡而后亡。

白狄之见《春秋》，始于宣公八年，与晋伐秦。成九年，与秦伐晋。十三年，吕相绝秦之辞曰："白狄及君同州，君之仇雠，而我之婚姻也。君来赐命曰：吾与女伐敌。寡君不敢顾婚姻，畏君之威，而受命于吏。君有二心于狄，曰：晋将伐女。狄应且憎，是用告我。"《左氏》亦曰："秦桓公既与晋为令狐之盟，而又召狄与楚，欲道以伐晋。"白狄盖叛服于秦、晋之间者也。《春秋》哀十八年，春，"白狄来。"《左氏》云："始来。"盖至是始通于鲁。可见所谓白狄者，惟指圁、洛间一族。若凡在西北者，皆可称白狄，则前此不得迄无往来矣。二十八年，白狄朝晋。昭元年，祁午称赵文子服齐、狄，《杜注》谓指此事，其重视之可知。《管子·小匡篇》，谓齐桓公"西征，攘白狄之地，遂至于西河"。《小匡》述事，不甚可信，然白狄之在西河，则因此而得一左证也。

《左》僖三十三年杜注："白狄，狄别种也。故西河郡有白部胡。"

《左》襄四年，无终子嘉父使孟乐如晋，因魏庄子，纳虎豹之皮，以请和诸戎。《杜注》谓无终，山戎国名。其《释例》又谓山戎、北戎，无终，三者是一。案山戎，北戎在东方，别见予所撰《山戎考》。杜氏之云，未知何据？观魏绛劝晋侯和戎，谓"戎狄荐居，贵货易土，土可贾焉"？又曰："边鄙不耸，民狎其野，穑人成功；"则其地与晋密迩。昭元年，"晋荀吴帅师败狄于大卤"。《左氏》云："败无终及群狄于太原"，则无终即在太原附近。疑亦西方之狄，而能役属群狄者也。

夷、蛮、戎、狄之称，其初盖皆按据方位，其后则不能尽然。

盖种落有迁徙,而称名不能屡更。故见于古书者,在东方亦或称戎,西方亦或称夷也。《春秋》时之戎,史公概叙之《匈奴列传》中,则亦不得谓之非狄。别见予所撰《山戎考》,此不赘。

附录二　山戎考

《管子·大匡》篇曰:"桓公遇南州侯于召陵,曰:狄为无道,犯天子令,以伐小国。以天子之故,敬天之命,令以救伐。北州侯莫至。上不听天子令,下无礼诸侯。寡人请诛于北州之侯。诸侯许诺。桓公乃北伐令支,下凫之山,斩孤竹,遇山戎。"《小匡篇》曰:"北伐山戎,制冷支,斩孤竹,而九夷始听。海滨诸侯,莫不来服。"又曰:"桓公曰:北至于孤竹、山戎、濊貉,拘秦夏。"《霸形篇》曰:"北伐孤竹,还存燕公。"《戒篇》曰:"北伐山戎,出冬葱与戎菽,布之天下。"《轻重甲篇》曰:"桓公曰:天下之国,莫强于越。今寡人欲北举事孤竹、离枝,恐越人之至,为此有道乎?桓公终北举事于孤竹、离枝,越人果至。"皆以山戎在北方,与燕及孤竹、令支相近。燕召公封地,在今蓟县。《汉志》:辽西郡,令支,有孤竹城。注引应劭曰:"古伯夷国。今有孤竹城。"则今迁安县也。然《小问篇》曰:"桓公北伐孤竹,至卑耳之溪。"《小匡篇》曰:"西征,攘白狄之地,遂至于西河。方舟投柎,乘舟济河。至于石沈,县车束马,逾大行与卑耳之貉。拘秦夏。"又曰:"北至于孤竹、山戎、濊貉,拘秦夏。""卑耳之貉"之貉,当系貉字之误。注随文妄说为"与卑耳之貉共拘秦夏之不服者",误也。瀼貉初在今陕西北境,予别有考。然则卑耳之溪,实在西河、大行附近;与汉之令支县,风马牛不相及矣。《轻重戊篇》曰:"桓公问于管子曰:代国之出何有?管子对曰:代之出,狐白之皮,公其贵买之。代民必去其本,而居山林之中。离枝闻之,必侵其北。"则离枝又在代北,亦非汉令支地也。《穀梁》谓"齐桓越千里之险,北伐山戎,为燕辟地"。又曰:"燕,周之分子也,而贡职不至,山戎为之伐矣。"其释齐侯来献戎捷曰:"军得曰捷,戎,菽也。"皆与管子合。《史记·匈奴列传》谓:"山戎越燕而伐齐。"又云:"山戎伐燕,燕告急于齐。齐桓公北伐山戎。山戎走。"亦以山戎存北方,与燕近。然《公羊》谓其"旗获而过我"。《疏》云:"齐侯伐山戎而得过鲁,则此山戎不在齐北可知。盖戎之别种,居于诸夏之山,故谓之山戎耳。"自来说山戎者,多主《左》《穀》,鲜措意《公羊》。然《左氏》于齐侯来献戎捷,但云"诸侯不相遗俘",无戎菽之说。其说公及齐侯遇于鲁济曰:"谋山戎也,以其病燕故也。"虽似与《穀梁》合。然山戎果去齐千里,何为与鲁谋之?则其消息,反与《公羊》相通矣。《礼记·檀弓》:"孔子过泰山侧,有妇人哭于墓者而哀。"《新序》亦记此事,而云"孔子北之山戎"。《论衡·遭虎篇》云:"孔子行鲁林中。"《定贤篇》云:"鲁林中哭妇。"俞氏正燮谓俱称林中,殆齐配林之类。《癸巳类稿》明山戎实在泰山附近,故齐伐之,得旗获而过鲁也。《管子》一书,述齐桓管仲事,多不可据。即如一孤竹也,忽谓其在燕之外,忽焉伐孤竹所济卑耳之溪,又近西河、大行,令人何所适从邪?盖古书本多口耳相传;齐人所知,则管仲、晏子而已,辗转增饰,遂不觉其词之侈也。然谓伐山戎而九夷始听,则亦见山戎之在东而不在北矣。

杜预《释例·土地名》，以北戎、山戎、无终三者为一。昭元年疏。僖十年注曰："北戎，山戎。"襄四年注曰："无终，山戎同名。"昭元年注曰："无终，山戎。"庄三十年注则曰："山戎，北戎。"《汉志》：右北平，无终，故无终子国。地在今蓟县。然襄四年，无终子嘉父使孟乐如晋，请和诸戎。魏绛劝晋侯许之，曰："戎狄荐居，贵货易土，土可贾焉。"又曰："边鄙不耸，民狎其野，穑人成功。"则无终之地，必密迩晋。故昭元年，荀吴得败无终及群狄于太原。若谓在今蓟县，则又渺不相及矣。故《义疏》亦不信其说也。

北戎之见于《春秋》者，僖十年，齐侯、许男伐北戎。其见于《左氏》者，隐九年，北戎侵郑；桓六年，北戎伐齐，亦绝无近燕之迹。且隐九年郑伯之患北戎，昭元年魏舒之策无终，皆云"彼徒我车"；而《小匡篇》亦以"北伐山戎，制泠支，斩孤竹，而九夷始听"，与"中救晋公，禽狄王，败胡貉，破屠何，而骑寇始服"对举。胡者，匈奴东胡，貉即濊貉。屠何者，《墨子·非攻中篇》曰："虽北者且不一著何，其所以亡于燕、代、胡、貉之间者，亦以攻战也。"孙氏诒让曰："且不一著何，当作且，不著何。且疑祖之借字。《国语》：晋献公田，见翟祖之氛。《韦注》云：翟祖，国名是也。不著何，亦北胡。《周书·王会篇》云：不屠何青熊。又《王会·伊尹献令》，正北有且略，豹胡。且略即此且及《左传》翟祖。豹胡，亦即不屠何。豹不，胡何，并一声之转。不屠何，汉为徒何县，属辽西郡。故城在今奉天锦县。柤，据《国语》，为晋献公所灭，所在无考。"案孙说近之。古代异族在北徼者多游牧，杂居内地者则否。胡貉、屠何，为骑寇，而山戎、令支、孤竹不然，又以知其非一族矣。

戎之名，见于《春秋》者甚多。隐二年，"春，公会戎于潜"。"秋，八月，庚辰，公及戎盟于唐。"又是年，"无骇帅师入极"。贾云：极，戎邑。见《疏》。七年，"冬，天王使凡伯来聘。戎伐之于楚丘，以归"。桓二年，"公及戎盟于唐"。庄十八年，"夏，公追戎于齐西"。二十四年，"冬，戎侵曹"。二十六年，"春，公伐戎"。其地皆在今山东境。虽不云山戎，亦近鲁之地多戎之证也。窃疑山戎占地颇广，次第为诸国所并。至战国时，惟近燕者尚存。后人追述管子之事，不知其时之山戎，疆域与后来不同也，则以为在燕北而已矣。记此事者独《公羊》不误，亦足雪口说流行之诬矣。

附录三　长狄考

孟子曰："其事则齐桓、晋文，其文则史，孔子曰：其义，则丘窃取之矣。"斯言也，实治《春秋》者之金科玉律也。能分别其事与义，则《春秋》作经读可，作史读亦可。而不然者，则微特不能明《春秋》之义，于春秋时事，亦必不能了也。

《春秋》事之可怪者，莫如长狄。文十一年《经》云："叔孙得臣败狄于咸。"但云狄而已。而《公羊》及《左》《穀》，皆以为长狄。《左氏》所载，但云长狄有名缘斯者，获于宋；有曰侨如者，毙于鲁叔孙得臣；侨如之弟焚如，获于晋；荣如获于齐；简如获于卫；鄋瞒由是遂亡而已。无荒怪之说也。《公羊》云"记异"，而不言其所以异。《穀梁》则云："弟兄三人，佚宕中国。瓦石不能害。叔孙得臣，最善射者也。射其目。身横九亩。断其首而载之，眉见于轼。"其荒怪甚矣。

注家之言，《穀梁》范注，但循文敷衍，无所增益。《左氏》杜注亦然。其云"盖长三丈"，乃本《国语》。《国语》《左氏》，固一家言也。何君之意，则不以长狄为人。故注兄弟三人曰："言相类如兄弟。"又曰："鲁成就周道之封，齐、晋霸，尊周室之后。长狄之操，无羽翮之助。别之三国，皆欲为君。此象周室衰，礼义废，大人无辅佐，有夷狄行。事以三成，不可苟指一。故自宣成以往，弑君二十八，亡国四十。"二十八当作二十，四十当作二十四，见《疏》。《疏》引《关中记》曰："秦始皇二十六年，有长人十二，见于临洮。身长百尺，皆夷狄服。天诫若曰：勿大为夷狄行，将灭其国。"《穀梁疏》引《考异邮》曰："兄弟三人，各长百尺，别之国，欲为君。"《汉书·五行志》引《公》《穀》说，而曰："刘向以为是时周室衰微，三国为大，可责者也。天诫若曰：不行礼义，大为夷狄之行，将至危亡。其后三国皆有篡弑之祸。近下人伐上之痾。"又引京房《易传》曰："君暴乱，疾有道，厥妖长狄入国。"又曰："丰其屋，下独苦。长狄见，主为虏。"又曰："《史记》：秦始皇帝二十六年，有大人，长五丈，足履六尺，皆夷狄服。凡十二人，见于临洮，天诫若曰：勿大为夷狄之行，将受其祸。后十四年而秦亡，亡自戍卒陈胜发。"其义皆与何君同。

以长狄为非人，似极荒怪。然束阁三传，独抱遗经，以得臣所败，亦寻常之狄则可。否则以之为人，其怪乃甚于非人也。记事荒怪，《穀梁》为甚。然《公羊》谓"其兄弟三人，一者之齐，一者之鲁，一者之晋。其之齐者，王子成父杀之；之鲁者，叔孙得臣杀之；则未知其之晋者也"。其说全与《穀梁》同。特不云其佚宕中国，瓦石不能害；又不言其长若干而已。然《穀梁》云："不言帅师而言败，何也？直败一人之辞也。一人而曰败何也？以众焉言之也。"范《注》："言其力足以敌众。"《公羊》曰："其言败何？大之也。其日何？大之也。其地何？大之也。"意亦全同。以得臣所败为一人，则非谓其瓦石不能害，身横九亩，断其首而载之，眉见于轼不可矣。故《公》《穀》之辞，虽有详略，其同出一本，盖无疑也。《穀梁》曰："传曰"云云，盖据旧传也。惟《左氏》之说，最为平正。其曰："富父终甥摏其喉以戈，杀之，"特记其杀之之事，非有瓦石不能害，必射其目之意也。详记齐、鲁二国埋其首之处，则杜氏所谓骨节非常，恐后世怪之，更未尝有身横九亩，眉见于轼之说也。虽《杜注》谓"荣如以鲁桓十八年死，至宣十五年一百三岁，其兄犹在，《传》言既长且寿，有异于人"。然年代舛讹，古书恒有。此乃杜推《左氏》之意如此，《左氏》之意，初未必如此也。然则《左氏》果本诸国史，记事翔实？而《公羊》《穀梁》，皆不免口说流行之消邪。

盖《公羊》所云"记异"者，乃《春秋》之义也。何君所言，则发明《公羊》之所谓异者也，与事本不相干。至《公》《穀》之记事，与《左氏》之记事，则各有所取。古事之传于今；有出史官之记载，士夫之传述者；亦有出于东野人之口，好事者之为者。有传之未久，即著竹帛者；亦有辗转传述，乃形简策者。由前之说，其言恒较雅，其事亦较确。由后之说，则其词多鄙，其事易芜。《左氏》所资，盖属前说；《公》《穀》所本，则属后说也。以记事论，《左氏》诚为近实。然以义论，则公羊子独得圣人之传已。

《左氏》之记事，诚近实矣。然长狄究为何如人，《左氏》

未之言也。则请征之《国语》。《国语》"吴伐越,堕会稽,得骨专车。使问仲尼。仲尼曰:昔禹致群神于会稽山,防风氏后至,禹杀而戮之。其节专车。客曰:防风何守?仲尼曰:汪罔国之君也,守封禺之山,漆姓。在虞、夏、商为汪罔氏,于周为长翟氏。今谓之大人。客又曰:人长之极几何?仲尼曰:僬侥氏三尺,短之至也。长者不过十之,数之极也。"《史记·孔子世家》《说苑》《家语·辨物篇》略同。惟《说苑》漆姓作釐姓。又云:"在虞、夏为防风氏,商为汪芒氏"耳。《说文》亦曰:"在夏为防风氏,殷为汪芒氏。"如此说,则长狄之先,有姓氏及封土可稽,身长三丈,乃出仲尼推论,非谓其人实如是,了无足怪矣。《义疏》云:"如此《传》文,长狄有种。种类相生,当有支胤。惟获数人,其种遂绝,深可疑之。命守封禺之山,赐之以漆为姓,则是世为国主,绵历四代,安得更无支属,惟有四人?且君为民心,方以类聚;不应独立三丈之君,使牧八尺之民。又三丈之人,谁为匹配?岂有三丈之妻,为之生产乎?人情度之,深可怪也。"又引苏氏云:"《国语》称今曰大人,但进居夷狄,不在中国,故云遂亡。"案苏氏所疑,盖同《贾疏》,故以是为解。然窃谓无足疑也。《疏》之所疑,首由不知身长三丈,乃出仲尼推论而非其实。若知此义,自不嫌以三丈之君,牧八尺之民;更不疑乏三丈之妻,为之生产矣。次则不知鄋瞒遂亡,惟指防风一族。盖泰伯、仲雍,窜身扬越,君为姬姓,民则文身。设使当日弟昆,并被异邦戕杀,南国神明之胄,固可云由是而亡。汪芒本守会稽,长狄跌宕兖、冀,盖由支裔北徙,君临群狄;昆弟迭见诛夷,新邑遂无遗种,此亦不足为怪。至于封禺旧守,原未尝云不祀忽诸也。

民国十年,十月,八日,予客沈阳,读是日之《盛京时报》,有云:"北京西城大明濠,因治马路,开掘暗沟。有工人,在下冈四十号民家墙根下，掘得巨人骸骨八具。长约八尺余。头大如斗。弃之坑内。行人观者如堵。监者虑妨工作，乃命工人埋之。"该报但云日前，未确记其日。此事众目昭彰，不容虚构。知史籍所云巨人、侏儒，纵有过当之辞，必非子虚之说矣。长狄之长，何君云百尺，盖本之《关中记》等书。杜云三丈，本诸《国语》。范云五丈四尺，则就九亩之长计之，并非其实。窃谓《左氏》"富父终甥椓其喉以戈"一语，即所以状长狄之长。谓恒人举戈，仅及其喉也。然则长狄之长，断不能越北京西城所得之骨矣。岂今日北京西城之地，亦古代长狄埋骨之区邪？

夫"语增"则何所不至？今之欧洲人，皆长于中国人；日本人则短于中国人；来者既多，日习焉则不以为异。设使欧人、日人，来者不过一家数口，后遂无以为继；数十百年之后，或则同化于我，或则绝世无传；而吾国于此，亦无翔实之记载，一任传说者之悠谬其辞；则不一再传，而欧人为防风，而日人为僬侥矣。然则《公》《穀》记事之缪悠，亦不足怪，彼其所资者则然也。故借长狄之来以示戒，《春秋》之意也。古有族曰防风，其人盖别一种类，颇长于寻常人，事之实也。曰百尺，曰三丈，曰五丈四尺，事之传讹，说之有托者也。曰瓦石不能害，弟兄三人，即能佚宕中国，致兴大师以获一人，则又身长之传语既增，因而辗转附会焉者也。——分别观之，而《春秋》之义得，而《春秋》之事亦明矣。故曰：分别其事与义，乃治《春秋》者之金科玉律也。

附录四　秦始皇筑长城

秦始皇帝筑长城，誉之者以为立万古夷夏之防，毁之者以为不足御异族之侵略，皆不察情实之谈也。《史记·匈奴列传》曰："士力能弯弓，尽为甲骑。"又曰："自左右贤王以下至当户，大者万余骑，小者数千。凡二十四长，立号曰万骑。"则匈奴壮丁，尚不足二十四万。《史记》又云：冒顿"控弦之士三十万"，盖其自号之虚词也。《新书·匈奴篇》曰："窃料匈奴控弦，大率六万骑。五口而出介卒一人，五六三十，此即户口三十万耳。"此则其数太少。或贾生所计，非匈奴全国之众。南部之并北部也，领户三万四千，口二十三万七千三百，胜兵五万一百十七人。所谓胜兵，即力能弯弓之士也。然则匈奴壮丁，居其民数五之一弱。与贾生五口而出介卒一人之说合。今即以匈奴兵数为二十四万，以五乘之，其口数亦不过百二十万耳。贾生谓匈奴之众，不当汉千石大县；中行说谓匈奴人众，不能当汉之一郡，非虚词也。冒顿尽服从北夷时，口数如此，头曼以前当何如？《史记》曰："自陇以西，有绵诸、绲戎、翟獂之戎。岐梁山、泾、漆以北，有义渠、大荔、乌氏、朐衍之戎。而晋北有林胡、楼烦之戎，燕北有东胡、山戎，各分散居溪谷，自有君长；往往而聚者，百有余戎，然莫能相一。"头曼以前之匈奴，则亦如此而已。此等小部落：大兴师征之，则遁逃伏匿，不可得而诛也；师还则寇钞又起；留卒戍守，则劳费不赀；故惟有筑长城以防之。长城非起始皇,战国时,秦、赵、燕三国,即皆有之。皆所以防此等小部落之寇钞者也。齐之南亦有长城,齐之南为淮夷,亦小部落,能为寇钞者也。若所邻者为习于战陈之国,则有云梯隧道之攻,虽小而坚如逼阳,犹惧不守,况延袤至千百里乎?然则长城之筑,所以省戍役,防冠钞,休兵而息民也。本不以御大敌。若战国秦时之匈奴,亦如冒顿,控弦数十万,入塞者辄千万骑,所以御之者,自别有策矣。谓足立万古夷夏之防,几全不察汉后匈奴、鲜卑、突厥之事,瞽孰甚焉?责其劳民而不足立夷夏之防,其论异,其不察史事同也。

[第四章]
鲜卑

第四章 鲜卑

北方游牧之族，继匈奴而起者，时曰鲜卑。鲜卑，古称东胡。《史记·匈奴列传》所谓"燕北有东胡、山戎"是也。《山海经·海内西经》："东胡，在大泽东。"又《周书·伊尹四方令》，正北有东胡。又曰："燕将秦开，为质于胡。胡甚信之。归而袭破东胡。东胡却千余里。燕筑长城，自造阳至襄平，置上谷、渔阳、右北平、辽西、辽东五郡以拒胡。"则东胡之所弃者，必即此五郡地矣。是时居五郡之地者，疑尚不止东胡。濊貉、肃慎等皆与焉。参看第五第六两篇。秦始皇时，东胡亦强，后为匈奴冒顿所袭破。《后汉书》曰："乌桓、鲜卑，本东胡。冒顿灭其国，余类保此二山，因名焉。"世因以东胡为此族之本名；乌桓、鲜卑，为其破灭后，因所居之山而得之称号。然《史记·索隐》引服虔曰："东胡，乌桓之先，后为鲜卑。在匈奴东，故曰东胡。"又引《续汉书》曰："桓以之名，乌号为姓。"则东胡者，中国人称之之词。乌桓者，彼族大人健者之名姓。乃分部之专称，非全族之通号。惟鲜卑实其本名，故乌桓后来，亦以自号也。《希腊罗马古史》，载里海以西，黑海之北，古代即有辛卑尔族居之。又拓跋先世，出于西伯利亚，而史亦云"国有大鲜卑山"，足知鲜卑种人，占地甚广，不仅匈奴之东，山岭崎岖之地矣。汉时之乌桓、鲜卑，盖皆山以部族名，而非部族以山名。参看附录《鲜卑》及《后魏出自西伯利亚》两条。

《后书》所谓乌桓、鲜卑二山，盖在今蒙古东部，苏克苏鲁、索岳尔济等山是也。更东则为肃慎，更北则为濊貉矣。参看该两篇自明。《史记·匈奴列传》云："东胡与匈奴间，有弃地，莫居，千余里。"匈奴左方王将直上谷。上谷今宣化，自宣化之北，至苏克苏鲁一带，恰千里也。二山盖乌桓在南，故其去中国较近，与中国之交涉亦较多。

乌桓自为冒顿所破，常臣服匈奴。岁输牛、马、羊皮。过时不具，辄质其妻子。及霍去病击破匈奴左地，乃徙其众于五郡塞外，为汉侦察匈奴动静。其大人岁一朝见。置护乌桓校尉监领之。壶衍鞮单于时，乌桓稍强，乃发单于冢墓，以报冒顿之怨。匈奴怒，发兵二万骑击破之。霍光闻之，遣范明友将二万骑出辽东邀击匈奴。时乌桓亦数犯塞。光戒明友："兵不空出。即后匈奴，遂击乌桓。"斩首六千余级，获其三王首。乌桓由是怨，寇幽州。宣帝时，乃稍保塞归附。王莽欲击匈奴，使严尤领乌桓屯代郡，皆质其妻子。乌桓不便水土，数求去。不许。遂自亡畔，还为钞盗。诸郡尽杀其质子，由是结怨。匈奴因诱臣之。光武初，匈奴率乌桓、鲜卑，寇钞北边无宁岁。乌桓居近塞，朝发穹庐，暮至城郭，为患尤深。建武二十二年，匈奴乱，乌桓乘弱击破之。匈奴北徙数千里。漠南地空。帝乃以币帛赂乌桓。二十五年，辽西大人郝旦等二百二十二人诣阙朝贡。封其渠帅为侯、王、君、长者八十一人，皆居塞内。布列辽东属国，辽西、右北平、渔阳、广阳、上谷、代郡、雁门、太原、朔方诸郡。招徕种人，给其衣食，为汉侦候，助击鲜卑。置校尉于上谷宁城今河北涿鹿县。而鲜卑亦以是时通译使。其归附者，诣辽东受赏赐。青、徐二州，岁给钱二亿七千万，以为常。安帝永初中，宁城下通胡市。因筑南北两部质馆。鲜卑邑落百二十部，各遣子入质。灵帝时，乌桓上谷大人难楼、辽西大人丘力居、辽东大人苏仆延、右北平大人乌延，皆拥众千百落，自称王。丘力居死，子楼班年少，兄子蹋顿立，骁勇。边长老皆比之冒顿。袁绍矫制，皆拜为单于。后难楼、苏仆延奉楼班为单于，蹋顿为王。然蹋顿犹秉计策。广阳人阎柔，少没乌桓、鲜卑中，为所尊信。乃因鲜卑杀校尉邢举而代之。绍亦因加抚慰。绍败。子尚奔蹋顿。阎柔降。曹操即以为校尉。建安十二年，操破乌桓于柳城今热河道凌源县，斩蹋顿，尚与楼班、乌延奔辽东。太守公孙康皆斩送之。余众降者，及阎柔所统万余落，皆徙诸中国，帅与征伐。由是三郡乌桓，为天下名骑。而其本族微不复振。见于史者，惟《新唐书》所载，有一极小部落，居乌罗浑之北云。

鲜卑当和帝时，北匈奴逃亡，转徙据其地。匈奴留者十余万落，悉自号鲜卑。由是始盛。《三国志》注引《魏略》，谓其地东接辽水，西当西城，西城，在今陕西安康县北。桓帝时，其大人檀石槐，尽据匈奴故地。立庭于高柳北三百余里弹汗山上。高柳，在今山西阳高县北。分其众为三部：东部，自右北平至辽东，接濊貊、夫余。中部，自右北平以西至上谷。西部，自上谷以西至敦煌。屡为边患。灵帝发兵三万征之，皆败绩。檀石槐死，子和连立。攻北地，为善弩射者所杀。子骞曼年小，兄子魁头立。后骞曼长大，与之争国。众遂离散。而小种鲜卑轲比能盛。自云中、九原，东抚辽水，亦数寇边。魏青龙中，幽州刺史并领乌桓校尉王雄遣勇士刺杀之。诸弟继统其众。在辽西、渔阳、右北平塞外，去边远，不复为害。

乌桓、鲜卑，汉时盖分为众小部落。观其来朝者，乌桓百二十二大人，入质者，鲜卑百二十部可见。自遭冒顿之祸，历前后汉四百年，未尝大见破坏。而鲜卑又并匈奴之众，其户口当大增。然终不能甚为中国患者盖以此。然部落既盛；复日与汉人相接，渐染其文化；程度渐高，终必有能用其众者，此慕容、拓跋诸氏之所由兴也。十六国中，鲜卑有三：曰慕容氏，曰乞伏氏，曰秃发氏；而拓跋氏继诸国之后，尽并北方。继其后而据关中者，又有宇文氏焉。渤海高氏，虽云汉姓，然久居朔土，遂化于胡，论其气质，实鲜卑也。与慕容氏并起辽西者，又有段氏。乘后魏之衰而入中国，为宇文、高氏之前驱者，又有尒朱氏。随尒朱氏入中原者，又有贺拔氏、侯莫陈氏等。虽其业或成或不成，然其扰乱中国则一也。盖乌桓、鲜卑当汉时散处辽东之北，至于凉州。部落虽小而甚众。两晋之世，收率辽东西之众者为慕容氏；收率上谷以西之众者为拓跋氏；介于慕容，拓跋二氏之间者，则宇文氏及段氏也。北魏自南迁以前，根本之地，实在平城，对北重于对南。太武所以屡亲征柔然、高车者以此。六镇之设，盛简亲贤，配以高门子弟，实为后魏全国兵力所萃。慕容氏既入中原，故所据地，多为高句骊所陷。辽东西之鲜卑，遂不复振。后魏全国兵力所萃，亦即鲜卑全族兵力所萃矣。胡灵后之乱，尔朱、宇文诸氏，纷纷豕突中原。及其力尽而踣，而鲜卑乱华之局，亦遂于此告终，职是故也。惟宇文氏之众，当为慕容氏所破时，别有一支，窜居西辽河流域。隋、唐两代，休养生息，渐致盛强。晚唐五代之间，遭遇时会，遂能崛起，囊括北方，割据中国之燕、云焉。盖鲜卑种人数千年来之盛衰如此。慕容氏之先曰莫护跋。建国于棘城之北，今热河道凌源县境也。孙涉归，徙邑于辽东北。涉归子廆，徙徙河之青山，在今辽宁锦县。后又徙大棘城，在今辽宁义县。廆子皝，筑龙城，徙居之，则今热河道之朝阳县也。慕容氏盛时，尝东侵高句骊，北并夫余，西破宇文氏。今辽宁全省，吉林西南境，热河道南境皆其地。乞伏氏：据《晋书·载记》，谓自漠北南出大阴山。后居苑川，在今甘肃靖远县境。秃发氏：《载记》云：其先与后魏同出。有匹孤者，始自塞北迁于河西。卒，子寿阗立。初母孕寿阗时，因寝，产于被中，乃名秃发，其俗为覆被之义。窃疑秃发，拓跋，同音异译。拓跋氏之先，出自西伯利亚，见附录。诘汾传子力微，始居定襄之盛乐，地在今归绥县北。四传至乐官，分为三部：一居上谷之北，濡源之西，东接宇文，自统之。濡水，今滦河也。一在代郡北参合陂，兄子猗卢统之。参合陂，在今阳高县境，一在盛乐，兄子猗卢统之。猗卢合三部为一，助刘琨攻匈奴。琨锡以陉北之地。乃城盛乐为北都。

修故平城为南都。后世以内难，尝筑城于东木根山。又以石赵来攻，迁于大宁。东木根山，在汉五原郡境，黄河东岸。大宁，在今宣化西北。其后又迁新盛乐，在故城南八里。至什翼犍，为苻秦所灭。道武帝复兴，仍居平城。宇文氏，见附录。段氏出于辽西。有曰陆眷者，因乱，被卖为渔阳乌丸子家奴。渔阳乱，其主使将众就食辽西。招诱亡叛，遂致强盛。控弦十余万。其后世尝助王浚攻石勒。又贰于勒。后以自相携，或降于勒，或为石虎所破。徙屯令支。石氏亡，其酋南据齐地，为慕容氏所灭。尒朱氏：其先居尒朱川，世为部落酋帅。贺拔氏，与魏俱出阴山。侯莫陈氏，后魏别部。居库斛真水。世为渠帅。

当慕容氏崛起时，其支庶又有西徙入今青海者，是为吐谷浑。吐谷浑者，廆庶兄。与廆不协。西附阴山，逾陇而西，止于枹罕今甘肃导河县。及于其孙，遂以王父字为氏。吐谷浑传十二世至拾寅，邑于伏罗川。丁氏谦曰：今湟水源博罗中克克河。十五世夸吕，徙青海西十五里之伏俟城。十九世诺曷钵，唐高宗龙朔三年，为吐蕃所破，走凉州。咸亨元年，薛仁贵纳之，大败。吐谷浑残众走鄯州今甘肃碾伯县。又徙灵州今甘肃灵武县。唐为置安乐州，拜为刺史。传四世，又为吐蕃所破。残众徙朔方、河东。德宗贞元十四年，以复为长乐都督，青海国王，袭可汗号，传一世而绝。五代时，其众服属于辽。

当拓跋氏之强，塞外诸部，尽为所收摄，然亦有崛强不服者，则柔然是也。柔然：《南史》云"匈奴别种"，殊误。《魏书》云："始神元之末，掠骑有得一奴，发齐肩。无本姓名，其主字之曰木骨闾。木骨闾者，首秃也。木骨闾，郁久闾声相近，故后子孙因以为氏。木骨闾既壮，免奴为骑卒。穆帝时，坐后期当斩。亡匿广漠溪谷间。收合逋逃，得百余人。依纯突邻部。疑当作纥突邻。木骨闾死，子车鹿会，雄健，始有部落。自号柔然。后太武以其无知，状类于虫，故改其号曰蠕蠕。"阿那环之降魏也，启魏主："臣先世缘由，出于大魏。"观此，则柔然之先，必为鲜卑。惟纯突邻部，似系高车部落。车鹿会五传至社仑，为道武所破，遁走漠北，破斛律，并拔也稽，当即唐时之拔也固。则所用者，几全为高车之众矣。社仑三传至大檀，复南徙犯塞。太武屡亲征之。大檀及其子吴提，孙吐贺真时。降高车部落数十万。柔然由是衰弱。高车叛之。又有内乱，至明帝正光元年，阿那环、婆罗门先后降魏。魏置阿那环于怀朔镇北之吐六奚泉怀朔镇，在今山西五原县北，婆罗门于敦煌北。时嚈哒盛强，其王三妻，皆婆罗门妹。婆罗门叛降嚈哒，为魏兵所讨禽。阿那环众渐盛。属魏衰乱，稍骄。天平后东魏孝靖帝年号，遂复行敌国之礼。东西魏分立，虑其为敌用，争结婚姻，厚赂遗以抚之。然柔然终已不振。而其属部突厥，兴于西北方。北齐神武帝天保二年，突厥击柔然，大破之。阿那环自杀。北齐辅立其后。仍为突厥所破。西魏恭帝二年，阿那环子庵罗辰率千余家奔关中。突厥使译相继，请尽杀以甘心。周文帝议许之，收缚柔然主以下三千余人付突厥，尽杀之于青门外。柔然遂亡。柔然虽鲜卑分部，然其所用者，多高车之众；以民族论，实与鲜卑之关系浅，与高车之关系深。与谓为元魏之旁支，不如谓为突厥之前驱也。

　　鲜卑部落兴起最后者，时曰契丹。契丹者，宇文氏别种。参看附录《宇文氏先世》条。为慕容氏所破，窜于松漠之间。又为元魏道武帝所破。乃分为二：西曰奚本称库莫奚。隋以后去库莫，但称奚，东曰契丹。奚众依土护真水今英金河，盛夏徙保冷陉山在妫州西北。契丹在潢水之西，土河之北。潢水，今西喇木伦河。土河，今老哈河。奚众分为五部，契丹分为八部焉。魏孝文时，有部族曰地豆干者在室韦西千余里，欲与高句丽、柔然分其地。契丹惧，内附。止白狼水东。亦今老哈河。《辽史·营卫志》云：是时始去奇首可汗故壤。北齐文宣帝之世，击破之。虏其男女十余万口。又为突厥所逼。仅以万家寄于高句丽。隋时，乃复来归。依托纥臣水吐护真之异译以居，分为十部。唐初，其酋长窟哥内属，以其地置松漠都督府。又有辱纥主曲据者，亦来归，以其地为玄州。奚酋可度者内附，以其地为饶乐都督府。又以八部、五部皆为州。而以营州治柳城统饶乐、松漠二府焉。唐时，君临契丹者为大贺氏，继为遥辇氏，最后为世里氏。参看附录《契丹部族》条。《辽史·地理志》，谓唐以大贺氏窟哥为使持节都督十州军事，窟哥殆大贺氏之始主邪。窟哥死，契丹连奚叛。行军总管阿史德枢宾执松漠都督阿卜固，献于京师。阿卜固盖亦大贺氏，窟哥后也。窟哥孙曰尽忠，为松漠都督。先是高祖时，契丹别部酋帅孙敖曹内附。诏于营州城旁安置。即以其地为归诚州。尽忠，敖曹孙，万荣之妹婿也。武后时，尽忠、万荣反，陷营州。进攻幽、冀。武后发大兵讨之，不能克。会尽忠死，其众为突厥默啜所袭破。万荣亦败于奚，为其家奴所杀。其余众不能立，遂附于突厥。契丹是时，虽见破坏，然其兵力，则已崭然见头角矣。玄宗开元二年，尽忠从父弟失活，以默啜政衰，来归。奚酋李大酺亦降。时奚亦服默啜。仍置松漠、饶乐二府，复营州都督。失活卒，开元六年从父弟娑固袭。有可突干者，勇悍。娑固、欲除之，不克，奔营州。都督许钦澹发兵及李大酺攻之，败绩。娑固、大酺皆死。钦澹惧，徙军入榆关。是为奚人见弱于契丹之始。可突干立娑固从父弟郁干。卒，开元十年弟吐干袭。复与可突干猜阻，来奔。国人立吐干弟邵固，从《辽史》。《唐书》云李尽忠弟，必误。为可突干所弑。胁奚众共附突厥。奚酋鲁苏大酺弟不能拒，亦来奔。幽州击可突干，破之。可突干走。奚众降。可突干复盗边。朝廷擢张守珪为幽州长史,经略之。守珪善将,可突干惧,阳请臣,而稍趋西北倚突厥。有过折者,亦契丹部长,与可突干俱掌兵,不相能。守珪使客阴邀之,即斩可汗屈列及可突干来降,时开元二十二年也。以过折为松漠都督。未几,为可突干余党泥里所弑,屠其家。泥里,即雅里,亦作涅里,辽太祖七世祖也。《辽史·百官志》载遥辇氏可汗九世:曰洼,曰阻午,曰胡剌,曰苏,曰鲜质,曰昭古,曰耶澜,曰巴剌,曰痕德堇,《营卫志》以屈列当洼可汗,则自邵固以上皆大贺氏矣。《辽史·耶律曷鲁传》说奚曰:"契丹与奚,言语相通,实一国也。我夷离堇于奚,岂有陵轹之心哉?汉人杀我祖奚首,奚离堇怨次骨,日夜思报汉人,顾力微弱,使我求援于奚耳。"此奚离堇指太祖,则奚首者,太祖先世,为中国所杀者也。疑即可突干。辽人立迪辇阻里。唐赐姓名曰李怀秀,妻以宗室出女,时天宝四年也。是岁,杀公主,叛去。迪辇阻里,《辽史》以当阻午可汗。安禄山讨破之。更封其酋李楷落。禄山又出兵讨契丹,大败。《辽史·营卫志》:"太祖四世祖耨里思,时为迭剌部奚离堇。遣只里姑逆战潢水南,禄山大败。"《萧塔列葛传》:"八世祖只鲁,遥辇氏时,尝为虞人。当安禄山来攻,只鲁战于鲁山之阳,败之。以功,为北府宰相。"即其事也。可见契丹是时兵力之强。自是契丹中衰,附奚以通于唐。其酋长曰屈戌,武宗会昌二年,回纥破,来降。《辽史》以当耶澜。习尔,咸通中再贡献。《辽史》以当巴剌。曰钦德,即痕德堇也。嬗于辽太祖。

太祖七世祖曰雅里,即弑过折之泥里,已见前。据《太祖本纪》,雅里之子曰毗牒,毗牒之子曰颏领,颏领之子曰肃祖耨里思,肃祖之子曰懿祖萨剌德,懿祖之子曰玄祖匀德,玄祖之子曰德祖撒剌的,德祖之子,即太祖也。当大贺氏之亡,推戴雅里者颇众。雅里让不有国,而立遥辇氏。见《耶律曷鲁传》。时则契丹八部，仅存其五。雅里乃更析为八。又析三耶律为七，二审密为五。三耶律者，曰大贺，曰遥辇，曰世里，即相次居汗位者。二审密者，曰拔里，曰乙室已，即后来之国舅也。三耶律之析为七也，大贺、遥辇二氏分为六，而世里氏仍合为一。是为迭剌部。故终遥辇氏之世，强不可制云。契丹之初，草居野次，靡有定所。雅里始制部族各有分地。又立制度，置官属。刻木为契，画地为牢。政令大行。《地理志》：庆州，"辽国五代祖勃突，貌异常。有武略，力敌百人。众推为主。生勃突山，因以为名。没葬山下"。以世数核之，当为颏领。以音译求之，则于毗牒为近。案雅里为太祖七世祖并太祖数之，实当云八世，明白无疑。而《兵卫志》误作六世，岂《地理志》亦误差一世，因以毗牒为五世欤？肃祖大度寡欲，令不严而人化。懿祖尝与黄室韦挑战，矢贯数札。玄祖教民稼穑，又善畜牧，国以殷富。德祖仁民爱物，始置铁冶。其弟述澜，亦称释鲁《皇子表》述澜为玄祖三子，德祖弟四，为于越。遥辇氏岁贡于突厥，至是始免。疑当作回纥，届戌时事。述澜北征干厥、室韦，南略易、定、奚、霫。始兴版筑，置城邑。教民种桑麻，习织纴。已有广土众民之志。至太祖，乘遥辇氏之衰，又直晚唐之乱，遂崛起而成大业焉。以上辽先世事迹，大抵见《营卫志》。兼据《兵卫志》《食货志》及《皇子表》。太祖东北灭渤海，服室韦、女直；西北服黠戛斯；西南服党项、沙陀、鞑靼、吐谷浑、回鹘；远至吐蕃、于阗、波斯大食，亦通朝贡；其声威可谓极广。《辽史·地理志》，称其地"东至海，西至金山，暨于流沙，北至胪朐河，南至白沟"，犹仅以疆理所及言之也。

　　奚众当唐时，未尝犯边，有劳征讨，致遭破坏。然其后反弱于契丹。岂以宴安致然邪？抑其众本寡弱也？南北朝时，奚分五部：曰辱纥主，曰莫贺弗，曰契个，曰木昆，曰室得。有阿会氏，五部中最盛，诸部皆归之。唐时，五部：曰阿会，曰处和，曰奥失，曰度稽，曰元俟折。五代时五部：曰阿荟，曰啜米，曰奥质，曰奴皆，曰黑纥支，盖即唐五部异译。居幽州东北数百里之琵琶川。契丹太祖强，奚服属之，常为之守界上。契丹苛虐，奚王去诸怨叛，以别部西徙妫州，依北山射猎。<small>妫州北之山。</small>常采北山麝香、人参赂刘守光以自托。其族至数千帐。始分为东西奚。去诸卒，子扫剌立。庄宗破刘守光，赐扫剌姓李，更其名曰绍威。绍威卒，子拽剌立。初绍威娶契丹舍利逐不鲁之姊为妻。后逐不鲁叛，亡入西奚。绍威纳之。及幽、蓟十六州割，绍威与逐不鲁皆已死。契丹太宗北还。拽剌迎谒。太宗曰："非尔罪也；负我者，扫剌与逐不鲁尔。"乃发其墓，粉其骨而飏之。后太宗灭晋，拽剌常以兵从。其后不复见于中国。盖奚至是始尽入契丹。然奚在契丹中，尚为大部族。辽之亡，奚王回离保，犹能拥众自立云。<small>奚之名，见于《辽史·属国表》者，西奚、东奚之外，又有乌马山奚。</small>

乌桓、鲜卑，皆以游牧为生。《后书》称其"俗善骑射，弋猎禽兽，随水草放牧。食肉饮酪，以毛毳为衣，居无常处，以穹庐为舍，东开向日"是也。然又云："其土地宜穄及东墙。<small>东墙似蓬草，实如葵子，至十月而熟。</small>俗识鸟兽孕乳，以别四节。耕种常以布谷鸣为候。能作白酒，而不知作麹蘖。米常仰给中国。"则亦非不知耕稼矣。

其风俗：贵少而贱老。妻后母，报寡嫂，死则归其故夫。氏姓无常，以大人健者名字为姓。怒则杀其父兄，而终不害其母，以母有族类，父兄无相仇报故也。其嫁娶：先略女通情。或半岁百日，然后送牛、马、羊畜，以为聘币。婿随妻还家。妻家无尊卑，旦旦拜之，而不自拜其父母。为妻家仆役，一二年间，妻家乃厚遗送女，居处财物，一皆为办。故其俗从妇人计。至战斗时，乃自决之。盖妇女持生计，男子事战斗，去女系时代未远也。鲜卑婚姻，先髡头，以季春月，大会饶乐水上。饮宴毕，然后配合。《后书》言风俗者，皆见《乌桓传》。《鲜卑传》曰："其言语习俗，与乌桓同，惟婚姻先髡头"云云。盖惟婚礼为特异也。

其政治极为散漫，远不如匈奴之抟结。《后书》云："有勇健，能理决斗讼者，推为大人，邑落各有小帅，不世继也。自檀石槐后，诸大人乃世相传袭焉。"孟子称"舜、禹之有天下，必以朝觐讼狱之归"，而自禹以后，遂变禅让为世袭，其理可借鉴而明矣。又云："数百千落，自为一部。大人以下，各自畜牧营产，不相徭役。"此则许行所谓"并耕而食，饔飧而治"也。"有所召呼，刻木为信。邑落传行。虽无文字，而部众不敢违犯。"殊足见其风俗之淳。"其约法：违大人言者，罪至死。盗不止死。若相贼杀者，令部落自相报。不止，诣大人告之。有罪者听出马、牛、羊以赎死。其自杀父兄则无罪。若亡畔，为大人所捕者，邑落不得受之。徙逐于雍狂之地，沙漠之中。其土多蝮蛇，在丁令东南，乌孙西北焉。"

"俗敬鬼神。祠天地、日月、星辰，及先大人之有健名者。祠用牛、羊，毕，皆烧之。""有病，知以艾灸。或烧石自熨，烧地卧其上。或随痛病处，以刀决脉出血，及祝天地、山川之神。无针药。"盖重巫，而医术则方在萌芽也。"俗贵兵死。敛尸以棺，有哭泣之哀。至葬，则歌舞相送。肥养一犬，以彩绳缨牵；并取死者所乘马、衣物，皆烧而送之。言以属累犬，使护死者神灵归赤山。赤山，在辽东西北数千里，如中国人死者，魂神归岱山也。"

《三国志》注引《魏书》:"至葬,日夜聚亲旧员坐。牵犬马历位。或歌哭者,掷肉与之。使一人口诵咒文。使死者魂神逐至,历险阻,勿令横鬼遮护,达其赤山。然后杀犬马衣物烧之。"

以上所述,皆契丹旧俗。既与中国交通,其文明程度颇有进。灵帝时,议击鲜卑。蔡邕谓"关塞不严,禁网多漏。精金良铁,皆为贼有。汉人逋逃,为之谋主。兵利马疾,过于匈奴"。又《三国志》称轲比能:"自袁绍据河北,中国人多亡叛归之。教作兵器铠楯,颇学文字,故其勒御部众,拟制中国,出入弋猎,建立旌麾,以鼓节为进退。"可见一斑矣。《后书》谓乌桓:"妇人能刺韦,作文绣。男子能作弓矢鞍勒,锻金铁为兵器。"疑皆中国人所教也。

晋时五胡,羯即匈奴、氐、羌亦一族,与鲜卑而三耳。匈奴、汉人所以畜之者太骄;羌则颇为汉人所侵役,故积怨而叛。惟乌桓、鲜卑,虽居塞下,而不处腹心之地。既不凌犯汉人,亦不为汉人所迫压,能获平和交通之利。故五胡之中,鲜卑最能仿效汉族之文明,非偶然也。割据中国之鲜卑,以慕容、拓跋二氏为大。北魏孝文帝,尽弃其俗,以从中国;慕容氏亦济济多才;夫人知之,不待赘述。即远窜青海之吐谷浑,其文明亦有可观者。史称吐谷浑之孙慕延,援礼公孙之子,得以王父字为氏之义,因以吐谷浑为氏。又其主阿豺,尝升西强山,观垫江源,曰:"水尚知归,吾虽塞表小国,可以独无所归乎?"因遣使通宋,此或使臣文饰之词,然其屡通南朝,则事实也。其风俗,多沿鲜卑之旧,或化而从羌。史称其"有城郭而不居。随逐水草,以庐帐为屋,肉酪为粮"。国无常赋。调用不给,辄敛富室商人,取足而止。杀人及盗马者死,他犯则征物以赎。亦量事决杖。刑人必以毡蒙头，持石从高击之。其婚姻，富家厚出聘币，贫者窃妻走。父死，妻其庶母。兄亡，妻其诸嫂是也。其主视罢，以子树洛干年少，传位于弟乌纥提，而妻树洛干之母。隋以光化公主妻其主世伏。国人杀世伏，立其弟伏允，亦请依俗尚主。皆鲜卑及羌俗也。然又称拾寅用书契，起城池，筑宫殿，居止出入，拟于王者。伏连筹准拟天朝，树置官司，称制诸国，以自夸大。其官：有长史、司马、将军、王公、仆射、尚书、郎中。又颇识文字。国中又有佛法。能与益州通商贾。则其建国之规模，实有可观者。惜乎羌人程度太低，未能一时丕变也。

从来北族之强盛，虽由其种人之悍鸷，亦必接近汉族，渐染其文化，乃能致之。过于朴僿，虽悍鸷，亦不能振起也。若其所居近塞，乘中国丧乱之际，能多招致汉人，则其兴起尤速。突厥、契丹，其最著者也。契丹太祖之兴也：史称刘守光暴虐，幽、涿之人，多亡入契丹。阿保机又间入塞，攻陷城邑，俘其人民，依唐州县，置城以居之。其后自为一部，治汉城。其地可植五谷。阿保机率汉人耕种。为治城郭、邑屋、廛市，如幽州制度。汉人安之，不复思归。又谓辽太祖之久专旗鼓而不肯受代，实出汉人之教。此虽未必然。然其自为一部，所用实系汉人，则彰彰矣。契丹隋世十部，兵多者不过三千，少者千余。大贺氏八部，胜兵合四万三千。太祖会李克用于云中，乃以兵三十万，伐代北，兵四十万，天祐二年。亲征幽州，旌旗相望数百里。此如林之旅，果何自来哉？契丹建国，诚以部族为爪牙。太祖北讨南征，所俘降游牧之民亦不少。然《辽史》称其析本部迭剌部为五院六院，宫卫缺然，乃分州县，析部族，以立宫卫军；述律后居守之际，又摘蕃汉精骑为属珊军凡三十万；则其兵实有汉人。汉人之有造于契丹亦大矣。

契丹故游牧之族，分地而居，合族而处。分地所谓部，合族所谓族也。然其后有以族而部，部而族者。亦有部而不族，族而不部者。部族之众，大抵以游牧为生。亦或从事种植。分地之制，始于涅里。其后多因俘降而置。分合屯戍，各以政令定之，不能自专也。部族之胜兵甲者，即著军籍。无事田牧草莽间。生生之资，仰给畜牧。各安旧风，狃习劳事，不见纷华异物而迁。有事而战，骠骑介夫，卯命辰集。马逐水草，人仰湩酪；挽强射生，以给食用；糗粮刍茭，道在是矣。史称其"家给人足，戎备整完，虎视四方，强朝弱附，部族实为之爪牙"，非虚语也。然其所得中国之地，亦自为其国元气所在。其设官分南北面。北以旧制治宫帐部族，南以汉法治汉人州县。观其财赋之官，多在南面，即可知其立国之有资于汉人也。契丹之国，合耕稼及游牧之民而成，实兼居国及行国者也。其耕稼之民，得诸中国，所谓州县也。游牧之民，为契丹之国民者，部族是也。又有所谓属国者，则平时朝贡，战时征其兵粮而已，与契丹之关系实浅。

其政治，虽有君主，而贵族之权颇重。《五代史》谓其尝推一大人，建旗鼓以统八部。及其岁久，或其国有疾疫而畜牧衰，则八部共议，以旗鼓立其次而代之。被代者以为约本如此，不敢争。太祖袭杀八部大人，乃立不复代。一似八部本无世袭之共主者。此说虽未必然。然八部大人之权力，则可以想见矣。参看附录《契丹部族》条。太祖即位之后，部族之权力，虽不如是其伟。然北面诸官，总以北南二宰相府。北宰相府，皇族四帐，世预其选。南宰相府，国舅五帐，世与其选。犹是以同姓、外戚，为国家之桢干也。皇族四帐者，太祖为横帐。德祖次子岩木之后为孟父房。三子释鲁之后为仲父房。太祖五弟之后为季父房。国舅五帐者，拔里氏二房：曰大父、少父。乙室已二房：曰大翁、小翁。太宗取于回鹘糯思之后，是为述律氏。其后为国舅别部。辽俗东向而尚左,东西为经,南北为纬,故御帐东向,称横帐,犹是乌桓穹庐东开向日之旧也。

奚与契丹,本皆以游牧为生,《北史》称其"随逐水草,颇类突厥"者也。至太祖之考匀德、仲父述澜,始教民以树艺、组织。太祖益招致汉人,令其耕种。及平诸弟之乱,弭兵轻赋,专意于农。至太宗时,则猎及出兵,皆戒伤禾稼。盖骎骎进于耕稼矣。道宗时,西蕃多叛。命耶律唐古督耕稼以给西军。唐古率众田胪朐河侧,岁登上熟。是其耕稼,不徒近中国之地,并以施之诸部族也。然史称"契丹旧俗,其富以马,其强以兵"。又称太祖时,畜牧之盛,括富人马不加多,赐大小鹘军万余匹不加少。"自太宗至兴宗,垂二百年,群牧之盛如一日。天祚初年,马犹有数万群,每群不下千匹。"则其生业,究以畜牧为重云。

当南北朝时,奚及契丹,即多与汉人互市。《魏书》载宣武帝诏:谓"奚,自太和二十一年以前,与边人参居,交易往来,并无欺贰。至二十二年,叛逆以来,率众远窜。今虽款附,犹在塞表。每请入塞,与百姓交易"是也。辽太祖招致汉人,于炭山北起榷务,以通诸道贸易。太宗既得幽州,即置市,而命有司治其征。余四京及他州县货产懋迁之地亦如之。雄州、高昌、渤海,亦立互市,以通南宋西北诸部及高丽之货。史称"女直以金帛,布,密蜡,诸药材,铁骊,靺鞨,于厥诸部,以蛤珠、青鼠、貂鼠、胶鱼之皮,牛、羊、驼、马、毳罽等物,来易于辽者,道路襁属"。则当其盛时,北族之商业,必有可观者。惜乎史不能纪其详也。

契丹旧俗,亦敬天而尊祖。《地理志》:"永州有木叶山。上建契丹始祖庙。奇首可汗在南庙,可敦在北庙。绘塑二圣并八子神像。相传有神人,乘白马,自马盂山浮土河而东。有天女,驾青牛,由平地松林泛潢河而下。至木叶山,二水合流,相遇,为配偶。生八子。其后族属渐盛,分为八部。"《述律后传》:"尝至辽、土二河之会。有女子,乘青牛车,仓猝避路。忽不见。未几,童谣曰:青牛妪,曾避路。盖谚谓地祇为青牛妪云。"青牛妪为地祇,则白马神人,必天神矣。凡举兵,必率文武臣僚,以白马、青牛,祭告天、地、日神,惟不拜月。又分命近臣告太祖以下陵及木叶山神,乃诏诸道征兵焉。《辽史》谓"终辽之世,郊丘不建"《仪卫志》,乃不用汉礼祭天,非其俗本不祭天也。

　　《礼志》:"冬至日,国俗屠白羊白马,各取血和酒,天子望拜黑山。黑山在境北,俗谓国人魂魄,其神司之,犹中国之岱宗。每岁是日,五京进纸造人马百余事,祭山而焚之。俗甚严畏,非祭不敢近山。"黑山,似即乌桓之赤山。契丹旧地,在潢、土二水合流处;其北,正在辽东西北数千里也。又云:"岁十月,五京进纸小衣甲、枪刀、器械万副。十五日,天子与群臣望祭木叶山。用国字书状而焚之。国语谓之戴辣。戴,烧也。辣,甲也。"似亦乌桓送死烧乘马衣物之俗。《魏书·契丹传》云:"父母死而悲哭者,以为不壮。但以其尸置于小树之上。经三年后,乃收其骨而焚之。因酌酒而祝曰:冬月时,向阳食。若我射猎,使我多得猪鹿。"与《后书》所述乌桓之俗不合。《后书》云"鲜卑习俗,与乌桓同"。契丹鲜卑部落,不应殊异至此。或魏时契丹尝与他族杂处,《魏书》误以他族之俗,为契丹之俗也。

　　其俗亦颇重巫。《五代史》:石敬瑭求援于契丹。契丹太宗以告其母。母召胡巫问吉凶。巫言吉,乃许。《辽史·列女传》:耶律奴妻尝与娣姒会,争言厌魅,以取夫宠。则崇信之者亦颇多。巫鬼固北族之通习也。

　　至通中国以后,则信佛颇笃。《辽史》:太宗援石晋,自潞州回入幽州。幸大悲阁,指佛像曰:"我梦神人,令送石郎为中国帝,即此也。"因于木叶山建庙,春秋告赛,尊为家神。军兴,必告之,乃合符传箭于诸部。又其俗以二月八日为佛生日。京府及诸州,雕木为像。仪仗百戏,道从循城为乐。则风靡全国矣。兴宗以信佛故,屡降赦宥,释死囚。道宗时,一岁饭僧三十六万,一日祝发三千。皆其先世有以启之也。又《义宗传》:"神册元年,春,立为皇太子。时太祖问侍臣曰:受命之君,当事天敬神。有大功德者,朕欲祀之,何先?皆以佛对。太祖曰:佛非中国教。倍曰:孔子大圣,万世所尊,宜先。太祖大悦。即建孔子庙,诏皇太子春秋释奠。"《太祖纪》:神册三年,四月,己亥,诏建孔子庙、佛寺、道观。则太祖实三教并尊。然其后来之崇信,则儒、道远非释氏之比矣。

契丹之慕效中国,由来已久。而其大有所得,则在入汴之后。《仪卫志》云:"大贺,失活,入朝于唐。娑固兄弟继之,尚主封王,饫观上国。开元东封,邵固扈从,又览太平之盛。自是朝贡,岁至于唐。辽始祖涅里立遥辇氏,世为国相,目见耳闻,歆企帝王之容辉有年矣。至于太宗,立晋以要册礼,入汴而收法物,然后累世之所愿欲者,一举而得之。于是秦、汉以来,帝王文物,尽入于辽。周宋按图更制,乃非故物。"以兵力之不竞,遂致举数千年来声明文物之积,一旦输之外邦,自契丹言之可幸,自中国言之,则可悲也。《辽史·太宗纪》:"大同元年,三月,壬寅,晋诸司僚吏、嫔御、宦寺、方伎、百工、图籍、历象、石经、铜人、明堂、刻漏、太常乐谱、诸宫悬、卤簿、法物及铠仗,悉送上京。"《仪卫志》云:"晋高祖使冯道刘煦册应天太后太宗皇帝,其声器与法驾,同归于辽。天子车服,昉见于辽自此。"又辽郊庙颂乐,得之于汴,散乐得之晋。天福三年,刘煦以伶官归辽,皆见《乐志》。

《志》又云:"太宗入晋之后,皇帝与南班汉官用汉服,太后与北班契丹臣僚用国服。"《太宗本纪》:"会同三年,十二月,丙寅,诏契丹人授汉官者从汉仪,听与汉人婚姻。"《外戚表序》"契丹外戚,其先曰二审密氏:曰拔里,曰乙室己。至辽太祖取述律氏。大同元年,太宗自汴将还,留外戚小汉为汴州节度使。赐姓名萧翰,以从中国之俗。由是拔里、乙室己、述律三族,皆为萧姓。"《后妃传》曰:"太祖慕汉高皇帝,故耶律俨称刘氏,以乙室、拔里比萧相国,遂为萧氏。"其慕效中国之心,可谓切矣。

契丹既入中国,一切制度,悉以中国为楷模;《辽史》又极简略;其旧制遂多不可考。惟《刑法志》载其用刑甚酷。亲王有罪,或投诸高崖杀之。淫乱不轨者,五车辗杀之。逆父母者视此。犯上者,以熟铁椎撞其口杀之。又有枭磔、生瘗、射鬼箭、炮掷、支解等刑。颇足见其野蛮之习。

契丹先世,本无文字。《辽史·本纪》:太祖神册五年,始制契丹大字。九月,壬寅,成。诏颁行。《五代史》谓汉人教契丹,以隶书之半增损之,作文字数千,以代刻木之约。则契丹大字,实出中国。又《皇子表》:迭剌,"性敏给。回鹘使至,无能通其语者。太祖使迭剌迓之。相从二旬,尽习其言语。因制契丹小字,数少而该贯"。则契丹小字,出于回鹘。今世所传契丹书,系增损汉文为之,则其小字,盖未尝通行也。《突吕不传》:"制契丹大字,赞成为多。"《耶律鲁不传》:"太祖制契丹国字,以赞成功,授林牙,监修国史。"

契丹文化之进步,观其种人通文学者之多,可以知之。其首出者当推人皇王倍。尝市书万卷,藏之医巫闾绝顶之望海堂。通阴阳,知音律。精医学砭爇之术。工辽、汉文字。尝译《阴符经》。善画本国人物。如《射骑》《猎雪骑》《千鹿图》等,皆入宋秘府云。此外通文学者：宗室中：若世宗第五子和鲁重，若人皇王第四子平王隆先，若耶律学古、耶律资忠、耶律庶成、庶箴兄弟。庶箴子蒲鲁。耶律韩留、耶律昭、耶律陈家奴、耶律良。外戚中：若萧劳古及其子朴、萧阳阿、萧柳、萧韩家奴。究心史学者：则庶成、韩家奴，及耶律孟简、耶律谷欲、耶律俨。善画者：则耶律显学、耶律裦里。善医者，则庶成及萧胡笃之祖敌鲁、耶律敌鲁、迭里特等。其事备见于《辽史》，迥非草昧榛狉之旧矣。《兴宗纪》：重熙十三年，六月，丙申，"诏前南院大王耶律谷欲，翰林都林牙耶律庶成等编集国朝上世以来事迹"。《耶律谷欲传》："奉诏与耶律庶箴、萧韩家奴，编辽国上世事迹，未成而卒。"《耶律孟简传》："太康中，诣阙上表，言辽兴几二百年，宜有国史。上命置局编修。"实重熙十三年之诏所由来也。天祚帝乾统三年，又诏耶律俨纂太祖以下实录，共成七十卷。又案《辽史》谓耶律富鲁举进士第，帝怒其父庶箴，擅令子就科目，有违国制，鞭之二百。则辽人并不欲其本族人从事文学。然《天祚纪》又谓耶律大石举天庆五年进士。盖一时风气所趋，虽国法亦不能禁也。

北族除匈奴外，殆皆辫发，而其辫发之制又小有不同。《后书·乌桓传》，谓其父子男女相对踞，以髡头为轻便。妇人至嫁时，乃养发为髻。而鲜卑则婚姻先髡头。《魏书·宇文莫槐传》："人皆剪发。而留其顶上，以为首饰。长过数寸，则截短之。"是其所留之发颇短。然木骨闾发齐肩，而拓跋氏谥之曰秃，则拓跋氏之辫发，又颇长矣。此南朝所以呼为索虏欤。《晋书·载记》述慕容氏得氏之由曰："燕代多冠步摇，莫护跋见而好之，敛发袭冠。诸部因呼之为步摇，音讹为慕容。"窃疑莫护亦慕容音转，此人实名跋也。此当为北族慕化解辫之最早者。而后来之满洲人，乃以强迫汉人剃发，大肆杀戮，人之度量相越，岂不远哉？然汉族至今日,犹有辫发而效忠于胡者,则亦可谓不念始矣。

附录一　鲜卑

鲜卑出于东胡,读史者无异词。近人或曰:"通古斯(Tung-us)者,东胡之音转也。不译为东胡,而译为通古斯,则何不称孔子曰可夫沙士也?"窃有疑焉。《后汉书》曰:"乌桓者,本东胡也。汉初,匈奴冒顿灭其国,余类分保乌桓山,因以为号焉。""鲜卑,亦东胡之支也。别依鲜卑山,故因号焉。"《三国志》注引《魏书》略同,盖《后书》所本也。然则东胡之亡,众分为二。乌桓、鲜卑,大小当略相等。顾鲜卑部落,自汉以后,绵延不绝,而乌桓自魏武柳城一捷,遂不复见于史。仅《唐书》所载,有一极小部落曰乌丸,亦作古丸,在乌罗浑之北。《辽史·太祖纪》,诏撒剌讨乌丸。穆宗时,乌丸叛,盖即此乌丸也。然其微已甚矣。乌桓当汉时,遍布五郡塞外,岂有柳城一捷,所余仅此之理。《通考》云:西晋王浚为幽州牧,有乌桓单于审登,前燕慕容隽时,有乌桓单于薛云,后燕慕容盛时,有乌桓渠帅莫贺咄科勃,亦其微已甚,不足数也。何耶?案拓跋氏之先,实来自西伯利亚。别有一条考之。《魏书》谓其国有大鲜卑山。《希腊罗马古史》,谓里海以西,黑海之北,古有辛卑尔族居之。故今黑海北境,有辛卑尔古城;黑海峡口,初名辛卑峡;而俄人称乌拉岭一带曰西悉毕尔。《元史译文证补·西域古地考康居奄蔡》辛卑尔,即鲜卑也。此岂东胡灭后,余众所居邪?抑鲜卑山自欧、亚之界,绵亘满、蒙之间也?乌桓鲜卑二山,以地理核之,当即今苏克苏鲁、索岳尔济等山。案《史记·匈奴列传》,《索隐》引服虔曰:"东胡,在匈奴之东,故曰东胡。"《后书·乌桓传》:"氏姓无常,以大人健者名字为姓。"《索隐》又引《续汉书》曰:"桓以之名,乌号为姓。"此八字或有讹误,然大意可见。然则东胡者,吾国人贶匈奴之名以名之,而加一方位以为别,犹称西域诸国曰西胡尔,非译名也。乌桓盖彼族大人健者之名姓,乃分部之专号,非全族之通称。彼族本名,舍鲜卑莫属矣。此族古代,盖自欧、亚之界,蔓延于匈奴之北及其东。实在丁令之北。其所居之地,皆以种人之名名之。故里黑海、乌拉岭、西伯利亚及满、蒙之间,其名不谋而合也。《史记》以东胡山戎分言。《索隐》引服虔曰:"山戎,盖今鲜卑。"又曰:"东胡,乌丸之先,后为鲜卑。"又引胡广曰:"鲜卑东胡别种。"则乌桓鲜卑,虽大同,似有小别。

近人或又云:鲜卑,即《禹贡》之析支。说颇可通。然惟据音译推度,未能详列证据。予昔尝为之补证,曰:"析支者,河曲之地,羌人居之,所谓河曲羌也。《后书·西羌传》注引应劭。羌与鲜卑,习俗固有极相类者。羌俗氏姓无常,或以父名母姓为种号,则母有姓父无姓可知。乌桓亦氏姓无常,以大人健者名氏为姓。又怒则杀其父兄,而终不害其母,以母有族类,父兄无相仇报故也。一也。羌俗父死则妻后母,兄亡则纳釐嫂。乌桓亦妻后母,报寡嫂。二也。羌以战死为吉利,病终为不祥。乌桓俗亦贵兵死。三也。此皆鲜卑与河曲羌同族之证也。"由今思之,此等习俗,蛮族类然,用为证据,未免专辄。且如匈奴父死妻其后母,兄弟死,皆取其妻妻之,复可云与羌及鲜卑同祖邪?然此说虽不足用,而鲜卑出于析支,其说仍有可立者。《禹贡》析支与渠搜并举,则二族地必相近。《汉志》朔方郡有渠搜县,蒋廷锡谓后世种落迁徙,说颇近之。《管子·轻重戊篇》："桓公问于管子曰：代国之出何有？管子曰：代之出，狐白之皮。公其贵买之。代人必弃其本，而居山林之中。离枝间之，必侵其北。"离枝即析支，是析支在代北也。《大匡篇》："桓公乃北伐令支，斩孤竹，遇山戎。"《小匡篇》："北伐山戎，制泠支，斩孤竹。"又曰："北至于山戎濊貊，拘秦夏。"令支、泠支，亦即析支。《汉志》：辽西郡，令支，有孤竹城。地在今河北迁安县。是析支在今河北境矣。濊貊者，即《诗·韩奕》之追貊。陈氏奂说，见所撰《诗毛氏传疏》。未知信否。予谓追未必即濊，然追貊之貊，必即濊貊之貊也。《诗》曰："王锡韩侯，其追其貊。"郑以韩在韩城，追貊为雍州北面之国。又曰："其后追也，貊也，为匈奴所逼，稍稍东迁。"说颇可信。予别有考。渠搜者，《禹贡》析支之邻国，而汉时迹在朔方；濊貊者，周时地在离枝之东，而其后居今东三省境；然则自夏至周，青海至于辽东，种落殆有一大迁徙。离枝、渠搜，何事自今青海迁至雍、冀之北不可知。若濊貊之走辽东西，鲜卑之处今蒙古东境，则殆为匈奴所逼也。又燕将秦开，袭破东胡。燕因置上谷、渔阳、右北平、辽西、辽东五郡。此五郡者，其初亦必离枝、濊貊诸族所杂居矣。《后书·乌桓传》："若亡畔，为大人所捕者，邑落不得受之，皆走逐于雍狂之地，沙漠之中。其土多蝮蛇，在丁令西南，乌孙东北焉。"丁令所居，北去匈奴庭安习水七千里，南去车师五千里，见《史记索隐》引《魏略》。安习水，今额尔齐斯河；乌孙则今伊犁地也。乌桓区区，流放罪人，安得如是之远？得毋居西方时，故以是为流放罪人之地，东迁后犹沿其法邪？然则吐谷浑附阴山逾陇而入青海，非拓新疆，乃归故国矣。此说虽似穿凿，然析支、渠搜、濊貊，同有迁徙之迹，则亦殊非偶然也。又肃慎古代，亦不在今吉林境。予别有考。

附录二　后魏出自西伯利亚

　　五胡诸族，多好自托于古帝之裔，其说殊不足信。然其自述先世事迹，仍有不尽诬者。要当分别观之，不得一笔抹杀也。《魏书》谓"《后魏》之先，出自黄帝。黄帝子曰昌意。昌意少子，受封北国。其后世为君长，统幽都之北，广漠之野。黄帝以土德王，北俗谓土为拓，谓后为跋，故以为氏"。又谓"其裔始均，仕尧时，逐女魃于弱水北，人赖其勋，舜命为田祖"。此全不可信者也。然谓"国有大鲜卑山，因以为号"，则其说不诬。已见《鲜卑》条。又云："积六七十代，至成帝毛，统国三十六，大姓九十九，威振北方。五传至宣帝推寅，南迁大泽，方千余里，厥土昏冥沮洳。谋更迁徙，未行而崩。又七传至献帝邻，有神人，言：此土荒遐，宜徙建都邑。献帝年老，以位授其子圣武帝诘汾，命南移。山谷高深，九难八阻。于是欲止。有神兽似马，其声类牛，导引历年乃出。始居匈奴故地。其迁徙策略，多出宣、献二帝，故时人并号为推寅，盖钻研之义也。"此为拓跋氏信史，盖成帝强盛，故传述之事，始于其时也。《魏书》云："时事远近，人相传授，如史官之有纪录焉。"

　　今西伯利亚之地：自北纬六十五度以北，地理学家称为冻土带。自此南至五十五度，称森林带。又南，称旷野带。最南，称山岳带。其山，即西伯利亚与蒙古之界山也。冻土带极寒，人不能堪之处甚多。森林带多蚊虻。旷野带虽沃饶，然卑湿，多疫疠，亦非乐土。拓跋氏盖始处冻土带,以苦寒南徙,复陷旷野带中,最后乃越山岳带而至今外蒙古也。大泽方千余里,必旷野带中薮泽。或谓今拜喀勒湖,非也。拜喀勒湖乃古北海,为丁令所居,汉时服属匈奴,匈奴囚苏武即于此,可见往来非难,安有山谷高深,九难八阻之事。

附录三　宇文氏先世

《周书》谓周之先,出自炎帝。"炎帝为黄帝所灭,子孙遁居朔野。其后有葛乌兔者,雄武多算略。鲜卑奉以为主。遂总十二部落,世为大人。其裔孙曰普回,因狩,得玉玺三纽,文曰皇帝玺。其俗谓天子曰宇文,故国号宇文,并以为氏。普回子莫那,自阴山南徙,始居辽西,为魏甥舅之国。自莫那九世至侯归豆,为慕容晃所灭。"出自炎帝乃妄语。自莫那至侯归豆,世次事实亦不具。当以《魏书·宇文莫槐传》正补之。《宇文莫槐传》:谓其先出自辽东塞外,世为东部大人,莫槐虐用其人,为部下所杀。更立其弟普不。普不传子丘不勤。丘不勤传子莫廆。莫廆传子逊昵延。逊昵延传子乞得龟。丘不勤取魏平帝女,逊昵延取昭帝长女,所谓为魏甥舅之国也。莫廆、逊昵延、乞得龟三世,皆与慕容廆相攻,皆为廆所败。乞得龟时,廆乘胜长驱,入其国。收资财亿计。徙部人数万户以归。别部人逸豆归,遂杀乞得龟自立。与慕容晃相攻,为所败。远遁漠北。遂奔高句丽。晃徙其部众五千余落于昌黎。自是散灭矣,逸豆归即侯归豆。侯逸同声,归豆豆归,未知孰为倒误也。侯应议罢边备塞吏卒,谓"北边塞至辽东,外有阴山,东西千余里",则阴山之脉,远接辽东。《周书》谓莫那自阴山南徙,《魏书》谓莫槐出辽东塞外,似即一人。惟自莫槐至逸豆归,仅得七世。《周书》世次既不具,所记或有讹误也。《晋书》以宇文莫槐为鲜卑;《魏书》谓南单于之远属;又谓其语与鲜卑颇异。疑宇文为匈奴、鲜卑杂种,语亦杂匈奴也。又《魏书》以奚、契丹为宇文别种,为慕容晃所破,窜匿松漠之间,则逸豆归败亡时,慕容廆所徙五千余落,实未尽其众,奚、契丹之史,亦可补宇文氏先世事迹之阙矣。奚事迹无考。契丹事迹可知者,始于奇首可汗。别见《契丹部族》条,奇首遗迹,在潢、土二河流域,已为北窜后事,不足补宇文氏先世事迹之阙。惟《辽史·太祖本纪赞》,谓"辽之先世,出自炎帝此即据《周书》言之,世为审吉国。其可知者,盖自奇首云"。审吉二字,尚在奇首以前,或宇文氏故国之名欤?然事迹无可征矣。

附录四　契丹部族

契丹部族,见于史者,在元魏及唐五代时,其数皆八,惟隋时分为十部,而逸其名。元魏八部:曰悉万丹亦作欣服万丹,曰何大何,曰伏弗郁,曰羽陵,曰日连,曰匹絜,曰黎,曰吐六干。唐时八部:曰达稽,曰纥便,曰独活,曰芬问,曰突便,曰芮奚,曰坠斤，曰伏。《五代史》八部：曰旦利皆，曰乙室活，曰实活，曰纳尾，曰频没，曰纳会鸡，曰集解，曰奚嗢。其名前后皆不同。《辽史·营卫志》云："奇首八部，为高丽、蠕蠕所侵，仅以万口附于元魏。生聚未几，北齐见侵，掠男女十余万口。继为突厥所逼，寄处高丽，不过万家。部落离散，非复古八部矣。"又谓大贺氏之亡，八部仅存其五。太祖七世祖雅里，更析为八。似乎契丹部族，时有变更。然唐之置羁縻州也，达稽部为峭落州，纥便部为弹汗州，独活部为无逢州，芬问部为羽陵州，突便部为日连州，芮奚部为徒河州，坠斤部为万丹州，伏部为匹黎、赤山二州，则芬问部即羽陵，突便部即日连，芮奚部即何大何，坠斤部即悉万丹，伏部即匹絜，惟达稽、纥便、独活三部，不能知其与元魏时何部相当耳。然则部众虽更，部名虽改，而其分部之法，则后实承前。《五代史》部名之异于唐此八部盖即雅里就五部所析，当亦如是矣。《辽史·地理志》：永州，"有木叶山。上建契丹始祖庙。奇首可汗在南庙，可敦在北庙。绘塑二圣并八子神像。相传有神人，乘白马，自马盂山浮土河而东。有天女，驾青牛，由平地松林泛潢河而下。至木叶山，二水合流，相遇，为配偶，生八子。其后族属渐盛，分为八部"。盖八部之分，由来甚旧，所托甚尊，故累遭丧败，其制不改耶？《太祖本纪》："辽之先世，出自炎帝，世为审吉国。其可知者，盖自奇首云？"奇首生都庵山，徙潢河之滨。太祖七年，登都庵山，抚奇首可汗遗迹，徘徊顾瞻而兴欢焉。《地理志》：上京道，龙化州，"奇首可汗居此，称龙庭"。《营卫志》"潢河之西，土河之北，奇首可汗故壤也"。又云："奇首可汗、胡剌可汗、苏可汗、昭古可汗，皆辽之先，世次不可考。"白马青牛，说虽荒诞，然奇首则似非子虚乌有之流。然隋时何以独分为十部？又唐置羁縻州之先，契丹酋长窟哥及辱纥主曲据皆来归，唐以窟哥之地置松漠都督府，以辱纥主曲据所部为玄州，合八部亦十部也。《辽史·营卫志》说如此。此又何说耶？曰：八部者，所以象奇首八子；八部外之二部，则所以象奇首可汗及其可敦，即《辽史》所谓三耶律二审密者也。并三耶律二审密言之，则曰十部；去此二部言之，则曰八部。中国人言之有异，契丹之分部，则未尝变也。何以知之？曰：以太祖创业之事知之。

《五代史》述太祖之创业也，曰："契丹部族之大者曰大贺氏。后分为八部。部之长号大人。而常推一大人，建旗鼓，以统八部。至其岁久，或其国有疾疫而畜牧衰，则八部共议，以旗鼓立其次而代之。被代者以为约本如此，不敢争。某部大人遥辇次立。时刘仁恭据有幽州，数出兵摘星岭攻之。秋霜落，则烧其野草。契丹马多饥死，即以良马赂仁恭，求市牧地。请听盟约，甚谨。八部之人，以为遥辇不任事，选于其众，以阿保机代之。阿保机，不知其何部人也。是时刘守光暴虐，幽、涿之人，多亡入契丹。阿保机又间入塞，攻陷城邑，俘其人民，依唐州县置城以居之。汉人教阿保机曰：中国之王，无代立者。由是阿保机益以威制诸部而不肯代。其立九年，诸部以其久不代，共责诮之。阿保机不得已，传其旗鼓。而谓诸部曰：吾立九年，所得汉人多矣，吾欲自为一部，以治汉城，可乎？诸部许之。汉城，在炭山东南滦河上，有盐铁之利，乃后魏滑盐县也。其地可植五谷。阿保机率汉人耕种，为治城郭、邑屋、廛市，如幽州制度，汉人安之，不复思归。阿保机知众可用。用其妻述律策，使人告诸部大人，曰：我有盐池，诸部所食。然诸部知食盐之利，而不知盐有主人，可乎？当来犒我。诸部以为然。共以牛酒会盐池。阿保机伏兵其旁。酒酣，伏发，尽杀诸部大人。遂立不复代。"似契丹共主，本由选立，至辽太祖乃变为世袭者。然据《唐书》及《辽史》，则遥辇诸汗，世次相承，初无大贺氏亡，分为八部之说。《辽史·太祖纪》：唐天复元年，痕德堇可汗立，为本部夷离堇，专征讨。十月，授大迭烈府夷离堇。三年，十月，拜于越，总知军国事。天祐三年，十二月，痕德堇可汗殂。明年，正月，即皇帝位。其汗位受诸遥辇，又彰彰也。此又何说邪？曰：太祖之所争，乃夷离堇之职，而非汗位也。夷离堇者，后来之北南二大王。《辽史》谓其统部族军民之政。《五代史》所谓建旗鼓以统八部者，盖即指此。世宗之立，即由北南二大王。李胡争之，卒不胜。可见北南二王权力之大。契丹虽有共主，然征伐决之会议，田猎部得自行，其权力实不甚完；况于遥辇氏之仅亦守府？《五代史》之所纪，盖得之汉人传述。斯时述契丹事者，知有夷离堇而不知有可汗，正犹秦人之知有穰侯而不知有王，其无足怪。然太祖之汗位，则固受之痕德堇，非由八部所推之大人而变。谓太祖变公推之夷离堇为专任则可，谓其变嬗代之共主为世袭，则不可也。《辽史·营卫志》谓雅里析八部为五，立二府以总之。又析三耶律为七，二审密为五。三耶律者，曰大贺，曰遥辇，曰世里，即相次居汗位者；二审密者，曰乙室已，曰拔里，即耶律氏所世与为婚姻者也。二府，盖即后来之北南二宰相府。北宰相府，皇族四帐，世豫其选。南宰相府，国舅五帐，世豫其选。然则是时之总八部者，盖即三耶律，二审密，以其象奇首，故世汗位，以其象奇首可敦，故世婚皇族也。隋时十部，唐时八部之外，别有松漠、玄州，其故盖亦如此。《五代史》谓八部之长，皆号大人；又谓推一大人，建旗鼓以统八部；似建旗鼓之大人，即在八部大人之中者。然又谓阿保机不知何部人，又谓太祖请自为一部，则太祖实非八部大人，其部族且在八部之外，亦隐隐可见也。

〔第五章〕 丁令

北方游牧之族，大者有四：曰匈奴，曰鲜卑，曰丁令，曰肃慎。匈奴起自上古，极盛于前汉，而亡于后汉。鲜卑继之，两晋南北朝时臻极盛，宇文周灭而亡。丁令继鲜卑而起，极盛于南北朝、隋、唐之间，而亡于唐文宗时。自金之起，以迄于清，则肃慎极盛之世也。

丁令，亦作丁零、丁灵，异译曰敕勒，亦作铁勒。我国今日，统称此族曰回，西人则称为突厥。其实突厥、回纥，皆丁令之分部耳。详见附录《丁令》条。此族当汉代，居今拜喀勒湖附近。为匈奴冒顿所征服。又有居今西伯利亚西境者，当唐努乌梁海之西，额尔齐斯河之东南，吐鲁番之正北。为郅支单于所击破。《魏书》载其部落，分布尤广，自西海以东，依山据谷，往往不绝。康国之北，得嶷海之东西，伊吾以西，焉耆之北，以及金山西南，独洛河域，北海之南皆有之。《唐书》铁勒分十五部，今内外蒙及兴安岭一带皆其地。盖沿匈奴、鲜卑、乌孙、康居、大宛诸国之北，东西绵亘，如衣带焉。详见附录《丁令居地》条。其部落颇多，而缺于传结。故两晋以前，未有兴者。五胡乱华之时，鲜卑纷纷侵入内地，此族乃踵之，而入漠南北。

《魏书》云："敕勒，诸夏称之为高车。"是二者虽称名不同，实系一族。然又分高车、铁勒为二传，盖以迁漠南服魏者为高车，居漠北服柔然者为铁勒也。高车之在漠南者，居鹿浑海西北百余里今达里泊。常与柔然为敌，亦侵盗于魏。魏道武帝击破之。柔然社仑之为魏所败也，走漠北，击高车，深入其地，尽并诸部。由是大张。其后太武征大檀，前后降其众数十万。皆徙之漠南。凡此者，史皆称之为高车。隋以后遂不复见，盖或与他族相同化，或则并入突厥也。其在漠北者，突厥起而收用之。

漠北之铁勒，首起与柔然抗者，为副伏罗部。然无所成。大檀之败，其部长阿伏至罗，与其从弟穷奇，走车师之北自立。后为柔然及嚈哒所破。至南北朝之末，而突厥始盛。突厥起于金山。其先，盖柔然之铁工也。突厥缘起，详见附录《突厥与蒙古同祖》条。有名吐务者讷都陆之孙。讷都陆，即纳都六设也。详见附录。吐务之名，见《唐书·西突厥传》，种类渐强。始号大叶护。吐务之长子曰土门，始至塞上市缯絮。土门求婚于柔然。柔然阿那环怒，使人詈辱之，曰："尔是我锻奴，何敢发是言也？"土门亦怒，杀其使者，遂与之绝，而求婚于魏。魏以长乐公主妻之文帝大统十七年。废帝元年，土门击柔然，大破之。阿那环自杀。土门自号伊列可汗。卒，子科罗立，号乙息记可汗。乙息记可汗且死，拾其子摄图而立其弟，是为木杆可汗。遂灭柔然。又西破嚈哒，东臣契丹，西南袭破吐谷浑。其地：东自辽海以西，至西海，万里。南自沙漠以北，至北海，五六千里。赫然为北方大国矣。周齐相争，惧其为敌用，争结婚姻，厚赠遗以抚之。突厥益骄。其他钵可汗至谓其徒属曰："但使我在南两个儿常孝顺，何忧无物邪？"他钵者，木杆之弟也。木杆舍其子大逻便而立之。他钵子曰庵逻。他钵谓庵逻："避大逻便。"摄图者，乙息记可汗子；他钵以为尔伏可汗，主东方；不可。庵逻继他钵立。大逻便不服，数使人詈辱之。庵逻不能制，以位让摄图。摄图立，是为沙钵略可汗。以大逻便为阿波可汗。齐之亡也，其范阳王绍义奔突厥。他钵可汗立为齐帝寇周。周人以千金公主妻之，乃执送绍义。沙钵略仍妻千金公主。周之亡也，公主痛宗社覆灭，日夜言于沙钵略。沙钵略侵隋。文帝击破之。沙钵略与阿波构兵。主西方之达头可汗沙钵略从父助阿波。沙钵略乃降隋。立约，以碛为界。千金公主改姓杨，封大义公主。沙钵略卒，弟处罗侯立，是为叶护可汗。西禽阿波。卒,子雍虞闾立,是为都蓝可汗。沙钵略子染干,为突利可汗,主北方。使来求婚。文帝要以杀大义公主而后许。突利构公主于都蓝。都蓝杀公主。隋以宗女义安公主妻突利,故厚其礼以间之。突利南徙度斤旧镇。胡三省曰:"即都斤山,旧沙钵略所居。"案《唐书·突厥传》曰:"可汗建庭都斤山。"《薛延陀传》曰:"树牙郁督军山,直京师西北六千里。颉利灭,率其部稍东,保都尉鞬山独逻水之阴。远京师才三千里而赢。"《回纥传》曰:"南居突厥故地,徙牙乌德鞬山,昆河之间。"独逻水,今土拉河。昆河,今鄂尔坤河。都尉鞬山与乌德鞬山,地当相近。乌德鞬为突厥故地,疑与都斤是一。惟郁督军山颇远。然《延陀传》又谓"突厥处罗可汗时,铁勒一时反叛,推契苾哥楞,延陀乙室钵为可汗。后突厥复强,二部黜可汗往臣之。回纥,拔野古,阿跌,同罗,仆骨,在郁督军山者,东附始毕。乙室钵在金山,西役叶护"。以郁督军山与金山对举,则距土拉、鄂尔坤二河,亦不能甚远。窃疑都斤,都尉鞬,乌德鞬,郁督军,均系一音异译,皆即今之杭爱山;而《唐书》直京师西北六千里之语有讹也。都蓝怒曰:"我大可汗也,反不如染干?"击突利,破之。突利以五骑走归朝。拜为启民可汗。处之夏、胜二州之间。夏州,今陕西怀远县。胜州,今鄂尔多斯左翼后旗。时义安公主已卒,复妻以宗女义成公主。未几,都蓝为其下所杀。启民以隋援,尽有其众。臣服于隋。

从来夷狄之服,恒以我之盛强,适直彼之衰乱;而夷狄之横,亦以我之衰乱,奉成彼之盛强;此数见不鲜之事也。惟突厥亦然。启民之世,事隋甚谨。启民卒,子始毕立。直炀帝时,中国乱,始有轻中国心。炀帝北巡,始毕围之雁门,援至乃解。时中国大乱,华人归之者甚众。突厥遂大张,控弦之士且百万,前此夷狄未有也。群雄之崛起者,悉臣事之。唐高祖起太原,亦卑辞厚礼以乞援焉。天下已定,犹屈意奉之。而突厥求取无厌。始毕卒,弟处罗可汗立。处罗卒，弟颉利可汗立。自启民至颉利四世，皆妻隋义成公主。处罗始迎隋萧后及齐王暕子正道，处之定襄今山西平鲁县北。及颉利，遂岁寇边。高祖至欲迁都以避之，以太宗谏而止。始毕子曰什钵苾，主东方，称突利可汗。太宗与之相结。突利贰于颉利。而颉利仍岁兴师，群下怨苦；又遭岁饥，褒敛苛重，铁勒叛之；势遂衰。贞观四年，太宗遣李靖击破之。颉利为行军总管张宝相所禽。于是突厥崩溃。或附薛延陀，或走西域盖走西突厥，而来降者尚十余万。诏议处置之宜，温彦博请徙之兖、豫之间，分其种落，散居州县。教以耕织，化为齐民。魏徵请遣还故土。太宗右彦博议。度朔方地，建顺、化、祐、长四州为都督府，以处其众。地皆在今河套内。剖颉利故地，左置定襄，右置云中都督府以统之。定襄都督府，侨治宁朔，今陕西榆林县境。云中都督府，侨治朔方，今陕西怀远县境。以突利为顺州都督，率其下就部。卒，子贺逻鹘嗣，后太宗幸九成宫，突利弟结社率以郎将宿卫，阴结种人谋叛，劫贺逻鹘北还。事败，诛。乃投贺逻鹘于岭外。立颉利族人思摩为可汗，树牙河北，悉徙突厥还故地。时薛延陀强，思摩畏之，不敢出塞。太宗赐延陀书，谕以"碛以北，延陀主之。其南，突厥保之。各守境，毋相钞犯。有负约，我自以兵诛之"。延陀受令，贞观十五年，思摩乃率其众渡河，牙于故定襄城今归绥县境。居三年，下多携背。惭而入朝，因留宿卫。余众稍稍南渡河，处于夏、胜二州之间。其地为车鼻可汗所盗。

突厥者，铁勒之一部耳。其骤致强盛，虽曰土门、木杆之雄略，亦铁勒之众，为之辅也。《唐书·突厥传》，谓"自突厥有国，东征西讨，皆资其用，以制北荒"。故铁勒一叛，而突厥遂不可支。唐时铁勒诸部，以薛延陀、回纥为最强。颉利政衰，铁勒叛之，共推薛延陀部长夷男为主。太宗册为真珠毗伽可汗。突厥亡，延陀称雄北方。贞观十九年，夷男卒，子拔灼立。国乱，为唐所灭。铁勒诸部皆降。悉以其地置都督府州，即故单于台立燕然都护府以统之。在今归绥西。于是回纥南境至河。车鼻可汗者，亦阿史那氏。居金山北，势颇张。延陀亡，益盛。贞观二十一年，太宗以其逆命，发回纥、仆骨兵讨禽之。置单于、瀚海二都护府，分领突厥诸都督府州。高宗时，省单于，徙瀚海于古云中，改号云中都护府。后又改号单于，统碛以南。改燕然都护府曰瀚海，统碛以北焉。单于府酋温傅、奉职二部尝叛，温傅部再叛。裴行俭讨平之。高宗末年，颉利族人骨咄禄又叛。唐不能定。武后时，骨咄禄死，弟默啜立。遂大盛。铁勒诸部、回纥、契苾、思结、浑、皆度碛，南徙甘、凉间。余悉臣之。兵与颉利时略等矣。尝寇河北，至相州今河南安阳县。武后发三十万众讨之，不能战，突厥徐引去。玄宗开元时，默啜老，昏暴，部落叛之。四年，北讨拔野古，胜归。不设备，为拔野古残卒所杀。弟默棘连立，为毗伽可汗。用默啜老臣暾欲谷，与中国和。突厥以安。又传两世，至天宝初，国乱。回纥怀仁可汗定之，尽有其地。徙牙乌德鞬山。自是回纥独雄漠南北矣。

　　回纥之强，非有以逾于延陀也。然突厥之初亡也，延陀据其地，不二十年而为唐所灭；突厥之再亡也，回纥雄张漠南北者且百年；则时会为之也。怀仁可汗之卒也，子葛勒可汗立。直安史之乱，使太子叶护，将兵四千，来助唐收东西京。叶护得罪死。葛勒卒，次子牟羽可汗立。其妻，仆固怀恩女也。仆固者，即铁勒之仆骨部也。史朝义诱牟羽入寇，代宗使怀恩往见之。牟羽乃请助唐讨朝义。唐以雍王适为天下兵马大元帅，往会之。王见可汗于陕州。可汗责王不蹈舞，榜杀兵马使魏琚，判官韦少华。怀恩及其子玚，以回纥兵平东京，定河北。初叶护之助唐收西京也，约城克之日，土地归唐，金帛子女归回纥。西京既下，回纥欲如约。时广平王俶为天下兵马大元帅，率众拜于马前。回纥乃止。及破东京，卒大掠三日。肃宗犹岁赐绢二万匹以酬之。朝义之平，回纥入东京，放兵剽攘，人皆遁保圣善、白马二祠浮屠。回纥怒，火之，杀万余人。后仆固怀恩反，诱回纥、吐蕃入寇。怀恩道死，二虏争长。郭子仪单骑见其帅于泾阳。回纥乃约和而还。自乾元后肃宗年号，纳一马，取直四十缣。岁以马四万求仇，皆驽弱不可用。其人之留京师者尤骄横。至诟折官吏；以兵斫含光门，入鸿胪寺；曹辈掠子女，暴市物；杀人则首领劫囚，残狱吏去。德宗立，九姓胡劝可汗入寇。宰相顿莫贺达干谏。不听。弒之，屠其支党，及九姓胡几二千人，而自立，是为毗伽可汗。始回纥至中国，常参以九姓胡。往往留京师，居赀殖产甚厚。及是，毗伽诸父突董等还国，装橐系道。留振武军名，治单于都护府三月，供拟珍丰，费不赀。军使者张光晟阴伺之，皆盛女子以橐。已而闻毗伽新立，多杀九姓。九姓胡惧，不敢归，往往亡去。突董察视严。群胡献计于光晟，请悉斩回纥。光晟因勒兵尽杀回纥及群胡。明年，因册使，归突董之丧。毗伽使谓册使曰："国人皆欲尔死，我独不然。突董等已亡，今又杀尔，犹以血濯血，徒益汙。我今以水濯血，不亦善乎？为我言：有司所负马直百六十万，可速偿也。"使随册使来朝。德宗隐忍，赐以金缯。然回纥虽横，多得唐物，寖骄侈，稍弱。自天宝末，陇右陷于吐蕃，安西、北庭唐所置都护府。安西治焉耆者，今新疆焉耆县。北庭治庭州，今新疆迪化县，朝贡道绝，假道回纥，乃得达。回纥由是求取无厌。沙陀突厥依北庭者苦之，密引吐蕃陷北庭。回纥以数万众攻之，大败。吐蕃又取深图川。当在今蒙、新间。

回纥大恐，稍南其部落以避之。毗伽以后，国多弑逆。传十世，至𪿨馺特勒，当唐文宗开成四年，饥疫，为黠戛斯所破。可汗死。诸部皆溃。可汗牙部十三姓，奉乌介特勒为可汗，转侧天德、振武间。_{天德军，在今乌喇特旗境。}求居天德，不许。攻云州_{今山西大同县}，唐兵败之，降其众数万。可汗收所余保黑车子室韦。唐陷契黑车子杀之。其下奉其弟遏捻特勒为可汗，衰残部数千，仰食于奚。宣宗初，张仲武讨奚，破之。回纥寖耗灭。名王贵臣五百余，转依室韦。仲武谕室韦："羁致可汗等。"遏捻惧，挟妻子，驰九骑，夜委众西走。部人皆恸哭。室韦七姓，析而隶之。黠戛斯怒，伐室韦，悉收回纥还碛北。回纥之在漠南北者遂亡。余帐匿山林间，狙盗诸蕃自给，稍归于庞特勒。

　　回纥之为黠戛斯所破也，残众入安西、吐蕃。_{此所谓吐蕃，亦吐蕃所据河西及天山南路之地，非今海、藏地也。}其相馺职，及外甥庞特勒，以十五部奔葛逻禄。后稍强。宣宗尝册为可汗。懿宗时，又有仆固俊者，击斩吐蕃将论恐热，尽有西州_{今新疆土鲁番县}、轮台_{今新疆轮台县}等城。自唐之衰，回纥贡会不常，史纪其事，不能备始末。然其居甘州_{今甘肃张掖县}、沙州_{今甘肃安西县}、西州等处者，时时以玉马与边州相市。自五代至宋，亦时通贡献。其上书，犹呼中国为舅_{以唐代尚主故}，答诏亦呼之为甥。契丹之兴，兵力尝至河西，回部远至于阗，皆通朝贡。元昊之强，河西亦服属之。辽之亡也，其宗室大石西走。会十八部王众于北庭。诒书回鹘王，谕以假道之意。回鹘王毕勒哥，即迎至邸，大宴三日。献马六百，驼百，羊三千，送至境外。元称其族曰畏吾儿。元太祖既定漠南北，畏吾儿亦都护巴而术阿儿忒的斤来朝。元人妻以女。元通西域之道始开。太祖之西征也，畏兀儿及哈剌鲁皆以兵从。盖自唐文宗时，回纥亡于漠南北，而其西南迁者，则日以盛大。自五代以降，河西及天山南路，几悉为所据云。元时，天山南路，地属太祖第三子察合台。清初，南路诸城主，仍多察合台后裔。先是元、明之际，元室疏族帖木儿，兴于撒马儿干，尽并西亚之地。帖木儿信天方教，教士多集于其都。教主后裔摩诃末亦至焉。后迁居喀什噶尔。摩诃末二子：长曰加利宴，其后为白山宗。次曰伊撒克，其后为黑山宗。南路政教实权，渐入其手。而二宗轧轹殊甚。清康熙时，白山宗为黑山宗所逐，奔西藏，乞援于达赖喇嘛。准噶尔噶尔丹以达赖之命，纳白山酋。遂尽执元裔诸王，迁诸天山北路，并质回酋于伊犁。策妾阿布坦立，复替白山宗，代以黑山宗。白山酋马罕木特，实亦摩诃末之异译。据叶尔羌谋自立。策妾阿布坦执而幽之。马罕木特二子：长曰布罗尼特，次曰霍集占，所谓大小和卓木也。清定伊犁，大小和卓木遁归南路，自立。清兵进平之。二酋皆奔巴达克山。巴达克山执以献。于是葱岭以西回部，若巴达克山，若克什米尔，若乾竺特，即坎巨提。一作喀楚特。若博罗尔，即帕米尔。若敖罕，若布哈尔，若阿富汗，若哈萨克，若布鲁特，皆来朝贡。威令所及，直接波斯。布罗尼特子曰萨木克，居敖罕。清人赂敖罕银岁万两，使禁锢之。其子曰张格尔，嘉庆二十五年，犯喀什噶尔。守兵击却之。道光六年，复以敖罕兵入寇，陷喀什噶尔、英吉沙尔、和阗、叶尔羌。清杨遇春击破之。张格尔走布鲁特。布鲁特执献之。诏敖罕执献其家属。敖罕不听。清人绝其贸易。敖罕以兵资张格尔兄摩诃末，使为寇。后敖罕仍为清锢和卓木之族，清亦许敖罕互市以平。自元以来，回族错居内地，西北尤盛。以所信教之异，与汉人不能无龃龉。咸同间，粤捻兵起，回乱亦起于西南，西北。张格尔子和卓布苏格，又以敖罕兵入据喀什噶尔。阿古柏帕夏者，敖罕将。尝拒俄人有功。同治六年，弑和卓布苏格而代之。尽有南路诸城。通使于土耳其。俄人与订通商条约。英印度总督亦遣使修好。又皆为之求封册。清廷姑息，欲许之。左宗棠力主用兵，卒平之。始改新疆为行省。然葱岭外诸回部，既皆亡于英、俄；伊犁河下流又割弃；新疆形势遂赤露；而西亚诸天方教国，又有欲借同教以诱致吾民者，其隐忧正未艾云。前数年，有土耳其天方教徒约翰沙马尔，请于政府。谓"西方回族，欲联合甘、新回族，创为回教大同盟。请自往甘、新劝导消弭"。政府为电甘、新督军，令加以保护。新督杨增新复电，谓"凡外国回教人入新疆游历者，向不许入礼拜寺传教诵经。亦不许新疆回教人，与外国回教人往来；及延请外国回教人入寺教经。十余年来，皆系如此办理。今约翰沙马尔，难保不劝导消弭其名，而诱惑煽动其实。望勿令入甘、新境。若业不能止，亦望告以新省向章，务令遵守"云。

天山南路，为回纥败亡后所迁。而自金山以西南，讫于黑海，则皆为西突厥故壤。西人今日，仍称此族曰突厥，盖有由也。西突厥者，其始曰瑟点蜜亦作瑟帝米，叶护吐务次子，而伊列可汗之弟也。始分乌孙故地而有之。与都陆即咄陆异译、弩失毕、哥逻禄即葛逻禄、处月、处蜜、伊吾诸种相杂。案旧史所谓种者，大抵指氏族言之。《唐书》此语，盖谓阿史那外，又有此诸氏，非谓突厥之外，别有他民族也。其风俗大抵突厥也，言语小异。盖与西域诸国人相杂故。瑟点蜜子曰达头可汗，始助阿波，与东突厥构兵。以隋助启民故，达头败，奔吐谷浑。阿波之禽，其下立泥利可汗。后为铁勒所败。子泥撅处罗可汗立。其母向氏，中国人也。达头孙射匮，入朝于隋。隋拜为大可汗。袭败处罗。处罗奔高昌，隋使向氏要之，乃入朝。后唐以射匮之请，杀之。射匮建庭于龟兹北之三弥山。自玉门以西皆役属。卒，弟统叶护可汗立，并铁勒，服波斯、罽宾，控弦之士数十万。遂霸西域。徙庭于石国北之千泉。在碎叶城西四百五十里。碎叶城，在碎叶川上。碎叶川，今吹河也。已而负其强，不以恩接下。诸父莫贺咄杀之自立。国乱。其后复分为东西。西以五咄陆东以五弩失毕部为桢干，而以伊列水今伊犁河为界。西咄陆可汗并东部。其下作乱，复出亡。国人来请立君。唐为册立乙毗射匮可汗。贺鲁者，瑟点蜜之五世孙也。居多逻斯川今塔拉斯河。乙毗射匮迫逐之。贺鲁内属。唐处之庭州。招怀离散，部落日盛。西取咄陆可汗故地。复建牙于千泉，尽统咄陆、弩失毕之众。遂寇庭州。高宗讨平之，建崑陵、濛池二都护府，以阿史那弥射瑟点蜜五世孙，为崑陵都护，统左五咄陆之众、步真弥射族兄。为濛池都护，统右五弩失毕之众分统其众，时乙毗射匮已死，子真珠叶护立。弥射击杀之。弥射为步真所诬，为唐所诛。旋步真亦死。西突厥益衰。突骑施乌质勒，据有其地。乌质勒卒，子娑葛，与弟遮弩毕相攻，皆为默啜所杀。突骑施别种车鼻施啜苏禄，雄张西域，众至三十万。肃宗后，葛逻禄徙居其地，即《元史》所谓哈剌鲁云，西突厥属部处月，异译亦曰朱邪。西突厥亡，依北庭都护府以居。地在金娑山之阳，蒲类海之阴蒲类海，今巴里坤湖，有大碛曰沙陀，故俗称沙陀突厥，以苦回纥衰敛，引吐蕃陷北庭，吐蕃徙之甘州，入寇，常以其人为前锋。久之，回纥陷凉州。吐蕃疑沙陀贰于回纥，欲徙之河外，举部愁恐。其酋长朱邪尽忠，乃与其子执宜，悉其众三万落来归，吐蕃追之，战且走。所部死伤略尽，尽忠战死。执宜裒残部二千款灵州塞今甘肃灵武县。节度使范希朝以闻，诏处之盐州今甘肃盐池县。时宪宗元和三年也。希朝移镇太原，沙陀举族从之。希朝料其劲骑千二百，置沙陀军，而处其余众于黄花堆。在今山西山阴县北。后又料其部人三千，置代北行营，授执宜兵马使。死，子赤心嗣，迁蔚州刺史，云州守捉使。庞勋乱，从康承训讨平之。赐姓名曰李国昌，进大同节度使_{大同军，治云州，今山西大同县}，以回纥寇鄜_{今陕西鄜县}、延_{今陕西肤施县}，徙镇振武。僖宗时，其子克用，杀云州防御使段文楚，入据其州。朝议移国昌于大同，以为克用必无以拒也，而国昌欲父子各得一镇，不奉诏。遂反。幽州兵讨破之。国昌、克用，亡入鞑靼。已而黄巢乱，陷长安，官军四面讨之，不能克，卒召克用讨平之。乃以国昌镇代北，克用镇河东，遂为唐、晋、汉三朝入据中原之本。以上为西突厥事见于中国史者。其见于西史者，则有若哥疾宁朝（Ghazni），有若塞而柱克朝（Seljaks），有若花剌子模朝（Knwarozm）_{译名皆依《元史译文证补》，花剌子模，《元史》称为西域国。洪氏因之，亦称其补传为西域，于义未安。今改称花剌子模}，皆尝雄据葱岭以西。后花剌子模为成吉思汗所破，西北亚之地，皆入蒙古。至近世，又为英、俄诸国所侵略。然雄据其地之民族，固犹以突厥为大。土耳其虽孱弱，固犹能自立于欧、亚之间也。

康里《元秘史》作康邻，西史谓亦突厥族，其地在咸海之北，西抵黑海。大食哈利发，爱其勇悍，多募为兵。数传而后，遂跋扈。哈里发之废立，亦操其手。花剌子模王阿剌哀丁谟罕默德，有兵四十万，皆康里人。王母亦康里部酋女。王母以康里人为将，权与王埒。诸将亦倚王母，不听令。成吉思西征时，花剌子模所以一败涂地者，由其威权素夺，不可以御大敌也。_{蒙古西征，由讹打剌城主杀蒙古西行之人，城主，王母之弟也。}《元史》之克列部，或曰即康里转音。其族本居欠欠州_{即谦河流域。在今唐弩乌梁海境。详见《元史译文证补》西北地附录释地下吉利吉思撼合纳谦州益兰州等处条}。至王罕，乃徙土兀拉沐链_{今土拉河}。王罕为成吉思父执。成吉思初起时，东征西讨，尝与合兵。后以王罕子你勒合，与成吉思有隙，乃至构兵。为成吉思所灭。

今之乌梁海，《明史》作兀良哈，《元秘史》作兀良孩。西人谓其容貌近突厥，盖亦丁令族。据《秘史》，其牧地在不而罕山。<small>今车臣、土谢图两部界上之布尔罕哈勒那都岭</small>。元时，居今热河、洮昌二道境。其地为大宁路，属辽阳行省。明初，大宁路来降，即其地置泰宁、朵颜、福余三卫，隶北平行都司。宁王权居大宁<small>今热河道隆化县境</small>以节制之。成祖起兵，袭执宁王。即位后，改北平行都司为大宁都司，徙治保定。大宁遂入兀良哈。瓦剌既强，兀良哈役属之。清平卫拉特，其众乃自立，居于唐努山，谓之唐努乌梁海。设佐领四十八，分隶定边左副将军，哲卜尊丹巴呼图克图，及札萨克图，三音诺颜两部。其徙牧阿尔泰山者，则属科布多大臣。雍正时，唐努乌梁海之地，尝与俄分立界碑。同治八年，又各派员立界牌八。宣统二年，俄人忽将察布齐雅勒达布界牌撤毁。外务部与交涉。俄人谓同治八年所立界碑，未为妥协。唐努乌梁海界限，只可作为未定之案。交涉未了，外蒙叛变，清室遂无从过问。民国初年，亦未能问外蒙之事。迨四年，《中俄蒙协约》成立。俄人承认外蒙为中国领土。唐努乌梁海，当然亦在其内。乃俄人于五年，复强占乌梁海之地，给其头目以印信，使归俄辖。将该处华商，尽行驱逐，没其财产。政府拟设佐理专员于其地。俄人声言将以兵力拒之，遂不果。俄国革命，侨寓乌梁海之俄人，时以党派互争。华商及外蒙，皆请政府保护，政府乃以严式超为佐理员，偕外蒙所委员前往。俄人御诸途，杀严式超护兵三人。前年，政府电新疆督军杨增新，谓"准蒙古宣慰使函称：库伦再陷，赤俄侵入唐努乌梁海，外蒙遣使赴俄，私订条约，求将唐努乌梁海划归外蒙，俄人谓唐努乌梁海，已为独立之国，归俄保护云云。

究竟唐努乌梁海情形如何，希查明见复"。新督复电：则谓"唐努乌梁海久为俄人占据，非我有"云。政府方困于内忧，不遑问边事；即国人亦罕留意于此者，唐努乌梁海之情形，至今尚属茫昧也。

丁令之政治，远不如匈奴之统一。匈奴单于，一而已矣。突厥则分据一方者，皆称可汗。其尊卑与大可汗，盖不甚殊，故每致纷争。突厥之地，大于匈奴；隋、唐所以对待之者，实力又不如汉代之厚；然不旋踵而皆奏肤功，则突厥之分崩离析，授之以隙也。其兵甚勇悍，而无节制。《北史·高车传》云："为性粗猛，党类同心。至于寇难，翕然相依。斗无行陈，头别冲突，乍出乍入，不能坚战。"《铁勒传》曰："人性凶忍，善于骑射。贪婪尤甚，以寇钞为事。"是其事也。社仑始立军法：以千人为军，军置将。百人为幢，幢置帅。先登者，赐以卤获。退懦者，以石击首杀之，或临时捶挞。然收效盖寡。杨忠与突厥伐齐，还，言于周武帝曰："突厥甲兵恶，赏罚轻，首领多而无法令，何谓难制驭？"颉利入寇，唐太宗谓突厥："众而不整，君臣惟利是视。可汗在水南，而酋帅皆来谒我，我醉而缚之，甚易。"可见自南北朝至隋、唐，其散漫情形，迄未尝改。此其所以地虽广，兵虽多，而终不竞于中国欤？《北史·突厥传》："候月将满，转为寇钞。"与匈奴同。盖所以利夜行也。

其生业，亦以游牧为主。《北史·铁勒传》，谓其"居无恒处，随水草迁移"；《突厥传》谓其"穹庐毡帐，随逐水草；食肉饮酪，身衣裘褐"是也。《铁勒传》又云："近西边者，颇知艺植。"盖为数甚少。故突厥取醉，仅知马酪，又不如匈奴之知饮蘖酒，乌桓之能酿而不知作麹矣。唐时，默啜求六州降户，并粟种十万斛，农器三千具。盖归化中国者,渐知种植也。

《北史·突厥传》,谓其"贱老贵壮;重兵死,耻病终";此与匈奴、鲜卑相类。又称其"男子好樗蒱。女子好踏鞠。饮马酪取醉,歌呼相对"。可见其慷爽而少思虑。又《高车传》谓其"畜产自有记识,虽阑纵在野,终无妄取"。亦足见其风俗之淳也。

其服饰:男子辫发,女子则否。《北史·高车传》:"妇女以皮裹羊骸,戴之首上,萦屈发髻而缀之,有似轩冕。"《南史·蠕蠕传》:"辫发,衣锦。小袖袍,小口袴,深雍靴。"利御寒而便骑射,亦各适于其地也。《北史·突厥传》称其"被发左衽";《隋书·突厥传》载《沙钵略表》,谓"削衽解辫,华音从律,习俗已久,未能改变"。可见其由来之旧矣。

其婚姻丧葬之礼,亦颇有可考者。《北史·高车传》:"婚姻用牛马纳聘。结言既定,男党营车阑马,令女党恣取。上马祖乘出阑。马主立阑外,振手惊马,不坠者即取之。坠则更取,数满乃止。"盖亦卖买婚姻之俗。又借以觇骑乘之术,则游牧之族之游戏也。又云:"俗无谷,不作酒。迎妇之日,男女相将,持马酪、熟肉节解。主人延宾,亦无行位。穹庐前业坐,饮宴终日。复留其宿。明日,将妇归。既而夫党还入其家马群,极取良马。父母兄弟虽惜,终无言者。颇讳取寡妇,而优怜之。"《铁勒传》"其俗大抵与突厥同。惟丈夫婚毕,便就妻家,待产乳男女,然后归舍;死者殡埋之,此其异也"。《突厥传》:"葬日,男女咸盛服饰,会于葬所。男有悦爱于女者,归即遣人聘问。其父母多不违也。"又云:"父兄伯叔死,子弟及侄等妻其后母、叔母、嫂,惟尊者不得下淫。"此则类匈奴矣。

其丧葬之礼,有足见其俗之右武者。《北史·高车传》,谓"其死亡葬送,掘地作坎。坐尸于中。张臂引弓,佩刀挟矟,无异于生,而露坎不掩"是也。《突厥传》:"死者停尸于帐。子孙及亲属男女,各杀羊马,陈于帐前祭之。绕帐走马七匝。诣帐门,以刀剺面,且哭,血泪俱流。如此者七度,乃止。择日,取亡者所乘马,及经服用之物,并尸俱焚之。待时而葬。春夏死者,候草木黄落;秋冬死者,候华茂;然后坎而瘗之。案古之为丧服者,至亲以期断,取天地已易,四时已变,凡在天地之中者,莫不更始之义也。士庶人三月而葬,亦取天道一时而小变之义也。突厥之所谓时者,虽与中国异。然其候时之变而葬,则与中国同。可以见礼之缘起,大略相类也。葬日,亲属设祭。及走马,剺面,如初死之仪。表木为茔,立屋其中。图画死者形仪,及其生时战陈状。此可知壁画之缘起。尝杀一人,则立一石,有至千百者。又以祭之羊马头,尽悬于竿上。"案突厥丧仪,颇类乌桓,惟焚尸为异。岂以近接西胡,故染其俗邪?抑古氐羌之俗也。羌族本有火葬之俗,见第十篇。唐太宗谓颉利时葬皆起墓,则又渐染华俗矣。

肃宗以幼女宁国公主,下嫁回纥葛勒可汗。可汗死,国人欲以公主殉。主曰:"中国人婿死,朝夕临,丧期三年,此终礼也。回纥万里结婚,本慕中国,吾不可以殉。"乃止。可见其国本有殉葬之俗矣。

凡野蛮人,往往宽厚时极宽厚,残忍时又极残忍。由直情迳行,而不能节之以礼也。丁令残忍之俗,观其刑法可见。古代刑法,恒较后世为酷者,亦以其任情而动,而不能节其疾恶之情也。《北史·蠕蠕传》:"豆仑杀其臣石洛侯,夷其三族。"《突厥传》:"反叛杀人,及奸人之妇,盗马绊者皆死。淫者割势而要斩之。奸人女者,重责财物,即以其女妻之。斗伤人者,随轻重输物。伤目者偿女,无女则输妇。财折支体者输马。盗马及杂物者,各十余倍征之。"

《隋书》:"盗者则偿赃十倍。"其用刑之酷,可以见其残忍。其动辄以女妇为偿,又可见其视人如物也。

丁令诸族,敬天地、日月、先祖,亦与匈奴同。《隋书·突厥传》:"五月中,多杀羊马,以祭天神于都斤西五百里。有高山迥出,上无草树,谓之勃登凝梨,夏言地神也。"此可见"因高祀高"之礼意,登封所由昉也。《北史·突厥传》:"可汗恒处于都斤山。牙帐东开,盖敬日之所出也。"此类乌桓。"每岁率诸贵人,祭其先窟。""西突厥亦岁使重臣向其先世所居之窟致祭。""以五月八月聚祭神。"《北史·高车传》:"时有震死及疫疠,则为之祈福。若安全无他,则为之报赛。多杀杂畜,烧骨以燎。走马绕旋,多者数百匝。男女大小皆集会。文成时,五部高车,合聚祭天,众至数万。大会走马,杀牲游遨。歌吟忻忻。其俗称自前世以来,无盛于此会。"此即匈奴蹛林之俗也。亦重休咎征。木杆可汗与周武帝约婚,武帝使逆女。突厥贰于齐。会有雷风之变,乃许使者以后归。隋文帝之罪状突厥也,曰:"彼地咎征妖作,年将一纪。乃兽为人语,人作神言,云其国亡,讫而不见。"文帝固好禨祥,然唐太宗亦谓突厥"盛夏而霜,五日并出,三月连明,赤气满野",则必彼中先有此等妖祥之说,然后中国从而摭拾之矣。又其见于《唐书》者,武德元年,始毕牙帐自破,明年而始毕死。天雨血三日,国中群犬夜号,求之不见,而处罗死。"延陀将灭,有丐食于其部者。延客帐下。妻见客,人而狼首。主不觉。客已食,妻语部人共追之。至郁督军山,见二人焉,曰:我神也。薛延陀且灭。追者恐,却走。遂失之。果败此山下。"又回纥人自述其亡国之事云:"唐以金莲公主宪宗女太和公主,穆宗时,下嫁登啰羽录没密施句主毗伽可汗。又三传而为黠戛斯所破女回纥葛勒励的斤。别建牙于和林之别力跋力答,言妇所居山也。又有山曰天哥里于答哈，言天灵山也。南有石山曰胡力答哈，言福山也。唐使与相地者至其国，曰：和林之盛强，以有此山也。盍坏之以弱其国？乃诡语葛励曰：既为婚姻，将有求于尔，其与之乎？福山之石，于上国无所用，而唐人愿见。葛励与之。石大不能动。唐人烈而焚之，沃以醇酢。石碎，辇去。国中鸟兽为之悲号。后七日，葛励卒。自是灾异屡见，民弗安居。传位者又数亡。乃迁于西州。语出虞集《高昌王世勋碑》。《元史·亦都护传》采之，而误西州为交州。于内忧外患，一无所忆，而转传此荒诞不经之语，亦可以见其程度矣。《北史·高车传》："俗不清洁。喜致震霆。每震，则叫呼射天而弃之，移去。来岁，秋，马肥，复相率候于震所。埋羧羊，然火拔刀，女巫祝说，似如中国被除；而群队驰马，旋绕百匝，乃止。人持一束柳棳，回竖之，以乳酪灌火。"一震霆之微，亦以为祥而禳之，可谓甚矣。

《唐书·黠戛斯传》，谓其呼巫为甘。黠戛斯虽白种，亦杂丁令，其语言多同回纥，此殆丁令语邪？柔然末主阿那环，兄曰丑奴。丑奴父曰伏图，伏图父曰那盖。那盖，可汗豆仑之叔父也。豆仑时，高车副伏罗部叛。部长阿伏至罗，与从弟穷奇走车师之北，自立。豆仑与那盖分两道击之。豆仑数败，而那盖累捷。国人咸以那盖为天所助，杀豆仑而立之。卒，伏图立。时穷奇已为嚈哒所杀，虏其子弥俄突等。阿伏至罗亦以残暴，为其下所杀。立其宗人跋利延。嚈哒纳弥俄突，国人杀跋利延迎立之。伏图击弥俄突，败死于蒲类海北。丑奴立，壮健善用兵。西击高车，大破之。禽杀弥俄突。尽并叛者。柔然复盛。实中兴之雄主也，而以信巫亡其国。初伏图纳豆仑之妻侯吕陵氏，生丑奴、阿那环等六人。丑奴立后，忽亡一子，字祖惠。求募不能得，副升牟妻是豆浑地万，年二十许，为医巫。言此儿今在天上，我能呼得之。丑奴母子欣悦。后岁仲秋，在大泽中施帐幄，斋洁七日，祈请天神。经一宿，祖惠忽在帐中，自云恒在天上。丑奴母子抱之悲喜。大会国人，号地万为圣女，纳为可贺敦。授夫副升牟爵位。赐牛马羊三千头。地万既挟左道，亦有姿色。丑奴甚加宠爱，信用其言，乱其国政。如是积岁。祖惠年长，其母问之。祖惠言我恒在地万家，不曾上天。上天者，地万教也。其母以告丑奴，丑奴言地万悬鉴远事，不可不信；勿用谗言也。既而地万恐惧，潜祖惠于丑奴。丑奴阴杀之。魏明帝正光初，丑奴母遣莫何去汾李具列等绞杀地万。丑奴怒，欲诛具列等。会阿至罗未详何人侵丑奴。丑奴击之，军败。还为母与大臣所杀。立阿那环。十日，其族兄俟力发示发伐之。阿那环战败，南走归魏。阿那环母及其二女，寻为示发所杀。案阿那环自降魏后，遂居漠南。北方诸部，非复威力所及。突厥遂以此时大张。向使仍居漠北，挟积世之声威，以摄服诸部，突厥之兴，或不至如是其速也。地万虽以色宠，其始实由巫进，亦可见巫风之足以亡人国矣。仆固怀恩之挟回纥入寇也，回纥有二巫，言此行必不战，当见大人而还。及与郭子仪盟，相顾笑曰：巫不吾欺也。其出兵必以巫卜可知。又其巫自谓能致风雨，亦常用之于行军。《南史·蠕蠕传》："其国能以术祭天，致风雷。前对皎日，后则泥潦横流。故其战败，莫能追及。或于中夏为之，则不能雨，盖以暖云。"薛延陀之败，会雨雪，众鞍蹄，死者十八。《唐书》谓"始延陀能以术襘神致雨雪，及是反自敝"云。此即《悦般传》所谓术人能作霖雨盲风大雪及行潦者，盖北族之旧俗也。突厥可汗初立，近侍重臣等与之以毡。随日转九回。每回，臣下皆拜。拜讫，乃扶令乘马。以帛绞其颈，使才不至绝，然后释而问之，曰：尔能作几年可汗？其主既神情瞀乱，不能详定多少。臣下等随其所言，以验修短之数。此盖君权未重之世，立君由众,以此卜其吉不吉者。

《元史译文证补》曰:"回纥称谓,多本突厥。可汗、可敦、特勒之名无论矣。突厥别部将兵者,皆谓之设。默啜可汗立其子弟为左厢察,右厢察。毗伽可汗,本蕃号为小杀。而回纥亦有左杀,右杀,分管诸部。曰设,曰察,曰杀,皆译音之异。骨咄禄可汗及叶护之称,达干之名,回纥并同突厥。度其言语,或亦多同。突厥文字,不复可考。回纥文字,至今犹存,所谓托忒字体是也。与西里亚文字相仿。秦西人谓唐时,天主教人,自西里亚东来传教,唐人称为景教。陕西之景教碑,碑旁字两行,即西里亚字,此其确证。回纥之有文字,实由天主教人授以西里亚文字之故。此一说也。回纥人自元以后,大率入天方教。而天方文字,本于西里亚。故信教之回人,谓蒙古文出于回纥,回纥文出于天方,以归功于谟罕默德。此又一说也。各私其教,傅会所由,皆属妄说。窃疑回纥文字,亦本突厥。特无左证,以折异议。"案《北史》谓突厥文字旁行,有类于胡。所谓胡者,西胡,指西域诸国也。丁令族人居西域者甚多,盖遂受其文字?突厥、回纥,皆沿而用之耳。《北史·突厥传》又云:"无文字。其征发兵马,及诸税杂畜,刻木为数,并一金镞箭蜡印封之,以为信契。"盖有文字而不甚用也。观其能于茔屋中图画死者形仪及其生时战陈之状,则其图画已有可观,必不至不知文字。又《北史·蠕蠕传》:"始无文字。将帅以羊屎粗记兵数。后颇知刻木为契。"似其文字又受之丁令者。

丁令诸族,自交华夏,颇仿其制度。《北史》谓"汝阳王暹之知泰州也,遣其典签齐人淳于覃使于阿那环。遂留之。亲宠任事。阿那环因入洛阳,心慕中国,立官号,僭拟王者。遂有侍中、黄门之属。以覃为秘书郎,掌其文墨"。据《北史》,柔然可汗,皆建年号。《南史》载其《相国表》辞有曰:"京房谶云:卯金卒草肃应王。历观图纬,代宋者齐。"此必华人所为也。又道武帝谓尚书崔宏曰:"蠕蠕之人,昔来号为顽嚚。每来钞掠,驾牸牛奔遁,驱犍牛随之。牸牛伏不能前。异部有教以犍牛易之者。蠕蠕曰:其母尚不能行,而况其子?遂为敌所虏。今社仑学中国,立法,置战陈,卒成边害。道家言圣人生,大盗起,信矣。"《唐书》云:"颉利得华士赵德言,才其人,委任之,稍专国。"《回纥传》:"吐迷度为瀚海都督,私自号可汗。署官吏,一似突厥。有北宰相六,南宰相三。又有都督、将军、司马之号。"皆其模仿汉制,引用汉人之征也。《北史》又云:"齐有沙门惠琳,掠入突厥中。因谓他钵曰:齐国富强,皆为有佛法。遂说以因缘果报之理。他钵闻而信之。建一伽蓝。遣使聘齐,求《净涅槃》《华严》等经,并《十诵律》。他钵亦躬自斋戒,绕塔行道,恨不生内地。"《唐书》:"默棘连欲城所都,起佛老庙。以暾欲谷谏而止。"则并所信之教,亦受中国之感化矣。

附录一　丁令

洪氏钧《元史译文证补》,谓"今日葱岭西北西南诸部,我国统称之曰回,西人则称为突厥。回纥之盛,威令未行于咸海、里海之间,其衰,播迁未越于葱岭、金山以外。突厥盛时,东自辽海以西,至西海,万里。南自沙漠以北,至北海,五六千里。极西之部可萨,亦曰曷萨。西国古籍,载此部名哈萨克,即曷萨转音。亦曰喀萨克，即可萨转音。里海、黑海之北，皆其种落屯集。又东罗马古书，载与突厥通使。东罗马，即《唐书》之拂菻国也。种落繁多，幅员辽阔。匈奴而后，实惟突厥。而散居西土，亦惟突厥旧部为多。回纥、突厥之称，诚不敢谓己是而人非"。予案洪氏此言，乃知二五而不知十也。若举强部以概其余，则西人与突厥之交涉多，而在东土，则回纥为后亡，彼我所称，均未为失。若原其朔，则此族当正称曰丁令。突厥、回纥，皆其分部之后起者耳。我之称回纥固非，彼之称突厥，亦未是也。

丁令之名，昉见于汉。《山海经·海内经》："有钉灵之国，其民从厀以下有毛，马蹄，善走。"《山海经》伪书，此条乃据后世史志所造。其来历见《三国志》注引《魏略》。又黄佐《六艺流别》卷十七《五行篇》引《尚书大传》："北方之极，自丁令北至积雪之野，帝颛顼神玄冥司之。"陈氏寿祺《尚书大传辑校》采之。然此条恐亦黄氏误采，不出《大传》也。亦作丁零、丁灵。异译作敕勒，又作铁勒。中夏称为高车。《魏书》分高车、铁勒为二传，乃就其服于魏与未服于魏者分之，似无所据。《唐书》以回纥初与铁勒诸部并属突厥，仍列为铁勒十五部之一，而于突厥别为一传，不复著其为铁勒，亦未安也。

何以知突厥、回纥，皆铁勒之分部也？曰：言语相同，为种族相同之铁证。洪氏于突厥、回纥言语之相同者，历举凡如干事，则二者必为同族无疑。《唐书》回纥本列为铁勒十五部之一。回纥又作袁纥。《魏书·高车传》，其种有表纥氏，表纥即袁纥之讹。又《铁勒传》：独洛河北有韦纥。韦纥，亦回纥之异译也。回纥之为铁勒，明白无疑，而突厥言语，与之相同，安得不为铁勒哉？又突厥兴于金山，金山固铁勒之地也。《魏书》述突厥缘起，其一说曰：突厥之先，伊折泥师都娶二妻，云是冬神、夏神之女。

一孕而生四男。其一国于阿辅水、剑水之间，号为契骨。契骨者，《唐书》所谓"黠戛斯，古坚昆国，或曰居勿，曰结骨，其种杂丁令"者也。又《魏书·高车传》云："或云：其先，匈奴甥也。俗云：匈奴单于有二女，姿容甚美。国人皆以为神。单于曰：我有此女，安可配人？将以与天。乃于国北无人之地筑高台，置二女其上。曰：请天自迎之。经三年，其母欲迎之。单于曰：不可。未彻之间耳。复一年，乃有一老狼，昼夜守台嗥呼。因穿台下为空穴，经年不去。其小女曰：吾父处我于此，欲以与天。而今狼来，或是神物，天使之然。将下就之。其姊大惊，曰：此是畜生，无乃辱父母。妹不从。下为狼妻而产子。后遂滋繁成国。故其人好引声长歌，又似狼嗥。"此说谓铁勒之先，出于匈奴单于之二女，与伊质泥师都娶二妻之说，颇有类似之处。又《魏书》述突厥原起第一说，亦以突厥为狼种。突厥姓阿史那氏，以予考之，即《元秘史》帖赤那三字之异译，义谓狼也。见《突厥与蒙古同祖》条。然则突厥、铁勒，其谬悠传说，亦实不可分也。

  《魏书》云："高车，盖古赤狄之余种也。初号为狄历，北方以为敕勒，诸夏以为高车、丁零。其语略与匈奴同，而时有小异。"赤狄余种，不知何所据而云然。征诸史传，铁勒之语，亦无与匈奴类者。岂丁令种落，有与匈奴近者，其种遂相杂，故其语多同，吾国人因别称之曰高车，以与其余之丁零别与？赤狄余种之说，似又因其语与匈奴同而附会，以古以匈奴即狄也。高车传说，既自托于匈奴之甥，又谓其先祖母，匈奴单于，置之国北无人之地，则高车故地，必在匈奴之北。谓其与匈奴相近，或不诬邪？《魏书》述高车之称所由来，谓其车轮高大，辐数至多。阿卜而嘎锡，则谓古时其部侵掠他族，卤获至多，骑不胜负。有部人能制车，车高大，胜重载。乃尽取卤获以返，故以高车名其部。见《元史译文证补·康里补传》。铁勒种类，程度至低。能制车之部落，或亦其与匈奴近者与？推测之说，虽若可通，终未敢遂以为信已。或云：古代匈奴，实与汉族杂居大河流域。北荒之地，不得无人。今据《魏书》，则丁令、铁勒，实为狄历异译。狄历叠韵，简称之，固可但作一狄字。岂古称北族为狄，其原实指此族言之邪？此说于音译虽近。然丁令古代与汉族有交接之证据太乏，亦未敢遂以为信也。日本高桑驹吉曰：康里（Kankly）二字，乃突厥语，谓车也。

附录二　丁令居地

　　铁勒诸族，大者曰突厥，曰薛延陀，曰回纥。突厥至南北朝之末始盛；延陀、回纥之强，则当唐世矣。然其种落散布朔垂，实由来已久。突厥疆域之广，实由于此，非其力征经营，果有以超匈奴而几蒙古也。今就诸史所载铁勒居地，略为考索如下。

　　铁勒，古称丁令。其名首见于《史记·匈奴列传》。《匈奴列传》云：冒顿"北服浑庾、屈射、丁灵、鬲昆、薪犁之国"。《汉书》浑庾作浑窳，丁灵作丁零，鬲昆作隔昆。薪犁作新犁，新犁上又衍一龙字。《汉书·匈奴列传》云："郅支北击乌揭，乌揭降。发其兵，西破坚昆，北降丁令。"《三国志》注引《魏略》云："呼得国，在葱岭北。乌孙西北，康居东北，胜兵万余人。坚昆国，在康居西北，胜兵三万人。丁令国，在康居北，胜兵六万人。此上三国，坚昆中央。俱去匈奴单于庭安习水七千里。"《史记索隐》亦引此语，而误作接习水。南去车师六国五千里。西南去康居界三千里，西去康居王治八千里。或以为此丁令即匈奴北丁令也。而此丁令在乌孙西，似其种别也。又匈奴北有浑窳国，有屈射国，有丁令国，有隔昆国，有新梨国，明北海之南，自复有丁令，非此乌孙之西丁令也。"案匈奴徙苏武北海上，丁令盗武牛羊，见《汉书·李广苏建传》，北海，今拜喀勒湖。而此与坚昆、呼得接壤之丁令，则实在今西伯利亚西南境。隔昆，坚昆，一音之转，即唐时之黠戛斯。《唐书》："黠戛斯，古坚昆国。或曰居勿，曰结骨。其种杂丁令，乃匈奴西鄙也。可汗驻牙青山。青山之东，有水曰剑河。"剑河即后世之谦河，在今唐努乌梁海境内。见《元史译文证补·谦河考》安习水，今额尔齐斯河。乌孙，今伊犁。康居之地，起今伊犁之西，西讫里海，北抵咸海附近。《元史译文证补·西域古地考康居奄蔡》。然则此三国之地，实在今西伯利亚境内，唐努乌梁海之西北，额尔齐斯河之东南，略当今吐鲁番诸县之正北。《魏略》云，坚昆中央，而《汉书》云，郅支降乌揭后，西破坚昆，北降丁令，则乌揭在坚昆之东，丁令在坚昆之西北。其去北海，盖千里而遥，故《三国志注》，诤其非一，然按诸后世史传，则丁令居地，实尚不止此也。《北史》述铁勒诸部，胜兵最多者，不过三万，且皆已合若干部落。而《魏略》谓丁令胜兵六万，亦必合多部言之。

《北史·铁勒传》"种类最多。自西海之东，依山据谷，往往不绝。独洛河北，有仆骨、同罗、韦纥、拔也古、覆罗，并号俟斤。蒙陈、吐如纥、斯结、浑、斛薛等诸姓，胜兵可二万。伊吾以西，焉耆之北，傍白山，则有契苾、薄落职、乙咥、苏婆、那曷、乌护、纥骨、也咥、于尼护等，胜兵可二万。金山西南，有薛延陁、咥勒儿、十槃、达契等，一万余兵。康国北，傍阿得水，则有诃咥、曷截、拨忽、比干、具海、曷比悉、何嵯苏、拔也末、谒达等，有三万许兵。得嶷海东西，有苏路羯、三素咽、篾促、萨忽等诸姓，八千余。拂菻东，则有恩屈、阿兰、北褥、九离、伏嗢昏等，近二万人。北海南则都播等。虽姓氏各别，总谓为铁勒"。案以上诸部名，多不可句读。然其地则大略可征。西海，盖今里海。独洛河，今土拉河。伊吾，今新疆哈密县。焉耆，今新疆焉耆县。白山在其北。金山，今阿尔泰山。康国，今撒马儿干。得嶷海，疑今咸海。拂菻，则罗马也。

《唐书》：铁勒，凡十五部：曰袁纥，即回纥，居薛延陀北娑陵水上。曰拔野古，漫散碛北，地千里。直仆骨东，邻于靺鞨。曰仆骨，在多览葛之东。地最北。曰同罗，在薛延陀北，多览葛之东。距京师七千里而赢。曰浑，在诸部最南。曰契苾，在焉耆西北鹰娑川，多览葛之南。曰多览葛，在薛延陀东，滨同罗水。曰都播，北濒小海，西坚昆，南回纥。曰骨利干，处瀚海北。其地北距海，去京师最远。又北度海，则昼长夜短，日入，烹羊胛熟，东方已明。曰白霫，居鲜卑故地。直京师东北五千里。与同罗、仆骨接。避薛延陀，保奥支水、冷陉山。南契丹，北乌罗浑，东靺鞨，西拔野古。地圆袤二千里，山缭其外。曰斛薛，处多览葛北。曰奚结，处同罗北。曰思结，在延陀故牙。回纥在薛延陀北娑陵水，则延陀故牙，在娑陵水南。娑陵水，今色楞格河。《唐书》异译，亦作仙娥。同罗水，亦今土拉河。都播北濒小海，盖今库苏古尔。骨利干北距海，仍即今拜喀勒湖，《地理志》：骨利干西十三日至都播，又北六七日至坚昆，道里符合。惟谓骨利干、都播二部落，北有小海，冰坚时马行八日可度，一似骨利干、都播，共濒一小海者然，则语欠分析。马行八日可度，自指拜喀勒湖，库苏古尔无此大。若谓都播亦濒拜喀勒,则道里不合。且北海自古不称小海,必《地理志》误。至《北史》云北海南则都播等者,以北海为大水,故举以为言;且言等,则非指都播一部也。鲜卑故地,当在今满、蒙之间。云圆衺二千里,山缭其外,则包今嫩江流域矣。

此族居地,盖自拜喀勒湖西附金山之阴;又西,当库里鄂模伊犁河所注泊,今图作巴勒哈什、咸海、里海之北,直抵黑海。东西绵亘,成一直线。南北朝以前,据漠南北之地者,为匈奴、鲜卑。其西则中国,匈奴、狲主齐盟之城郭三十六国也。又其西,则乌孙也,大宛也,大月氏也。继大月氏而起者,则嚈哒也。皆强国也。故此族无由南牧。迨鲜卑渐次南迁,此族乃踵之而入色楞格、土拉二河流域,且东取鲜卑故地。其为魏所破,而迁诸漠南者,则史所谓高车也。留居漠北,为柔然所抚用者,则史所谓铁勒也。至南北朝之末,而此族之中,自有一强部起,则突厥是也。突厥之兴,适当柔然、嚈哒之衰,一举而皆为所破。散处之铁勒,靡不臣之。而其疆域,遂大莫与京矣。延陀、回纥之盛。虽未能踵武突厥,抟东西为一体。然其种人之散布各地者固自若。此其所以自唐迄今,仍为中西亚及东欧之一大族也。

附录三　突厥与蒙古同祖

突厥原起,《北史》所载,凡有三说:一曰:"其先居西海之右,独为部落。盖匈奴之别种也。姓阿史那氏。后为邻国所破,尽灭其族。有一儿,年且十岁。兵人见其小,不忍杀之。乃刖其足,断其臂,弃草泽中。有牝狼,以肉饵之。及长,与狼交合,遂有孕焉。彼王闻此儿尚在,重遣杀之。使者见在狼侧,并欲杀狼。于时若有神物,投狼于西海之东,落高昌国西北山,山有洞穴。内有平壤茂草,周围数百里《隋书》作地方二百余里,四面俱山。狼匿其中,遂生十男。十男长,外托妻孕。其后各为一姓,姓阿史那其一也。最贤,遂为君长。故牙门建狼头纛,示不忘本也。渐至数百家。经数世,有阿贤设者,率部落出于穴中,臣于蠕蠕。"二曰:"突厥本平凉杂胡,姓阿史那氏。魏太武皇帝灭沮渠氏,阿史那以五百家奔蠕蠕。世居金山之阳,金山形似兜鍪,俗呼兜鍪为突厥,因以为号。"三曰:"突厥之先,出于索国。在匈奴之北。其部落大人曰阿谤步,兄弟七十人。其一曰伊质泥师都,狼所生也。阿谤步等性并愚痴,国遂被灭。泥师都既别感异气,能征召风雨。娶二妻,云是夏神、冬神之女。一孕而生四儿。其一变为白鸿。其一国于阿辅水、剑水之间,号为契骨。其一国于处折水。其一居跋斯鼠折施山,即其大儿也。山上仍有阿谤步种类,并多寒露。大儿为出火温养之,咸得全济。遂共奉大儿为主,号为突厥。即纳都六设也。都六有十妻,所生子皆以母族姓。阿史那是其小妻之子也。都六死,十母子内欲择立一人。乃相率于大树下共为约,曰:向树跳跃,能最高者,即推立之。阿史那年幼,而跳最高,诸子遂奉以为主。号阿贤设。"又《元史译文证补》译拉施特《蒙古全史》,述蒙古缘起曰:"相传古时蒙古与他族战,全军覆没。仅遗男女各二人。遁入一山。斗绝险巇,惟一径通出入。而山中壤地宽平,水草茂美,乃携牲畜辎重往居。名其山曰阿儿格乃衮。二男:一名脑古,一名乞颜。乞颜,义为奔瀑急流。以其膂力迈众，一往无前，故以称名。乞颜后裔繁盛，称之曰乞要特。乞颜变音为乞要。曰特者，统类之词也。后世地狭人稠，乃谋出山。而旧径芜塞，且苦艰险。继得铁矿，洞穴深邃。爰伐木炽炭，篝火穴中。宰七十牛，剖革为筒。鼓风助火。铁石尽镕，衢路遂辟。后裔于元旦，锻铁于炉，君与宗亲，次第捶之，著为典礼。"与《北史》第一说绝相类，而锻铁之说，又足与第二说之世为铁工相印证。以风马牛不相及之两族，而其传说之相似，至于如是，实可异也。

　　民族缪悠之传说，虽若为情理所必无，然其中必有事实存焉。披沙拣金，往往见宝，正不容以言不雅不驯，一笔抹杀也。今试先即《北史》所载三说观之。案此三说虽相乖异，然其中仍有相同之处。突厥姓阿史那氏，一也。突厥有十姓，阿史那其一，二也。首出之主曰阿贤设，三也。突厥先世，尝为他族所破灭，四也。狼生十子，说极荒唐。然突厥后世，牙门实建有狼头纛，又有所谓九姓部落者，于突厥为最亲。九姓之名：曰药罗葛、曰胡咄葛、曰掘罗勿、曰歌息讫、曰阿勿嚼、曰葛萨、曰斛嗢素、曰药勿葛、曰奚邪勿见《唐书·回纥传》。《突厥传》述突厥之亡，谓后或朝贡，皆旧部九姓云，此谓阿史那氏既亡，其余九姓，犹或来朝贡也。又《回纥传》载九姓胡劝牟羽可汗入寇。宰相顿莫贺干谏，不听。怒，遂弑可汗。屠其支党及九姓胡，几二千人。九姓胡先随同纥入中国者闻之，因不敢归。此为九姓胡与回纥有别之证。九姓胡既与回纥较疏，则突厥之于九姓，必较回纥为亲。故《唐书》称为旧部。盖回纥等皆后来服于突厥者，惟九姓，则为阿史那同族也。又突厥可汗，尝岁率重臣，祭其先窟。而西突厥亦岁遣使臣，向其先世所居之窟致祭。则缪悠之传说，实为数典所不忘，断不容指为虚诬矣。据《元史译文证补》，突厥最西之可萨部，实在里海、黑海之滨。然则突厥先世，殆本居西海之右，迨为他族所破，乃辗转遁入阿尔泰之南山中，其地在高昌西北，其名则跋施处折施邪？锻铁之业，发明颇难。鲜卑、契丹，皆与汉人相习久而后能之。女真初起时，汉人有携甲至其部者，尚率其下出重赀以市。突厥僻陋，未必有此。或沮渠亡后，败逋北走者之所教与？

蒙古传说，与突厥相类，洪氏疑蒙人袭突厥唾余，以叙先德。夫突厥之在当日，则亦败亡奔北之余耳。引为同族，岂足为荣？若谓传述者语涉不经，载笔者意存毁谤，则拉施特身仕宗藩之朝，亲见捶铁典礼；又乞要特即奇渥温，为有元帝室得氏之由，亦断不容指为虚构。拉施特之修史也，其主尽出先时卷牍，以资考核；又命蒙古大臣，谙习掌故者，襄理其事；安得作此谓他人父之言？拉施特亦安敢亿造异说，作为谤书邪？然此说与《北史》第一说，相类太甚；又《蒙文秘史》，蒙古始祖名孛儿帖赤那，译言苍狼。帖赤那与阿史那，泥师都，似皆同音异译，虽欲不谓为一说而不得也。此又何故邪？予反覆思之，然后知蒙古为鞑靼、室韦杂种，鞑靼为靺鞨及沙陀突厥杂种，拉施特《蒙古全史》之说，确典《北史》第一说，同出一原也。

蒙古先世，《元史》不载。洪氏谓即《唐书》大室韦之蒙兀部，其说甚确。然蒙人实自称鞑靼。《秘史》即然。《秘史》作达达，即鞑靼异译也。顺帝北迁，五传而大汗统绝。其后裔仍自号鞑靼可汗。此何说邪？《五代史》云："鞑靼，靺鞨之遗种。本在奚、契丹之东北。后为契丹所攻，而部族分散。或属契丹，或属渤海。别部散居阴山者，自号鞑靼。后从克用入关，破黄巢。由是居云、代之间。"据《唐书》《五代史》《辽史》，渤海盛时，靺鞨悉役属之。契丹太祖以前，并无攻破靺鞨之事。《满洲源流考》引《册府元龟》：谓"黑水帅突地稽，隋时率部落千余家内属。处之营州。唐武德中，以其部落置燕州。《五代史》所谓为契丹攻破者，实即此族"。其说是也。然此族实与室韦之蒙兀部，风马牛不相及，何缘以之自号乎？案彭大雅《黑鞑事略》曰："黑鞑之国，号大蒙古。沙漠之地，有蒙古山。鞑语谓银曰蒙古。女真名其国曰大金，故鞑名其国曰银。"黄震《古今纪要逸编》云："鞑靼与女真同种，皆靺鞨之后。其在混同江者曰女真。在阴山北者曰鞑靼。鞑靼之近汉者曰熟鞑靼，远汉者曰生鞑靼。鞑靼有二：曰黑，曰白，皆事女真。黑鞑靼至忒没真叛之，自称成吉思皇帝。又有蒙古国，在女真东北。我嘉定四年，鞑靼始并其名号，称大蒙古国。"孟珙《蒙鞑备录》曰："鞑靼始起，地处契丹西北。族出于沙陀别种，故历代无闻其种有三：曰黑，曰白，曰生。案生、熟自以距汉远近言，不得与黑白并列为种别。此说盖误。所谓白鞑靼者，颜貌稍细。所谓生鞑靼者，甚贫，且拙，且无能为，惟知乘马随众而已。今成吉思皇帝及将相大臣，皆黑鞑靼也。"据此三说，则鞑靼及蒙古，自系二族。而鞑靼之中，又有黑、白之别。族出于沙陀别种，盖缘李克用败亡，曾居其部，遗种与靺鞨相杂，遂生黑白之别，其无足怪。惟所谓蒙古国者，除室韦之蒙兀部，无可当之。二者相距甚远，何由并合？为可疑耳。案《蒙鞑备录》又云："鞑人在本国时，金房大定间，燕京及契丹地有谣言云：鞑靼去，赶得官家没处去。房酉雍，宛转闻之，惊曰：必是鞑人，为我国患。乃下令：极于穷荒，出兵剿之。每三岁，遣兵向北剿杀，谓之减丁。迄今中原尽能记之。鞑人遁逃沙漠，怨入骨髓。至伪章宗明昌年间，不令杀戮。以是鞑人稍稍还本国，添丁长育。"因童谣而出兵剿杀，语涉不经。然世宗初年，北边曾有移剌窝斡之乱，牵动甚众。仍岁兴师，说非无据。鞑靼之北走而与蒙兀合，盖在此时也。然此以鞑靼之部落言也。至于有元帝室，则其与蒙兀部落之牉合，尚别有一重因缘。《蒙文秘史》云："自天而生之孛儿帖赤那，与其妻豁阿马阑勒，同渡腾吉思水，东至斡难沐涟之源不儿罕哈勒敦。"孛儿帖赤那，译言苍狼。豁阿，女子美称。马阑勒，译言惨白牝鹿。乃人以狼鹿名。《大典本》之译述，意在考证蒙古语言，非以求其史实。故但旁注其为狼鹿，而不复释为人名。辑《大典》本《秘史》者，但就其旁解之文钞之，遂有狼鹿生人之讹也。此为奇渥温氏徙居漠北之始。孛儿帖赤那生巴塔赤罕。巴塔赤罕生塔马察。塔马察生豁里察儿篾儿干。豁里察儿篾儿干生阿兀站孛罗温。阿兀站孛罗温生撒里合察兀。撒里合察兀生也客你敦。也客你敦生挦锁赤。挦锁赤生合儿出。合儿出生孛儿只吉歹篾儿干。孛儿只吉歹篾儿干之妻曰忙豁勒真豁阿。忙豁勒真，犹言蒙古部人。盖孛儿帖赤那之后，至此娶蒙古部女，遂以蒙古为部名，犹金始祖函普，娶完颜部女，子孙遂以完颜为氏也。说本屠氏寄《蒙兀儿史记》。又案《蒙古源流考》云："土伯特智固木博赞汗，为奸臣隆纳木所弑。三子皆出亡。季子布尔特齐诺，渡腾吉思海，东行，至拜噶所属之布尔干哈勒图纳山下必塔地方，人众尊为君长。"布尔特齐诺，即《秘史》之孛儿帖赤那也。或据此，谓有元先世，出自吐蕃王室。然《源流考》之作，意在阐扬喇嘛教，故援蒙古以入吐蕃。其说殊不足信。即如此处，以智固木赞博汗为色哩特赞博汗之子。色哩特赞博汗者，尼雅特赞博汗之八世孙也。而下文又云：尼雅特赞博汗七世孙色尔特赞博汗，为其臣隆纳木所弑。又此处述智固木赞博汗，远在名哩勒丹苏隆赞之前。名哩勒丹苏隆赞，即《唐书》之弃宗弄赞，与太宗同时者也。其言尚可信乎？为金守长城之部曰汪古。成吉思汗之侵金，汪古实假以牧地，为之乡导，故金人先失外险，猝不及防。乃蛮之伐蒙古，约汪古与俱。汪古以告成吉思，成吉思乃得先发制人。盖汪古之于蒙古，论部酋，论部族，皆有同族之亲；而减丁剿杀之举，汪古虽力不能救，未尝不心焉痛之；故于元为特厚，而于金乃独酷邪？纳都六三字，与脑古音极相近。设为突厥别部典兵者之称。岂突厥先世，为他族所破坏后，分为二派，一为脑古，即纳都六设；一为乞颜，即奇渥温氏之祖与？果然，则阿儿格乃衮之名，且足补突厥先窟称名之阙矣。

[第六章] 貊族

第六章 貉族

北方诸族，传中国之文明最早者，莫如貉。"貉，又作貊"，亦称濊貉。又单称濊。濊，亦作薉，作秽。

此族见于经典者：《诗》"王锡韩侯，其追其貊，奄受北国"。又"保有凫绎，遂荒徐宅。至于海邦，淮夷蛮貊，及彼淮夷，莫不率从，莫敢不诺，鲁侯是若"。《论语》："言忠信，行笃敬，虽蛮貊之邦，行矣。"《孟子》："子之道，貉道也。夫貉，五谷不生，惟黍生之。无城郭宫室宗庙祭祀之礼，无诸侯币帛饔飧，无百官有司，故二十取一而足也。"《周官》："职方氏，辨其邦国都鄙，四夷，八蛮，七闽，九貉，五戎，六狄之人民。"案从古说貉，无以为在南方者。《鲁颂》以蛮貊与淮夷并举，自与《论语》之言蛮貊，同以为夷狄之通称。举在北之貊，以对在南之蛮，犹后世言胡越耳。伪《武成》"华夏蛮貊，罔不率俾"，以蛮貊为对华夏之辞。《鲁颂》毛传："淮夷，蛮貊而夷行也。"《正义》言"淮夷蛮貊如夷行者，以蛮貊之文，在淮夷之下，嫌蛮貊亦服，故辨之。以僖公之从齐桓，惟能服淮夷耳，非能服南夷之蛮，东夷之貊，故即淮夷蛮貊，谓淮夷如蛮貊之行"。其说不误。乃其疏《韩奕》，又引此诗，而曰："是于鲁僖之时，貊近鲁也。"可谓自相矛盾矣。至以貊在北方，或在东北方，则颇有异说。《孟子·赵注》："貊在北方，其气寒，不生五谷。"《职方》郑《注》，郑司农云："北方貉狄。"《说文》豸部："貉，北方豸种。"《诗》《论语》《释文》引，皆作"北方人也"。此皆以貉在北方者也。《郑注》秋官貉隶，"征东北方所获"。《诗》《周官正义》引《郑志》，答赵商问："九貉，九夷，在东方。"《说文》羊部羌下："东方貉从豸。"此皆以貉在东北方者也。《周书·王会篇》：濊人，在稷慎、良夷之间，稷慎，即肃慎。今案《说文》羌下之文，不甚可信。其文云："南方蛮闽从虫，北方狄从犬，东方貉从豸，西方羌从羊，此六种也。西南僬侥从人。盖在坤地,颇有顺理之性。惟东夷从大。大,人也。夷俗仁,仁者寿,有君子不死之国。孔子曰:道不行,欲之九夷,乘桴浮于海,有以也。"《说文》一书,系博采通人而成,其体例本不纯一。详见予所撰《字例略说》。世之执例以绳说文者误也。然未有如此处作慨叹之辞者。古人说字,从无此例。盖后人识语混入者也。然貊自在东北方。其云北方,则浑言之耳。何以言之?

经典之言貊者,惟《韩奕》一诗,有地名可考。得《韩奕》诗中诸地所在,则貊之所在,从可推矣。《韩奕·郑笺》云:"梁山,今左冯翊夏阳西北。韩,姬姓之国也。后为晋所灭,故大夫韩氏,以为邑名焉。幽王九年,王室始骚。郑桓公问于史伯曰:周衰,其孰兴乎?对曰:武实昭文之功,文之祚尽,武其嗣乎?武王之子应韩不在,其晋乎?"是郑以姬姓之韩,即武王之子。与《史记·韩世家》所谓"韩侯之先,与周同姓,姓姬氏。其后苗裔事晋,得封于韩原";及《毛传》所谓"韩侯之先祖,武王之子"者,皆同物也。其笺"溥彼韩城,燕师所完"云:"溥,大。燕,安也。大矣韩国之城,乃古平安时众民之所筑完。"笺"以先祖受命,因时北蛮,王锡韩侯,其追其貊,奄受北国,因以其伯"云:"韩侯先祖有功德者,受先王之命,居韩城,为侯伯。其州界外接蛮服。因见,使时节百蛮贡献之往来。后君微弱,用失其业。今王以韩侯先祖之事如是,而韩侯贤,故于入觐,使其复先祖之旧职,赐之蛮服追貊之戎狄,令抚柔其所受王畿北面之国。因以先祖侯伯之事尽与之。"又云:"其后追也,貊也,为玁狁所逼,稍稍东迁。"是郑以当韩侯受命时,追、貊实在王畿之北也。然据《释文》,则王肃、孙毓,并以"燕师所完"之燕,为北燕国。又《水经·圣水注》:"圣水迳方城县故城北,又东迳韩城东。《诗》溥彼韩城,燕师所完。王锡韩侯,其追其貊,奄受北国。王肃曰:今涿郡方城县有韩侯城,世谓寒号城,非也。"《括地志》:"方城故城,在幽州固安县南十里。"案固安县,今属河北。与《潜夫论·志氏姓篇》:"昔周宣王时,亦有韩侯,其国也近燕。故《诗》曰:溥彼韩城,燕师所完"之说合。近世顾氏炎武《日知录》朱氏右曾《诗地理征》主之,谓"《史记·燕世家》:易水东分为梁门"。《水经注》:"湿水经良乡县之北界,历梁山南,高梁水出焉。良乡县,今属河北。鲍邱水过潞县西,高梁水注之。潞县,今河北通县。水东径梁山南。"是近北燕亦有梁山也。韩实有二:(一)《左》僖二十四年,富辰所谓邗、晋、应、韩武之穆;《国语·郑语》所谓武王之子,应、韩不在;即《毛传》所谓韩之先祖,武王之子者。其受封在成王之世,封地在职方并州。王肃所谓涿郡方城县之韩侯城,其都邑也。(一)则《左》襄二十九年,叔侯所谓霍、杨、韩、魏皆姬姓者。即《史记·韩世家》所谓韩之先与周同姓。其受封在武王之世,封地在河东。后为晋所灭。《汉书·地理志》所谓韩武子食采于韩,《续汉书·郡国志》所谓河东郡河北县有韩亭,杜预所谓韩国在河东郡界者也,二者既未可混合,又皆不在河西。自郑氏笺《诗》,误以晋之梁山为韩之梁山。韦昭解《国语》,误以宣王命韩侯,为即晋所灭之韩。张华《博物志》,遂云,夏阳冯翊有韩原,韩武子采邑。隋世因之,置韩城县。说地者罔不以为据,岂知案之经传不可通云云。韩城,今仍为县,属陕西。其地在春秋时为少梁。朱氏曰:"《汉志》:左冯翊夏县,故少梁,秦惠文王更名。梁山在西北。无故为韩国之说。"顾氏谓《左氏》记秦晋韩之战,先言涉河,次乃言及韩,则韩实在河东。文十年,晋伐秦,取少梁,乃得今韩城地。其说似矣。然俞氏正燮申郑云:"禹甸梁山,必当为《禹贡》之梁山,在今韩城。燕乃蹶父国也。周初有燕,有北燕。《左传》隐五年,卫人以燕师伐郑。《注》云:

南燕国，今东郡燕县。《正义》云：《世本》：燕国，姞姓也。《汉书·地理志》：东郡南燕县云：南燕国，姞姓。今卫辉之封邱地。其国春秋前及春秋时谓之燕，其在蓟之燕，谓之北燕，《诗》言韩姞汾王之甥，蹶父之子，则蹶父姞姓，为厉王婿。以燕公族，入为卿士。《诗》言韩侯迎止，于蹶之里。知蹶不在燕，久居周，已有族里。韩城在河西，居镐东北，得受王命，为北诸侯长。蹶父亦得假王灵，用其国人，为韩筑城。如晋人城杞，亦戚好赴役，燕韩事同也。郑未思南燕姞姓，故疑之。王符云：周宣王时，亦有韩侯，其国也近燕，是亦不知燕、韩之地何在。王肃乃以寒号城为韩侯城，后人多喜其说。于《诗》之燕与姞，不能通也。"《癸巳类稿》以经证经，其说尤长。予谓韩自以从郑说在韩城为是。虽以追、貊为王畿北面之国，自与其注司隶及答赵商之问相违，然谓："其后追也，貊也，为玁狁所逼，稍稍东迁。"似非凿空。参看第三章附录二《山戎考》，第四章附录一《鲜卑》自明。《墨子·兼爱》"以利燕、代、胡、貊与西河之民"。《荀子·强国》："秦北与胡、貊为邻。"亦以胡貊并举。追为何种不可考。陈氏奂《毛诗传疏》，谓"追濊声相近，疑追貊即濊貊"。然亦无他证。

貊族居地，初在燕北。其后则在辽东之外。盖当燕开上谷，渔阳，右北平，辽西、东五郡时，为所迫逐出走者也。《史记·燕世家》云："燕北迫蛮貊。"此谓貊在燕北者也。《水经注》："清漳逾章武故城西。故濊邑也。枝渎出焉，谓之濊水。"章武，今大城，沧二县之地。郦氏之言而信，则貊并曾在燕南矣。《货殖传》云："燕北邻乌桓、夫余，东绾濊貊、朝鲜、真番之利。"此谓貊在辽东之外者也。《汉书·高帝纪》："四年，八月，北貊燕人来致枭骑助汉。"此北貊不知究在何所，疑遗落仍处五郡之内，近燕者也。《三国志·夫余传》：

"国之耆老，自说古之亡人。其印文言濊王之印。国有故城名濊城。盖本濊貊之地，而夫余王其中。自谓亡人，抑有由也。"此言微误。夫余盖即濊貊，为人所败，遁逃至此，故云亡人。若攘濊貊之地而居之，则是战胜攻取矣。其逋亡之由不可知，以意度之，或即燕开五郡之事也。予疑鲜卑、濊貊、肃慎，初皆居五郡之地，及燕开五郡，乃被迫出走。参看《鲜卑》《肃慎》两篇。据《方言》，北燕朝鲜之间，言语略同。

貊族国落，见于汉以后者：曰夫余，曰高句骊，曰百济，曰东濊，曰沃沮。据史籍所载，句骊出于夫余，百济出于句骊。句骊与百济之事不可知。若夫余，则其事之见于中国史者，反在句骊之后。而夫余、句骊、百济开国之事，相似太甚。其实为一事可知。《后汉书·夫馀传》："初北夷索离国王出行。其侍儿于后妊身。王还，欲杀之，侍儿曰：前见天上有气，大如鸡子，来降我，因以有身。王囚之。后遂生男。王令置于豕牢。豕以口气嘘之，不死。复徙于马栏。马亦如之。王以为神，乃听母收养。名曰东明。东明长而善射。王忌其猛，复欲杀之。东明奔走。南至掩㴲水。以弓击水，鱼鳖皆聚浮水上。东明乘之得度。因至夫余而王之焉。"《三国志》注引《魏略》略同，盖《后书》所本。而《魏书》述百济开国事，又与此大同。皆即高句骊东明圣王事也。索离，注云："索一作橐。"橐疑橐之误，橐离，即高丽也。高句骊谓城曰沟娄。颇疑句骊二字，亦沟娄异译。高句骊，犹言高氏城耳。盖濊貊种落，散处辽东塞外，各自兴起者耳。《三国志·高句丽传》："东夷旧语，以为夫余别种。言语诸事，多与夫余同。其性气衣服有异。"《东沃沮传》："其言语与句骊大同，时时小异。食饮居处，衣服礼节，有似句骊。"于北沃沮云："其俗南北皆同。"于濊云："其耆老自谓与句骊同种。言语法俗，大抵与句骊同。衣服有异。"皆足征此诸国之为同族也。

至其地，则跨今奉吉二省及朝鲜境。《志》称夫余在长城之北,去玄菟千里。南与高句骊,东与挹娄,西与鲜卑接。北有弱水。方可二千里。"多山陵,于东夷之域,最为平敞。"盖今吉林西境。弱水,今松花江也。高句丽:"在辽东之东千里。南与朝鲜、濊貊,东与沃沮,北与夫余接。都于丸都之下。此丸都为山名。方可二千里。多大山深谷,无原泽。随山谷以为居。食涧水,无良田。虽力佃作,不足以实口腹。"丸都,今辑安。高句骊之地,盖跨鸭绿江上游两岸,今辽宁东南境,朝鲜平安道北境也。《后书》:"句骊,一名貉耳。"《三国志》:"句骊作国,依大水而居。西安平县北有小水,南流入海。句骊别种,依小水作国。因名之为小水貊。出好弓,所谓貊弓是也。"案西安平,在今安东县境。东沃沮,"在高句骊盖马大山之东。滨大海而居。其地形,东北狭,西南长,可千里。北与挹娄、夫餘,南与濊貊接。其土地肥美,背山向海。宜五谷,善田种"。盖马大山,盖今平安、咸镜两道间之山。东沃沮,在今咸镜道境也。北沃沮,"一名置沟娄。去南沃沮八百余里。与挹娄接"。案汉武灭朝鲜,以沃沮地为玄菟郡。郡治在今咸兴附近。此所云相去八百里者,当自玄菟郡治计之。则在今咸镜道极北境矣。《满洲源流考》云:"沃沮,即窝集转音。"案沃沮人久知农作。且句骊名城曰沟娄,而北沃沮一名置沟娄,则已有城矣,非复林木中人民也。大抵研究四夷事,专据音译附会,最不足信。清人自谓能知北族之语,于旧译辄好妄改,或加解释。姑无论北族言语,不皆同于满洲。即女真确与满洲同族,其语亦有今古之异,地域之殊,安得辄武断邪,其缪误百出宜矣。濊,"南与辰韩,北与高句骊沃沮接。东穷大海,西至乐浪"。今江原道之地。此濊亦称东濊,又曰不耐濊,盖所以别于辽东北面之濊也。《三国志》又云:"自单单大岭以西,属乐浪。自岭以东七县,都尉主之。皆以濊为民。"案单单大岭,今江原及京畿黄海两道间之山。凡此皆貉族散布之区也。以上释地,略据朝鲜人金于霖所撰《韩国小史》。

诸国地理，皆据《三国志》。《后书》亦大同。

貉介鲜卑、肃慎间，两族文明程度皆浅，而貉族程度独高。果何所受之哉？则不得不溯其原于箕子。箕子立国朝鲜，昔人皆以为即今朝鲜之地。近始有疑之者。谓箕子初封，当在广宁附近。予谓朝鲜初地，究在何处，殆难质言。然必不在今朝鲜境，度其大较，当在燕之东北，与貉杂居。或竟以貉为民。貉族文化，多同于殷，盖自箕氏有国以来所渐染，非待北燕拓境，然后受之也。朝鲜古籍，经卫满之乱，悉亡佚。三国史籍，高句丽、百济之灭，亦俄空焉。或曰：李勣焚之。故彼国史自三国以前，实不尽可信。惟较之我国所传，究属详备。今姑据之，述朝鲜及貉族诸国兴亡大略如下。不过我国《竹书纪年·帝王世纪》之伦耳。

新罗僧无极，撰《东事古记》，云："中国唐尧时，有檀君者，立国于今平壤，号曰朝鲜。言东方之地，受朝日光鲜也。子解夫娄，与于涂山之会。传国至商武丁时乃绝。或曰：北徙而为濊也。"其说殊不可据。

箕氏世系事迹，见于鲜于氏奇氏谱牒。据谱牒所载，"箕氏凡五十三王。其第五十一世曰元王勋者，有别子三：曰友平，其后为鲜于氏。曰友诚，其后为奇氏。曰友谅，其后为韩氏云"。说亦未必可信。今姑撷其大要如下：其略曰："武王克殷，箕子耻臣周，走之朝鲜，今平壤也。殷民从之者五千人，诗书礼乐及百工之具皆备。周人因而封之。箕子不受。子松，始受周命为朝鲜侯。亦曰韩侯。韩，方言大也。《诗》所谓王锡韩侯者，即其后也。箕子十八传至贞敬王阙。其十三年，当周桓王十年。饥，使通齐鲁语者，泛海买米。二十世曰孝宗王存。使上大夫鲜于益聘于齐。齐行人公孙恪来聘。有伯一清者，自言周人。得轩辕氏之术，能炼丹长生。以访东海神山，浮海至朝鲜。群臣请试其术。不许。太子孝信之。王卒，孝立，是为天老王。以一清为国师。筑求仙台于纥骨山，高五百尺。以修道故，传位于子修道王襄。以一清为国太师。使一清弟子卢龙，驾大船数十，入东海求神山。至竹岛，遇风，舟尽覆。卢龙仅免。天老王及修道王，皆以服丹药毒发卒。修道王子徽襄王迩立，诛一清及卢龙。二十七世曰英杰王黎。周敬王元年立。北胡入寇，自将伐之。拓地千里。北胡，或曰：即中国所谓东胡。或曰：实后世之靺鞨也。二十九世曰济世王混。禁人民潜商齐鲁者。三十二世曰赫圣王陷。燕僖公使来聘。卒，子和罗王谐立。六年周安王二十二年，燕人侵边郡，郡守苗春败之。卒，子说文王贺立。五年周显王四年，燕将以二万人侵辽西，上大夫卫文言败之五道河。燕将移屯连云岛。造船筏，将渡海来袭。明年，文言又败之。射杀其将。余众遁还。卒，子庆顺王华立。十二年周显王十九年，北胡酋厄尼车吉汗来朝。请共伐燕。下大夫申不死以兵二万会之。北胡兵一千，共拔上谷。燕连年来侵，皆不得志。十九年周显王二十六年，请和，许之。卒，子嘉德王翊立。二十年周显王四十六年，燕称王，亦称王。追王箕子以下二十九世。卒，子三老王煜立。元年周慎靓王五年，使大夫王霖如周。自箕子三十九世至章平王润，大为燕将秦开所败，失地二千余里。以潘满韩为界。未详何地。北胡酋阿里当夫请助报燕，不许。北胡怨，不朝贡。自将伐之，败还。卒，子宗统王杏立。王之世，服属于秦，惟不与朝会。卒，子哀王准立。立二十年而秦灭汉兴。二十七年，燕人卫满，率千余人来归。封以故秦空地曰上下障者数百里。明年，汉惠帝元年。卫满告王：汉兵十道至。请入卫，许之。满遂袭王。王与战，不胜。将左右宫人及余众数千浮海。攻马韩，王之。

都金马郡,今全罗北道益山郡也。传九世,为百济所灭。时王莽始建国元年。遗民保聚一隅,奉先王之祀者曰后马韩。至建武时,降于新罗云。"其所记皆不近情理,伪迹显然。然天下无可全然伪造之物,总必略有事实为据。据之,亦可推想朝鲜古代之情形耳。

朝鲜初封,必不在今朝鲜之地,说已见前。其为燕攘斥东走之迹不可征;入今朝鲜后始居何地,亦不可考。《汉书》曰:"始燕时尝略属真番、朝鲜,为置吏筑障。秦灭燕,属辽东外徼。汉兴,为其远,难守,复修辽东故塞,至浿水为界。"真番,即后来汉武所置四郡之一。据朝鲜史家所考,地跨今鸭绿江。朝鲜乃平壤古名。浿水,今大同江也。然则燕时,辽东边境,实较今中韩国界为远。宜《管子·轻重》,以"八千里之发,朝鲜与八千里之禺氏、吴越、昆仑之虚"并举,以为极远之地矣。汉武既灭卫氏,以其地置真番、玄菟、乐浪、临屯四郡。玄菟,今咸镜南道。乐浪,今黄海、平安二道。临屯,地在今汉江以北。自此至晋初,其地属于中国为郡县者,盖四百年焉。然距腹心之地太远,实非实力所及。而貉族势力,遂潜滋暗长于其间。至于典午分崩,纪网失坠,而艮隅片土,遂不复隶中国之版图焉。述其略,可以见中国远驭之失,亦可以见貉族兴起之迹也。

夫余建国,旧说谓出北夷之国曰索离,其说之不可据,已述于前。《汉书·武帝纪》:"元朔元年,东夷薉君南闾等口二十八万降,为苍海郡。"数年而罢。夫余,似即此等薉君之后裔也。据《后书》所载,夫余之通中国,始于光武建武二十五年。历后汉之世,朝贡时通,侵叛甚鲜。晋初犹修贡职。太康六年,乃为鲜卑慕容廆所破。明年,护东夷校尉何龛送之复国。自是以后,纪载阙焉。日人某云:"《魏书·本纪》:太安三年,夫余来贡。

又《高句丽传》有北至旧夫余之语。旧夫餘,似对新夫余言之。《魏书》高句丽四至,盖得诸册封长寿王之李敖。长寿王初朝贡于魏,据《册府元龟》,事在太延元年。早于太安三年二十有二年。则太安时之夫余,已非故土。传又载正始间,文咨王上言,扶余为勿吉所逐,涉罗为百济所并,臣云惟继绝之义,悉迁于境内。《三国史记·高句丽纪》六,载"文咨王三年,夫余王及妻孥以国来降。盖播迁后为靺鞨所逼,降于句丽也。"夫余建国,实在鲜卑、靺鞨之间,中国疆理以外。为二夷所逼,遂至不能自立。远不如句骊、百济,久居中国郡县之下,资其卵翼者,凭借之优矣。《魏书·豆莫娄传》,所载事迹,皆与《三国志·夫余传》同。盖夫余遗落,留居故土者。

朝鲜史籍,述句骊百济开国事云:"夫余王解夫娄,用其相河兰弗之言,移都加叶原地在今俄领沿海州,是为东夫余。王莽时,其王带素,为高句丽所攻杀。带素季弟,率国人奔鸭渌谷。当在鸭渌江上流。立国于曷思水滨。无考。汉明帝永平十一年,其孙解都头,降于高句骊。而东扶余亡。解夫娄之东徙也,族人慕漱,代主北国。慕漱通于部酋河伯之女曰柳花,河伯以其无媒而从人,谪之太白山南优勃水上。太白山,即长白山,朝鲜人谓之白头山。优勃水,无考。夫娄子金蛙,见而怜之。收置室中。若有日光,逐照其身。已而有娠。生子,七岁,自作弓矢,射无不中。夫余人谓善射者曰朱蒙,因名焉。金蛙七子,技皆不及朱蒙。忌欲杀之。柳花知之,以语朱蒙。朱蒙南走,至忽本亦作卒本。今辽天兴京县境,攘斥靺鞨而立国。国号高句丽,以高为氏。都沸流山上。沸流水,即今佟家江支流富尔沟,山当在其附近。时汉宣帝神爵四年也。是为东明圣王。《东事古记》,永乐大王碑皆作邹牟王。邹牟即朱蒙音转也。卒,子琉璃明王类利立。琉璃,亦即类利转音。永乐大王碑作朱留王。初北夫余王优台,娶忽本人延陀勃女，曰召西奴。生二子，曰沸流，曰温祚。优台死，召西奴归于东明王。抚二子如己出。类利立，沸流兄弟郁郁，自视如赘疣，与其臣十人南走。百姓多从之者。至汉山，登贝儿岳_{今汉城附近之山}，以望可居之地。沸流欲居海滨。十臣谏，不听。乃分其民就弥邹忽_{今仁川}。温祚止北汉山下，树栅以居，是为北慰礼城_{今汉城东北}。以十臣为辅，号曰十济。后又以百姓乐从，改号百济。以先世出于夫余，遂以为氏。时汉成帝鸿嘉三年。沸流居弥邹忽，土湿水咸，不能奠其民。来视百济，都邑既定，人民安泰。惭恚而死。而百济遂日盛。"与中国史所载，大同小异也。

　　句丽百济建国之地，实在中国郡县之内。盖貉族酋豪，外隶中国，而内雄长其部落者，犹今日之土司耳。然汉族之于东北，实有鞭长莫及之势。驾驭之力，日即陵夷。而貉族遂因之坐大焉。自汉武帝置四郡，至昭帝始元五年，而并临屯于乐浪，真番于玄菟，以玄菟为诸部所侵，徙治高句骊西北。_{朝鲜史家云："高句骊本古国名。汉因之置县。地在辽水上源。"案此殆高句骊之旧国，尚在朱蒙都沸流以前者也}。而析玄菟所领单单大岭以东，沃沮，濊貉之地，悉属乐浪。未几，以乐浪土广，分岭东置二部。东部都尉治不耐_{今永兴}，南部都尉治昭明_{今春川}。王莽之世，发句骊人伐匈奴。句骊不欲，多亡出塞为寇盗。光武建武六年，省东部都尉，弃岭东之地。因其土俗，悉封濊貉豪右为县侯。令岁时诣乐浪朝贡。二十年，渡海，复乐浪都尉。复取萨水以南。_{萨水，今清川江}。后汉之世，句丽与中国屡构兵。及公孙氏守辽东，而形势乃一变。献帝建安九年，公孙康分屯有_{即临屯}、有盐_{今延安}以南之地，为带方郡_{今临津江，古名带水。带方郡之地，大抵在临津江北}。百济、日本，皆属焉。公孙氏亡，魏以刘昕为带方太守，鲜于嗣为乐浪太守。时萨水之道，为句丽所阻。二人浮海往定之。明帝景初七年，乐浪太守刘茂，带方太守弓遵伐岭东濊，降之。明年，幽州刺史毋丘俭，与茂、遵伐句骊，入丸都。琉璃明王徙治国内。八传至山上延优，筑丸都，徙都之。句骊东川王名优位居，山上王子徙治平壤。晋初，句骊屡侵乐浪、带方，晋将张统战败，奔慕容廆。故国原王钊东川王四传，复居丸都，兵力复及马訾水矣鸭绿江古名。成帝延康八年，平州刺史慕容廆伐句丽。入丸都。虏钊母妻。发钊父墓，载其尸归。钊卑词请和，纳质奉贡，乃还之。句丽复去丸都，居平壤。又四传至广开土王谈德，南服百济，乘慕容氏之亡，尽取辽东。遂为东北方大国矣。

　　汉魏而后，朝鲜半岛，大国有三：在北者为句骊、百济，在南者则新罗也。新罗、百济，与日本皆有关系。后汉献帝时，熊袭叛日本，新罗尝助之。日本神功皇后，越海伐新罗。新罗请和。日人遂置任那府于弁韩故地今庆尚道洛东江以西。与新罗时构衅隙。句骊之为慕容氏所破也，绝意于北，专务南侵。新罗、百济，尝联合以御之。自宋元嘉至梁天监，殆百年。天监而后，新罗日强。既攻取任那，遂思灭百济以拓土。与句骊联合攻之。百济惧，请成于句骊。句骊疾新罗之强，背盟与百济合。日本亦时出兵攻新罗。新罗势孤，不得不乞援于中国。此隋唐之际东北方之形势也。

　　句骊自并辽东后，事中国颇不谨。拓跋氏之世，即有违言。隋炀帝三伐之而无功。唐太宗自将征之，亦不克。至高宗世，乃与百济俱为中国所灭焉。于时朝鲜半岛，仅存新罗一国。唐所并句骊、百济之地，皆分置都督府州，设安东都护府于平壤以统之。而新罗嗾百济余众叛唐，因之略其地。咸亨元年，安东都护府内徙辽东。玄宗时，遂尽弃浿水以外。于是朝鲜半岛，唐室无复寸土。然新罗疆理，亦仅及浿水。浿水以北，大都为渤海所有。渤海亡，靺鞨复据之。高丽王氏之初，以萨水为界，其后稍度萨水而北。契丹圣宗伐高丽，高丽徐熙御却之。遂筑六城于今平安北道境。后复筑长城，起鸭绿江入海处，东传今咸兴府以南海口，以攘斥女真。金之初兴，来侵。高丽击破之。于今吉州一带筑城九，女真卑辞请和，乃以九城还之。西北境与女真，以鸭绿江为界。鸭绿江为中韩界水，始此。契丹之与高丽构兵，契丹颇不利。然高丽亦困弊，卒称藩纳贡以和。女真本臣属高丽。宋徽宗政和七年，既破辽，遣使通好，始自称兄。后又渡鸭绿江，取保州今义州。交涉多年，高丽卒以事辽者事之。乃归以保州。元人初起，因讨契丹遗族，阑入高丽境，约为兄弟之国。后蒙使归，渡鸭绿江，为盗所杀。蒙人疑高丽所为，衅端始构。遂致兵争。高丽不能御。其国人又多据地附蒙者。卒至国主废立，操于蒙古之手。蒙人且时于其地设行省焉。盖自辽、金、元之兴，而高丽恒为所弱。其原因，实由新罗不能正句丽、百济旧壤，犹之越灭吴而不能正淮泗之境也。勇夫重闭，守在四夷，岂非百代之龟鉴哉？

貊介鲜卑、肃慎间。二族之文明程度皆低，而貊族独高。谓其自然发生邪？则其所处之地，与二族无异也。谓其与燕杂处，有所受之邪？则鲜卑、肃慎，亦未尝不与燕杂处也。今观诸国政教风俗，多极类中国。又有可证其出于殷者。如祭天以殷正月及尚白之类。则朝鲜古国，必以貊为民可知矣。然则貊族古俗，不徒可见其族开化之迹，并可征殷之遗制也。

《孟子》称貊之道二十取一，则其俗已久进为耕农，而史称夫余"水旱不调，五谷不熟，辄归咎于王，或言当易，或言当杀"。此人主有过，谪见于天实行之制。中国古者，岂亦如是？至后世，乃移其责于三公邪？王而可易可杀，则贵戚易位，粥拳兵谏，不为异闻；而伊周之事，尤不足为怪矣。诸国政制，亦有异同。有有王者，有无王者。其有王者，如夫余、句骊、百济是也，其无王者，如东沃沮，"有邑落长帅而无大君主"是也。夫余"以六畜名官，有马加，猪加，狗加等。其邑落皆分属诸加。大者数千家，小者数百家"。盖古采邑之制。"有敌，诸加自战，下户儋粮饮食之。"犹可见古者士与民之别。句骊"大加不佃作，坐食者万余口。下户远儋米粮鱼盐供给之"。此则所谓"治人者食于人"，禄以代耕之制所由昉也。

诸族用刑，皆极严急。夫余之法："杀人者死。又没入其家为奴婢。盗一，责十二。男女淫，妇人妒，皆杀之。尤憎妒妇。既杀，复尸之国南山上，至腐烂。女家欲得，输牛马，乃与之。"句骊："无牢狱，有罪，诸加评议，重者便杀之。没入妻子为奴婢。反逆者缚之于柱，爇而斩之，籍没其家。盗则偿十倍。"百济："退军及杀人者皆斩。盗者流，其赃，两倍征之。妇犯奸，没入夫家为奴婢。"均失之于严酷。岂殷代刑法，本甚峻急欤？

其兵，性质强悍，长于步战。而其好寇钞与否，则视其所居之地而殊。史称夫余之人，"粗大强勇，而谨厚，不为寇钞"；而高句骊之人，则以"凶急，有气力，习战斗，好寇钞"闻；其地之肥瘠异也。东沃沮之人，"性质强勇，便持矛步战"。濊人亦"少寇盗，能步战"。盖诸国，皆处山险，车骑非所尚也。其械器亦颇修饬。如夫余"以弓、矢、刀、矛为兵，家家自有铠仗"。句骊别种小水貉，出好弓，谓之貊弓。濊人又能作矛，"长三丈，数人共持之"。已非浅演之群所能逮矣。

史称濊人"知种麻，养蚕，作绵布。晓候星宿。豫知年岁丰约"。则其进于耕农，为时已久。又称夫余"以员栅为城，有宫室、仓库、

第六章　貉族　｜　161

牢狱"。高句骊之俗，"节于饮食，而好修宫室"。则又非《孟子》所称"无城郭宫室"之旧矣。

其丧祭之俗，最与中国类。史称夫余："以殷正月此从《三国志》，《后书》作腊月祭天。大会连日，饮食歌舞，名曰迎鼓。是时断刑狱，解囚徒。有军事，亦祭天，以蹄占其吉凶。"句骊："好祠鬼神、社稷、灵星。以十月祭天大会，名曰东盟。疑即东明，谓以东明圣王配天也。其国东有大穴，号隧神，亦以十月迎而祭之。"濊："常用十月祭天，昼夜饮酒歌舞，名之为舞天。又祠虎以为神。多所忌讳。疾病死亡，辄捐弃旧宅，更造新居。"马韩："常以五月田竟祭鬼神。昼夜酒会，群聚歌舞。舞辄数十人相随，蹋地为节。十月农功毕，亦如之。诸国邑各以一人主祭天神，号为天君。又立苏涂，注'《魏志》曰：诸国各有别邑，为苏涂'，建大木，悬铃鼓，以事鬼神。"以上据《后汉书》。百济："以四仲月祭天及五帝之神。立始祖仇台之庙于国城，岁四祠之。"《魏书》此其祭礼之类中国者也。夫余："丧皆用冰。杀人殉葬，多者以百数。有棺无椁，停丧五月，以久为荣。其祭亡者，有生，有熟。丧主不欲速，而他人强之。常诤引，以此为节。居丧，男女皆纯白。妇人著布面衣。去环珮。大体与中国相仿佛。"东沃沮之葬："作大木椁，长十余丈。开一头为户。新死者，先假埋之。才使覆形。皮肉尽，乃取骨置椁中。家人皆共一椁。刻木如生形。随死者为数。又有瓦䥶，置米其中，遍悬之于椁户边。"此似异俗，非殷遗。至如高句骊："死者殡在屋内，经三年，择吉日而葬。居父母及夫丧，服皆三年。兄弟三月。初终哭泣，葬则鼓舞作乐以送之。埋讫，取死者生时服玩车马，置于墓侧，会葬者争取而去。""积石为封，亦种松柏。"则颇与中国类矣。貉俗好厚葬。史称句骊"婚嫁已毕，便稍营送终之具"，"金银财币，尽于厚葬"。马韩亦"牛马尽于送死"，以致"不知骑乘"。盖厚葬本中国旧俗。经儒墨诸家之非议，乃渐革除者也。夫余之王，葬用玉匣。"汉朝常豫以付玄菟郡，王死则迎取以葬。"亦其好厚葬之一征也。

其婚姻，亦颇类中国古俗。史称夫余、句骊，皆兄死妻嫂，与匈奴同俗。案此亦中国古俗，第二章已论之。《三国志》谓句骊："作婚姻，言语已定。女家作小屋于大屋后，名婿屋。婿暮至女家户外，自名跪拜，乞得就女宿。如是者再三。女父母乃听，使就小屋中宿。至生子已长大，乃将妇归家。"此盖女系时代，男子就婚于女氏之遗俗。赘婿之制，亦由是而起也。《魏书》称句骊婚嫁，"男女相悦，即为之。男家送猪酒而已，无财聘之礼。有受财者，人共耻之，以为卖婢"。而《魏略》载东沃沮嫁娶之法："女年十岁，已相说许。婿家迎之，长养以为妇。至成人，更还女家。女家责钱。钱毕，乃复还婿。"则其俗适相反，俗固随地而殊也。《魏书》谓句骊："俗多游女，夫无常人"，盖即女闾之制。

中国古俗，本好歌舞。礼称"君子无故不去琴瑟"。又曰："邻有丧，舂不相。里有殡，不巷歌。"《论语》谓"子于是日哭，则不歌"。可见歌舞习为常事。古代礼乐之盛，盖亦以此。《后书·夫余传》，谓其"行人好歌吟，无昼夜，音声不绝"。《三国志·句骊传》："民好歌舞，国中邑落，暮夜男女群聚，相就歌戏。"得毋亦殷之故俗与？此外诸国礼俗，与中国类者，盖尚不少。《后书·东夷传》总叙之曰："东夷率皆土著，喜饮酒歌舞，或冠弁衣锦，器用俎豆。"《夫余传》"其食饮用俎豆。会同，拜爵洗爵，揖让升降"《高句骊传》："其公会，衣服皆锦绣金银以自饰。大加主簿，皆著帻，如冠帻而无后。其小加，著折风，形如弁。"夫其服食器用，相类如此，其必有所受之，无可疑矣，而夫余"在国中衣尚白，出国乃尚缯绣锦罽"，尤足为出于有殷之证也。

以上所述，为貉族古俗。貉族传受中国文化，当分三期。古代文化，盖受诸箕氏，此一期也。东晋简文帝咸安二年，苻坚使送浮屠顺道及佛像经文于句骊。未几，僧阿道继至。是为佛教入句骊之始。阅五六十年，而自句骊传入新罗。孝武帝太元九年，胡僧摩罗难陁自东晋入百济。百济枕流王迎之宫内。明年，立佛寺于汉山，度僧十人。是为佛教入百济之始。据金于霖《韩国小史》。新罗之世，佛教大盛。新罗立国制度，一切以唐为模范。然民间风气，咸习于佛。论者谓是时之新罗，以制度论则儒，以风俗论则佛也。此第二期也。元时，宋学始传入。至李朝而大盛，李朝太宗，修饬内治，有海东尧舜之称。世宗建藏书阁，敕文臣编撰书籍，作雅乐，正历象，制测雨器欧洲测雨器，成于一千六百三十九年。后于朝鲜约二百年，造新字朝鲜活字，创于太宗三年，即明永乐元年。欧洲活字，创于一千四百五十年，即明景泰元年。亦较朝鲜为后，一切文化，灿然可观。此第三期也。朝鲜当元时，剃发易服，几举国同化于胡。然卒能自振拔，洗腥膻之习，而沐浴中国之文明，可谓难矣。不幸其尚文治而忽武功，逞意气而好党争，亦与宋人类。至酿成近世之局面，卒为东邻所吞噬，亦可哀矣。然宗尚中华，感恩向化，列国中无如朝鲜者。清之兴，朝鲜尝助明以掎之。后以力不能敌，至于称臣。然心终右明。清太宗征其兵以伐明。朝鲜曰："明吾父也，父可伐乎？"至再为清兵所蹂躏而不悔。清人既入关，朝鲜孝宗，犹训卒厉兵，欲伺其后。以清势方盛，赍志而殂。子显宗立，庸懦无能。吴三桂举兵时，朝鲜士人罗硕佐，三上万言书，请追先朝薪胆之志。不报。盖至是而孝宗之志荒矣。然怀明之念终不忘。肃宗筑大报坛，以太牢祀神宗。英祖时，又增祀太祖及思宗焉。模刻明成化所赐印，为子孙嗣位之宝。正祖辑《尊周汇编》，三致尊攘之意。终李朝，未尝用清年号，奉其正朔。乌乎！以数千年之史籍观之，中国之于朝鲜，诚犹长兄之于鞠子也。"死丧之威，兄弟孔怀"，而今中国之于朝鲜何如哉？

东方诸族，能传中国之文明者，固当以貊族为第一。抑貊族之功绩，尚有大足自豪者，则以予所考，发见新世界者，实当以貊族为首是也。案《宋书·四裔传》载："文身国，在倭东北七千余里。大汉国，在文身国东五千余里。扶桑国，在大汉国东二万余里。"其道里虽不可信，而其国则必在今南北美洲。文身、大汉，皆系粤族，别见第七篇。扶桑国之事迹，得诸其国沙门慧深所述。其言云："其国法有南北狱。犯轻罪者入南狱，重罪者入北狱。有赦，则放南狱，不放北狱。在北狱者，男女相配；生男，八岁为奴。生女，九岁为婢。犯罪之身，至死不出。贵人有罪，国人共会，坐罪人于坑，对之宴饮，分诀若死别焉。以灰绕之；其一重，则一身屏退；二重则及子孙；三重则及七世。名国王为乙祁。贵人：第一者为对卢，第二者为小对卢，第三者为纳咄沙。国王行，有鼓角导从。其衣色，随年改易：甲乙年青，丙丁年赤，戊己年黄，庚辛年白，壬癸年黑。其地无铁有铜，不贵金银。市无租估。其婚姻：婿往女家门外作屋，晨夕洒扫。经年而女不悦，即驱之。相悦，乃成婚。婚礼大抵与中国同。亲丧，七日不食。祖父母丧，五日不食。兄弟伯叔姑姊妹，三日不食。设坐为神象，朝夕拜奠；不制衰绖。嗣王立，三年不亲国国。"近人或以此为汉族古代早居西半球之征。予案乙祁、对卢之名，皆与高句丽同。而婿往女家门外作屋，亦与句丽婿屋之制相类。扶桑必貊人之浮海而东者矣。衣色随时改易,月令即然,但非随年耳。

附录一　貊族发见西半球说

　　近人《法显发见西半球说》云:"《法显佛国记》云:弘始二年,岁在己亥,与慧景、道整、慧应、慧嵬等同契,至天竺寻求戒律。初发长安,六年,到中印国。停经六年,到师子国。同行纷披,或留或亡。即载商人大舶上,可有二百余人。得好信风。东下。三日,便直大风,舶漏水入。商人大怖,命在须臾。如是大风,昼夜十三日,到一岛边。潮退之后,见船漏处,即补塞之。于是复前。大海弥漫无边,不识东西;惟望日月星宿而进。若阴雨时,为逐风去,亦无所准。当夜暗时,但见大浪相拣,恍若火色。商人荒遽,不知那向。海深无底,又无下石住处。至天明已,乃知东西,还复望正而进。若直伏日,则无活路。如是九十许日,乃到一国,名耶婆提,其国外道婆罗门兴盛,佛法无足言。停此国五月日,复随他商人大船,亦二百许人;赍五十日粮。以四月十六日发,东北行趣广州。一月余日,夜鼓二时,遇黑风暴雨,于是天多连阴,海师相望僻误,遂经七十余日。即便西北行求岸。昼夜十二日,到长广郡界牢山南岸。得好水菜,知是汉地。或言未至广州,或言已过,莫知所定。即乘小舶,入浦觅人,得两猎人,即将归;令法显译语问之,答言此是青州长广郡界,统属晋家。是岁晋义熙十二年矣。案师子国,即今锡兰。本欲自锡兰东归广州,乃反为风所播,东向耶婆提国。耶婆提者,以今对音拟之,即南美耶科陁尒国;直墨西哥南,而东滨太平洋。科音作婆者,六代人婆和两音多相溷;如婆薮槃豆,一译作和修槃头,是其证。耶婆提,正音作耶和提,明即耶科陀尔矣。世传墨西哥旧为大国,幅员至广;则耶科陁尔,当时为墨西哥属地无疑。所以知耶科提必在美洲,非南洋群岛者,自师子国还向广州,为期不过四十六日。据《唐书·地理志》。故法显失道,商舶亦赍五十日粮。今遭大风,昼夜十三日,始至一岛;又九十日而至一国;合前三日计之,已得一百六日;是东行倍程可知。况南洋师子国,途次悉有洲岛;当时帆船,皆傍海岸而行,未有直放大洋者。今言海深无底,不可下石;而九十日中,又不见附海岛屿;明陷入太平洋中,非南洋群岛。逮至耶婆提国,犹不知为西半球,复向东北取道;又行百余日,始折而西。夫自美洲东行,又百许日,则还绕大西洋而归矣。当时海师,不了地体浑圆,惟向东方求径,还绕太西;进行既久,乃轶青州海岸之东;始向西北折行;十二日方达牢山;是显非特发见美洲,又还绕地球一周也。然据《佛国记》言:耶婆提国,已先有婆罗门,特无佛法;则法显以前,必有印度人遇风漂播至此者;故婆罗门教得传其地。又观美洲山脉,横贯南北者,在北美曰落迦,南美曰昂底斯。落迦本印度称山之语,如补陀落迦、咀落迦、弹落迦、竭地落迦是也。落迦冈底斯为西藏大山,即葱岭所自起。美之山脉,莫长于昂底斯,正与葱岭等,明昂底斯亦即冈底斯音转。斯皆以梵语命山,益明婆罗门曾先至美洲;特以姓名不著,而尸其名者独在法显;斯可为梵国前哲悲,亦为汉土尊宿幸矣。"予案观《宋书·四裔传》,则知印人浮海而东者,自古即极多。婆罗门之先至美洲,非必如原文所云,出于遇风漂播;

特其与貉族之至美洲，孰为先后，则尚不可知耳。

近人《异闻录》云："《山海经·海外东经》言：汤谷上有扶桑，十日所浴。《淮南子·天文训》言：日出于汤谷，浴于咸池，拂于扶桑。此皆悠谬之谈。然《梁书》确有扶桑国。齐永元元年，其国有沙门慧深，来至荆州。云扶桑在大汉国东二万余里。近西人诺哀曼（Nenmann），推度其地，谓即美洲墨西哥。此说未知确否。特墨西哥建国甚早，与闽粤沿海诸地，同一纬线，中隔太平洋，在齐梁时，非不能与中华交通。《梁书》言扶桑国多扶桑，故以为名。扶桑叶似桐，而初生如笋。绩其皮为布，以为衣，亦以为棉。其文字以扶桑皮为纸。今考墨西哥特产之植物，则有摩伽（Magney）。其学名曰 Agave Ameri cana。土人亦名百岁花，谓经百岁始一花。其物多纤维。古时墨西哥象形文字，皆书于摩伽叶。此犹印度之贝叶，埃及之巴比利叶。若遽谓摩伽即梁时之扶桑，恐亦近于附会。但齐、梁时由中国东行二万余里，果有文物之国，则除墨西哥外，实无地以当之。此诺哀曼氏所以疑扶桑为墨西哥也。近世落花生，本来自南美之巴西，而《福清县志》言僧应元往扶桑觅种寄回，似亦以南美为扶桑。或者古人知中国极东有美洲，因附会《山海经》，名曰扶桑也。"又近年外交部尝咨教育部云："据驻纽约总领事张祥麟呈称：准美国亚拉斯加省前任总督函称：本省前年掘土，发见古物二件：一系陶器。一系铜器。如能证明确系中国古物，则可征实华人曾经发见美洲。乞查明示复等因。并附发现古物拍照四纸前来。职领检阅《金石索》，内载形似泉币一图，其形恰与美人所发见之铜器相同；正面反面之摹本，亦无差异。该书注云：系唐代孙思邈《入山符》。惟未能释明所载符文系何意义。此地书籍不备，无从研究。至所发现之陶器,因物未目睹,亦无从查考。兹特将照片四纸,随呈附送。可否咨行教育部,将符文意义,查明见复,以凭转复等情。相应检同原送照片二纸,咨行贵部,查照核复,以凭转知可也。"教育部复文云:"查该项铜器,确系我国厌胜钱币。《西清古鉴图》录是钱,以其面有符文,定名为符印钱;且谓文与孙思邈《入山符》略仿佛。《金石索》及《吉金所见录》等钱谱,均沿袭其说,而未详其制作年代,及符文意义。本部辨其形制、图象、笔意,当属宋代道家作品。又查各项厌胜钱文,皆祈福避凶之作。是钱符文,意义要不外此。一俟本部考有确证,再行详复。至陶器形制,甚似我国宋、元时磁洗。惟有无磁釉,质地及色泽若何,该总领事既未目睹原器,原文亦未经注明,本部自未便臆断为何时器物也"云云。观此,知华人至美洲,虽或在貉人印度人后,亦必在欧人之先矣。

〔第七章〕
肃慎

今所谓满族,见于史籍最早者,当推肃慎。肃慎之名,见于《史记·五帝本纪》《周本纪》《孔子世家》;《大戴记·少闲篇》;《书序》;《周书·王会篇》;《左》昭九年;《国语·鲁语》;及《说苑》;《家语》之《辨物篇》。《大戴记》之文,似与《五帝本纪》,同出一原。《孔子世家》之文,与《国语》大同。王肃造《家语》,盖取诸此。即《书序》亦据此伪造,而后人更以窜入《周本纪》者也。

《五帝本纪》述舜之功云:"方五千里,至于荒服。南抚交阯、北发,西戎析支、渠廋、氐羌,北山戎,发息慎,东长鸟夷。"《索隐》"北发,当云北户;南方有地名北户。又按《汉书》:北发是北方国名,今以北发为南方之国,误也,此文省略,四夷之名错乱。西戎上少一西字。山戎下少一北字。长字下少一夷字"。《大戴记》则云:"朔方幽都来服,南抚交阯。出入日月,莫不率俾。西王母来献其白琯,粒食之民。昭然明视。民明教,通于四海。海之外:肃慎、北发、渠搜、氐羌来服。"自民明教至来服二十字,下述禹、汤、文之功并同。案此两文似皆有错乱,然大意自同。所异者:《史记》以肃慎与山戎、北发并列,谓与交阯、北户、析支、渠廋、氐羌、鸟夷、长夷,同在荒服之外;《大戴记》则以交阯与朔方、幽都、西王母并举,似视之较近;其与肃慎并列者,则少山戎之名;与之并举,谓在海外者,亦少析支之名,并不举东南二方而已。四海与荒服,似皆以大概言之,不能据昔人所言四海及五服远近里数,以定其所在。《尔雅》:"觚竹、北户、日下、西王母,谓之四荒。九夷、八狄、七戎、六蛮,谓之四海。"四荒在四海之外;而《王制》以雕题交趾为南蛮;则交趾、北户,浑言之,同为南方远国;析言之,则交阯视北户为近。山戎即战国时之东胡,其所居之地,已见第二篇。北发不可考。《史记》举三国之名，似系由近及远；则《大戴记》不举山戎，似即以朔方幽都当之，犹其于南方，近交阯而远北户也。

如上所言，仅知肃慎更在山戎、北发之表，而不能确知其所在。《周书》以肃慎与秽人并列，秽人即貉族，已见前篇。貉族古代居地，虽未能确知；然据前篇所考，大约在北燕之东北。则史家以后世之挹娄靺鞨，在今松花江上游者，当古代之肃慎，似不为过。然《左》昭九年，以肃慎与燕亳并列，为武王克商后之北土；与魏、骀、芮、岐、毕为西土，蒲姑、商奄为东土，巴、濮、楚、邓为南土并举。辽东西之地，虽或以为古代营州之域；然谓松花江上游，周初视之，与魏、骀、芮、岐、毕诸国相等，终嫌其似不于伦。《孔子世家》"有隼集于陈廷而死，楛矢贯之；石砮，矢长尺有咫。陈湣公使使问仲尼。仲尼曰：隼来远矣！此肃慎之矢也。昔武王克商，通道九夷八蛮，使各以其方贿来贡；使无忘职业。于是肃慎贡楛矢石砮，长尺有咫"云云。此文虽不言肃慎所在，而有楛矢石砮方物为据；后世所谓挹娄靺鞨者，其国固犹产此物；且犹以之为贡；考古者遂以此为古代肃慎。即在后世挹娄靺鞨之地之诚证。然予谓此只可证古代之肃慎，即为后世挹娄靺鞨其人，而不能证古代肃慎，必居后世挹娄靺鞨之地。何者？楛木固随处有之，石砮亦所在皆是；必指今长白山之木，中为矢榦；松花江之石，中为矢镞；遂谓古代肃慎氏之楛矢石砮，必为此物，固无解于武断之讥也。阎百诗谓肃慎氏即今宁古塔。其地榆松枝枯，堕入混同江，化为石，可作箭镞。榆化者为上，松化者次之。未免失之穿凿。然则谓朝鲜、濊貉、肃慎，皆本居燕北，迨燕开五郡时，乃为所攘斥而北走，虽书阙有间，若无诚证，而其理固有可信矣。《淮南·墬形训》："东北薄州曰隐土。"案薄、亳二字之互讹,已见第一篇附录《释亳》。此所谓薄州,殆即左氏所谓"肃慎,燕,亳"者也。亦可见肃慎与燕相近。

然则何以知古代之肃慎,必即后世之挹娄靺鞨其人也?此其证有二:挹娄靺鞨外,后世更无用楛矢石砮之民,一也。汉时但有挹娄,而《晋书》云:"肃慎,一名挹娄",此必晋时挹娄人仍以肃慎之名自通。不然,则《晋书》当云挹娄古肃慎国《魏书·勿吉传》:"旧肃慎国也。"旧字盖指晋时言之,若指三代以前,则常用古字矣,不得云"肃慎一名挹娄"也,二也。晋时之肃慎,《魏书》称为勿吉;隋、唐《书》作靺鞨;辽以后称女真;至明末,乃有满洲之称。案《大金国志》云:"金国,本名珠里真;后讹为女真,或曰虑真。"宋刘忠恕亦称金之姓为朱里真。《满洲源流考》云:"北音读肃为须,须朱同韵;里真二字,合呼之音近慎;盖即肃慎转音。国初旧称所属曰珠申,亦即肃慎转音也。"又案清人自称其部族之名曰满洲。据日本稻叶君山所考《清朝全史》:则谓"清人在明时,部落之名,仍曰女真。其建号曰清以前,尝自号其国曰金。至满洲二字,则明人及朝鲜人,音译皆作满住;乃大酋之称,既非国名,亦非部族名"。予案《魏书》:靺鞨之酋长,号大莫弗瞒咄;瞒咄即满住之异译。勿吉、靺鞨,似仍系瞒咄音差。此族人惯以酋长之称自名其部族,而他人遂误以称酋长之词,为其部族之名,固古今一辙也。《满洲源流考》又云:"挹娄二字,即今满语之懿路,乃穴居之义。"然则挹娄者,他人以其穴居而名之;勿吉靺鞨,则误以酋长之称为部族之名;至其部族之名,则古曰肃慎,后世曰女真、虑真、珠里真、朱里真;清人则译作珠申;亦即现在所谓索伦,固有异译而无异语矣。

肃慎古代居地,盖遍今黑龙江及其支流流域;而史言其地不同者,则其通中国有早晚耳。《后汉书》云:"挹娄,在夫余东北千余里。东滨大海,未知其北所极。"夫余都城,在今农安县附近;其疆域,则跨松花江而东。相去千余里,盖指夫余都城,及挹娄诸部落中,与中国交通之部落计之,其地当在今吉林东境。东滨大海,则抵今俄领沿海州矣。《晋书》云:"在不咸山北,去夫余可六十日行。东滨大海,北极弱水。"不咸山,今长白山;弱水,今松花江也。<small>与嫩江会合后东流之松花江</small>。《魏书》述勿吉使者乙力支之来云:"初发其国,乘船溯难河西上。至太弥河,沉船于水,南出陆行。度洛孤水,从契丹西界达和龙。"又述自和龙至勿吉之路云:"自和龙北二百余里,有善玉山。山北行十五日,至祁黎山。又北行七日,至如洛环水。水广里余。又北行十五日,至太鲁水。又东北行十八日,到其国。国有大水,阔三里余,名速末水。"难河,今嫩江。太弥河,即太鲁水<small>《北史》作太岳鲁水</small>,今洮儿河。洛孤水,即如洛环水<small>《北史》作洛瓌</small>,今老哈河。速末水,《唐书》作粟末水,又作涑末江,今嫩江会口以上之松花江也。勿吉之地,盖本夫余所有。日本津田左右吉《勿吉考》云:"《魏书·高句丽传》述其四至云:北至旧夫余。盖长寿王初通贡于魏时,魏封册使李敖所闻。长寿王之初贡魏,事在太延元年<small>据《册府元龟》</small>;云北至旧夫余,则斯时高句丽之北方,尚不知有所谓勿吉。而乙力支之来朝,自云其国先破高句丽十落,密共百济谋,从水道并力取高句丽。据《册府元龟》,勿吉之初通魏,事在延兴五年,上距太延元年凡四十年;是时勿吉既与高句丽接界;则勿吉之强,盖在此四十年中。夫余旧土,遂为所并也。"文咨王时降于高句丽之夫余王,津田氏谓在浑河流域,所谓新夫余也。予案《晋书》谓肃慎"自汉以后,臣服夫余,故虽以秦汉之盛,莫之致焉"。则勿吉之地,盖本肃慎氏故土。夫余强时，夷为其属，故不能以名自通。迨夫余王室，自今长春附近，南迁浑河之滨；故居其地之肃慎人，乃日渐强盛；终至以勿吉之名，自通于上国。非必魏时勿吉之地，故为貊人所居，夫余既衰，肃慎乃从而据之也。其汉时所谓挹娄，晋时所谓肃慎，则在夫余东界之外；纵或服属，未尝系籍而为之民，故仍能以名自闻焉。降及隋时，其种人与中国通者愈多。《隋书》记其部落，大者有七："曰粟末部，居最南，与高丽接。曰伯咄部《唐书》《五代史》均作汩咄，居粟末北。曰安车骨部，居伯咄东北。曰拂涅部，居伯咄东。曰号室部，居拂涅东。曰黑水部，居安车骨西北。曰白山部，居粟末东南。"粟末部，津田氏谓即魏时之勿吉，以地理征之，良是。盖魏时通中国者，惟此一部，不烦分别；隋时闻于中国者多，乃以粟末别称之也。白山，今长白山。黑水，亦今松花江。此水上源称粟末，会嫩江东折后，盖汉魏时称弱水，隋唐时称黑水，《唐书》述靺鞨诸部惟无号室之名；余六部名及地望，皆与《隋书》同；而曰"部间远者三四百里，近者二百里"；核其道里，断不得至今黑龙江。《金史》云："女直之地，有混同江、长白山。混同江，亦号黑龙江；所谓白山黑水者也。"语极明白。清人以敖嫩克鲁伦为黑龙江上源，不自知其与古不同，而转疑往史之言为误，可谓慎矣。《唐书》于六部之外又云："黑水西北有思慕部。益北行十日，得郡利部。东北行十日，得窟说部。稍东南行，十日，得莫曳皆部。又有拂涅亦称大拂涅、虞娄、越喜、铁利等部。《通考》：'渤海以越喜故地为怀远府。'《辽史》东京韩州，'本渤海越喜县也'。又银州新兴军，'本故越喜国城'。又东京信州，'本越喜故城，地邻高丽'。《金史》韩州柳河县，'本粤喜县地'。案渤海怀远府，辽金元皆为信州，在今宁安附近。辽韩州，在今开原之北。银州，今铁岭也。《通考》

又云:'渤海以铁利故地为铁利府,故铁丽国地。'案渤海铁利府,当在今图们江北岸。拂涅、铁利、虞娄、越喜,时时通中国;而郡利、窟越、莫曳皆不能自通。白山本臣高丽;唐师取平壤,其众多入唐。汨咄、安车骨等浸微,无闻焉。惟黑水完强,分十六落,跨水称南北部。"此即后来之金人也。

靺鞨之众,距中国远,而近朝鲜,故其兴起,恒为近于朝鲜之部落;前之渤海,后之女真皆是也。渤海之兴,《新旧唐书》记载互异。《旧书》云:"大祚荣者,本高丽别种也。高丽既灭,祚荣率家属徙居营州。万岁通天中,契丹李尽忠反叛,祚荣与靺鞨乞四比羽,各领亡命东奔,保阻以自固。尽忠既死,则天命右玉钤卫大将军李楷固率兵讨其余党。先破斩乞四比羽。又度天门岭以迫。祚荣合高丽、靺鞨之众以拒楷固,王师大败,楷固脱身而还。属契丹及奚,尽降突厥,道路阻绝,则天不能讨。祚荣遂率其众,东保桂娄之故地;据东牟山,筑城以居之。"《新书》则云:"渤海,本粟末靺鞨附高丽者,姓大氏。高丽灭,率众保挹娄之东牟山。地直营州东二千里。南北新罗,以泥河今江陵北之泥川水为境;东穷海;西契丹。筑城郭以居。高丽逋残稍归之。万岁通天中,契丹尽忠杀营州都督赵翙反。有舍利乞乞仲象者,与靺鞨酋乞四比羽及高丽余种东走;度辽水,保太白山之东北,阻奥娄河,树壁自固。武后封乞四比羽为许国公,乞乞仲象为震国公,赦其罪。比羽不受命。后诏玉钤卫大将军李楷固,中郎将索仇击斩之。是时仲象已死,其子祚荣,引残痍遁去。楷固穷蹑,度天门岭。祚荣因高丽靺鞨兵拒楷固,楷固败还。于是契丹附突厥,王师道绝,不克讨。祚荣即并比羽之众;恃荒远,乃建国"云云。案《新书》之文,显系杂采众书,以致复繻误谬。自"渤海本粟末鞨鞨"至"稍归之",盖采自一书。此书仅言渤海兴起之大略;而南北新罗十五字,则又误以渤海盛时疆域,系之保据东牟山之时。自"万岁通天中"以下,当又采自一书。此书言渤海兴起之事校详;然似又采他说补苴之,故又误以"度辽水,保太白山之东北,阻奥娄河树壁自固"之语,系之天门岭战前。其实奥娄即挹娄音差,桂娄或挹娄形讹。《旧书》所谓桂娄故地之东牟山,《新书》所谓挹娄之东牟山,及太白山东北之奥娄河,三者正自一地;乃祚荣既败李楷固后所据,而与楷固战前保阻自固之地,虽在营州之东,必不能至挹娄故地;《旧书》大致,自不误也。《新书》称其部为粟末鞨鞨,而《旧书》称为高丽别种。盖以其久附句丽云然。《新书》谓祚荣承乞乞仲象之业,《旧书》谓身自创乱,亦无从定其孰误。然二书皆称乞四比羽为比羽,则似乞四其姓,比羽其名。乞四二字,似仍乞乞音差;而大字又颇似据中国文义自定之姓氏。得毋乞乞仲象,为其本国来之氏名,而大祚荣三字,则其自定之汉名汉姓欤?

渤海传国,凡十二世。其自立,在周圣历二年。其亡,在后唐明宗天成三年。前后二百三十年。其疆域:有五京,十五府,六十二州。其遗址不可悉考。大约上京龙泉府,在今敦化县附近。中京显德府,在今吉林西南。西京鸭绿府,在今辑安县境。东京龙原府,在今海参崴。南京南海府,在今朝鲜之咸兴。其疆域:盖包今吉林全省,奉天东边道之半,朝鲜之咸镜、平安二道,及俄领之沿海州;一切制度,无不模范中华;可谓海东盛国矣。其都城忽汗城,在今宁安南镜泊上,所谓忽汗城临忽汗海也。第三世文王钦茂,尝徙上京,又移东京。第四世成王华屿,还居上京。然契丹之灭渤海,为时曾不浃月,何哉?《辽史·本纪》:太祖以天赞四年,闰十二月,丁巳,夜围夫余府。明年，正月，庚申，拔之。进攻忽汗城。渤海哀王禋譔，使老相将兵三万拒战，败降。丙寅，围城。己巳，禋譔请降。辛未，遂出降，前后仅十四日。夫余府今农安县。《隋书》述靺鞨七部胜兵之数：粟末部数千，伯咄七千，余五部并不过三千；则幅员虽广，户口不繁。门艺之谏武艺曰："昔高丽盛时，士三十万；抗唐为敌，可谓雄疆。唐兵一临，扫地尽矣。今我众比高丽，不过三之一，王将违之，不可。"然则渤海国势，尚乃不逮句丽，所以能传世十二，历年二百者，徒以突厥为梗，道路阻塞；盛唐之师，不暇远略；而自句丽百济，相继覆亡，新罗北疆，仅及浿水；又其嗣世之主，奕世尚文；拓土朔垂，非其所欲故耳。契丹勃起，而禋譔之亡忽焉，固其宜矣。

然渤海疆域广远，又其种人风气劲悍谚曰：渤海三人敌一虎。故契丹虽用迅雷不及掩耳之势，系其王而墟其国，而究不能尽服其人。金于霖《韩国小史》云："渤海之亡，其民之归高丽者无虚岁。距契丹远者，往往自立称王。"案其见于中国史者：有定安国，宋太祖开宝三年，其王烈万华；太宗太平兴国四年，其王乌玄明，皆遣使通表。又有琰府王，太平兴国六年，尝诏其助讨契丹。《韩国小史》又云："高丽史高丽王氏之史载契丹伐渤海，事在我国宋真宗二年。及徽宗政和五年，又有渤海旧国者，立大氏为王。金太祖攻克之。时渤海胜兵三万人。太祖虑其难制，仍岁驱之转戍山东。至绍兴十一年，遂尽驱以行。此渤海旧国，或云即忽汗城也。初契丹之灭渤海也，徙其名帐于辽阳等处，借以控制高丽、女真。案此即所谓曷苏馆者也。参看下文。每战，常以渤海为前锋。金太祖起兵，招诱之曰：女真，渤海，本同一家。其人遂降。然金卒忌其强，宋高宗绍兴十九年，尽驱其众于燕南。自是渤海之名，乃绝无闻焉。"以上皆据《韩国小史》。然则渤海之亡，实远在哀王败降之后也。

金源缘起，中国、朝鲜史籍所载，亦颇有异同。《金史》自述其先为黑水靺鞨。又云："渤海盛强，黑水役属之。渤海灭，复役属契丹。在南者系籍，号熟女直；在北者不籍，号生女直。生女直地有混同江、长白山。混同江亦号黑龙江，所谓白山、黑水也。"其说本甚明白。而朝鲜史籍，称熟女直为西女真，地在白头山 即长白山 大干长岭之西，鸭绿江之北；生女直为东女真，在长岭之东，豆满江之南北。豆满江，即图们江。彼国史家，因疑金之先在黑水流域为太远。然以黑水为今黑龙江，限其名于与松花江合流之后，本清代史家之误，前已辨之。《大金国志》云："世居混同江之东长白山下；南邻高丽，北接室韦，西界渤海，东濒海。"其所言，固与朝鲜史所载相符也。女直之名，见于《辽史》者，又有北女直、南女直、长白山女直、鸭绿江女直、濒海女直，盖各就其地名之。

至金室之先，出于高丽，则《金史》与朝鲜史同。然《金史》谓其始祖名函普；而朝鲜史则云"平州 今永兴 僧今俊，遁入生女真，生子，为金之始祖"；又有谓"平州僧金幸之子克守，娶生女直女，生古乙太师，为金之始祖者"。朝鲜史家云："《金史》载函普之徙，其兄阿古迺以好佛不肯从，则为僧之说，似非无因。"予案金源先世事迹，搜访纂辑，实出穆宗第五子勖，至为审慎，见《金史》始祖以下诸子传，自不容以朝鲜人传闻之说致疑。然朝鲜史又载："宋徽宗崇宁八年，女真使襄弗失请和曰：昔我太师盈歌，尝言我祖宗出自大国，至于子孙，义当归附。今太师乌雅束，亦以大邦为父母之邦。"则金人之出于朝鲜，金人固自言之矣。予又案《金史》但称金之始祖名函普，初不言其姓氏。至其后以完颜为姓，则女真部族之名，非函普之氏也。而朝鲜史载金室之先，本为彼国金氏。金人国号之由来，《金史》始则谓"国言金曰安出虎，以安出虎水源于此,故名金源"。继又载太祖建国之诏,谓"契丹名国,义取宾铁;宾铁虽坚,终亦变坏;惟金不变;遂号国为大金"。二说自相矛盾。窃疑生女直之俗,犹用女系;故始祖娶完颜部女,而子孙遂以为姓。然始祖之为金氏,其子孙固犹能识之,其后遂以为国名。观《金史》"安出虎水源于此"之说,则知金源之名,远在太祖称号以前;太祖之诏,特傅旧名以新义耳。自古闻女直有黑水,不闻有金川。安出虎水之名,果何自来哉?或正由高丽金氏居此而命之与?高丽金氏,系出中国,则金室之先,且出于汉族矣。史事变幻,固有非常情所度者,夏桀淳维之说,亦不能概斥为无征矣。

金室之先,盖以文明人入野蛮部落;以开明之酋,驭悍鸷之众;故其兴也浡焉。始祖居完颜部,在仆干水之涯_{今布尔哈图河}。取其部女,生二子,一女,遂为完颜部人。始祖之曾孙曰献祖,徙居海姑水。又徙安出虎水_{今阿勒楚喀河}。始筑室,知树艺。献祖子昭祖,稍用条教为治。辽人以惕隐官之。昭祖耀武,至于青岭、白山,入于苏滨_{渤海之率宾府,金之恤品路}。地自今兴京西南越鸭绿江耶懒之地。_{耶懒,即后来之曷懒路。地自今朝鲜吉州以南,至咸州}。子景祖,受辽命,为生女直部族节度使。自白山、耶悔_{未详}、统门_{图们异译}、耶懒、土鲁伦_{未详}之属,至于五国之长_{辽五国部,城在朝鲜会宁府,宋二帝所迁也},皆听命。女真部族,骎骎向统一矣。自景祖以后,常挟辽以号令同族,因以市功于辽。而又力阻辽兵入其境。景祖传位于次子世祖,使越三子而传位于第四子肃宗,以及第五子穆宗。世祖初年,同族群起构衅,势颇危急。世祖一战破之。诸部次第来降。女真统一之业,至是告成。穆宗卒,世祖子太祖立,遂举兵叛辽。

契丹控制女真之地有三：一咸州在铁岭东，一宾州今吉林宾县，一宁江州吉林北松花江右岸之乌拉旧城。《大金国志》云："居混同江之南者为熟女真，北为生女真。契丹自宾州混同江北八十里，建寨以守之。"又云："契丹诱女真豪右数千家，处之辽阳之南，谓之曷苏馆。自咸州东北分界入山谷，至涑末江，中间所居之女真，隶咸州兵马司，谓之回霸。极远而野居者，谓之黄头女真。居涑末江之北，宁江州之东。地方千余里。户十余万。族帐散处山谷，无国名，自推豪桀为长。小者千户，大者数千户"，而黄龙府今农安则其总汇之地也。金太祖既起兵，连克宁江、咸州。辽遣使议和。金要其迁黄龙府于别地。盖金之初兴，部落寡小见下，谓其欲取辽而代之，断无是理。其所求者，不过脱离辽人之羁制而已。乃和议迁延不就，而黄龙府遂为金所克。天祚帝自将征之，又以内乱，仓卒而返。未几，渤海人高永昌据东京，金太祖攻克之。东京郡县，遂为金有。不但辽之所以控制女真者全亡，即前此所迁渤海之众，亦皆归于金。女真至此，可谓悉离辽而自立。然谓其遂有取辽而代之之心，犹未必然也。故迁延于和议者仍累年。其后和议终不就，辽室又自行分裂谓南京别立秦晋国王淳，辽耶律余睹又来降，则姑发兵尝之。尝之而天祚帝竟不能抗；秦晋国王，既不能定其众，又南迫于宋；太祖自将，居庸不守；而辽祚遂忽焉以斩矣。然其在金，则仍幸也，非真有兵力，足以亡泱泱大国之辽也。职是故，辽地殆皆金人所下，而燕、云故地，仍举以还宋，不过欲得一平州而已。其后宋金启衅，汴京被围，为城下之盟，金之所欲得者，不过太原、中山、河间三镇。进一步，所欲者亦止于两河。和议不定，宋人又不能守河南、山东。金人乃出兵经略之。然仍立一刘豫。刘豫又不能守，挞懒等几欲举以还宋，宗弼乃决策再取之。盖自挞懒败亡以前，金人迄未有意于河南、山东也。所以者何？其部落寡小，其力实止于是也。故金之兴，虽由其部落之善战，而其成功之大，则亦多直天幸，非尽人力所致也。

女真之衰，由于海陵、世宗之南迁。其种人多入中原，既失旧时强悍之风，而又不能勤事生产。一旦蒙古崛起，而其势遂不可支矣。见下。

蒙古，亦女真同族也。蒙古出于室韦。《魏书》作失韦，云："盖契丹之类；在南者为契丹，在北者号为室韦。"《唐书》云："鲜卑之别部。"案契丹为鲜卑宇文氏之后，已见第三篇。则二书之说相同。然《魏书》云："其语与奚、契丹同"；而《唐书》云："其语言靺鞨也"；则又相乖异。今案《魏书》，室韦酋长，号余莫弗瞒咄，此语正与靺鞨同，则《唐书》之言不误。《魏书》之云，盖指其邻近契丹之部落言之。魏时室韦之通于中国者，固不若唐时之盛也。余莫弗瞒咄，《唐书》作莫贺咄。室韦风俗，有与契丹类者，契丹父母死，置尸树上；南室韦则部落共构大棚，置尸其上是也。有与靺鞨类者，北室韦、钵室韦、深末怛室韦，之冬月穴居是也。故知《魏书》之云，实以室韦与契丹相混。

肃慎、挹娄、靺鞨，皆在松花江以南，室韦则在嫩江沿岸。满族开化，既由朝鲜之牖启，则渤海、金源，立国早于蒙古，亦其势也。漠北自回纥之亡，久无强部；而游牧之族，散处其间者甚多；终必有能收率而用之者，蒙古则其选也。故蒙古之兴，与渤海、金源，事势又异。而满洲之兴，地实在今吉会铁路沿线，则其情势，与渤海、金源正同也。

《魏书》述失韦疆域云："出和龙北千余里，入契丹国。又北行，十日，至啜水。又北行，三日，有盖水。又北行，三日，有犊了山。其山高大，周围三百余里。又北行，三日，有大水，名屈利。又北行,三日,至刃水。又北行,五日,到其国。有大水,从北而来,广四里余,名捺水。"捺水即难河,事至明白。余诸山水,皆不能确指其今名。然此行必越辽河及洮儿河以至今嫩江,则无疑矣。魏时所通之失韦,盖止于此。《隋书》则区其众为五部:曰南室韦:"在契丹之北三千里。土地卑湿,至夏则移向西北贷勃、欠对二山",此部盖即魏时所通。当在今龙江附近。"距契丹三千里",似失之远。然四裔道里,往史多不甚详。即如《魏书》云,"自和龙千里而入契丹",其词亦不谛也。"自南室韦北行,十日,至北室韦,依吐纥山而居。又北行,千里,至钵室韦,依胡布山而居。"盖皆在今兴安岭中。"西南四日行,至深末怛室韦,因水为号也。"屠氏寄《蒙兀儿史记》云:"今俄领阿穆尔省有结雅河,东源曰昔林木迪;蒙古语。译言黄曲水;即深末怛异文","又西北行数千里,至大室韦。径路险阻,言语不通",则逾兴安岭入西伯利南境矣。"言语不通",似非同种。盖因自室韦以往,故假名之。《唐书》云:"室韦居猞越河北",似仍专指隋时之南室韦。猞越河,即捺水异译也。又述其分部凡二十余:"曰岭西部,曰山北部此所谓岭,及山,盖指今苏克苏鲁索岳尔济等山,曰黄头部,曰大如者部,曰小如者部,曰婆莴部盖即钵室韦,曰讷北部,曰骆丹部,悉处柳城东北;近者三千里,远者六千里而赢。"今自洮南经吉林、长春至龙江附近,皆其地也。"最西之乌字固部,与回纥接,当俱轮泊之西南。"俱轮泊,今呼伦池也。"自泊而东,有移塞没部。稍东,有塞曷支部。益东,有和解部、乌罗护部、耶礼部。岭西直北曰纳北支部。北有大山,山外曰大室韦。濒室建河",室建即萨哈连异译,今黑龙江也。河南有蒙兀部。其北有落坦部。猞越河之北,则称东室韦焉。五代时凡分三部:一曰室韦,二曰黄头室韦，三曰兽室韦。其见于《辽史》：有单称室韦者；又有大小黄室韦，盖即所谓黄头室韦也。黄头室韦，即黄头女真也。可见室韦，女真为同族。

蒙兀，《旧唐书》作蒙瓦。洪氏《元史译文证补》谓即后来之蒙古，其说甚确。蒙古，《辽史》，作盟古，萌古，《金史》作盟骨，《契丹事迹》作朦古，《松漠纪闻》作育骨子，《西游记》始作蒙古，明时修《元史》用之，遂为定称。蒙古部族，据予所考，实鞑靼、室韦之混种；而鞑靼又为靺鞨及沙陀突厥之混种。有元帝室之始祖曰孛儿帖赤那，始居斡难沐涟之源。十传至孛儿只吉歹蔑儿干，娶蒙古部女，始以蒙古为部名。与金始祖娶完颜部女，子孙遂以完颜为氏正同。已见第四篇《附录》，兹不赘述。孛儿只吉歹之子曰脱罗豁勒真伯颜。脱罗豁勒真二子：长曰都蛙锁豁儿，次曰朵奔蔑儿干。朵奔蔑儿干之妻曰阿阑豁阿。生二子：长曰别勒古台，次曰不古讷台。既寡，又生三子：曰不忽合塔吉，曰不合秃撒勒只，曰孛端叉儿蒙合黑。初，朵奔蔑儿干猎于脱豁察黑温都儿。温都儿，译言高山。遇兀良哈人，即鹿林中，乞其余。已而遇马阿里黑名伯牙兀歹氏，《元史》作伯岳吾。饥困，请以子易肉。许之。携其子归，以为奴。别讷古台，不古勒台疑其母私于奴。母知之。春日，烹伏腊之羊，食五子，曰："夜见黄白色人，穿穹庐顶孔入，摩挲我腹，光明入腹中。其去也以昧爽。我窃窥之，如黄犬然。遂生此三子。后日必有贵者。"不忽合塔吉之后为合答斤氏。不合秃撒勒只之后为撒勒只兀惕氏。孛端叉儿之后为孛儿只斤氏。孛儿只斤，译言灰色目睛，谓与神人同也。此三族，蒙人称曰尼伦，义谓洁清。别派曰多儿勒斤，犹言常人也。伯牙兀歹之于奇渥温，其犹吕之于嬴乎？孛端叉儿玄孙曰海都，始有汗号，盖其部落渐强。海都次子曰察剌合领忽，察剌合领忽之子曰想昆必勒格。领忽，即令稳转音，想昆，亦详稳异译，盖皆受职于辽也。海都曾孙曰合不勒，复有汗号，统辖蒙兀全部。合不勒卒，遗命立想昆必勒格之子俺巴孩。金人诱之往，以"木驴"非刑之名杀之。诸部立哈不勒第四子忽都剌为汗。忽都剌卒，蒙古无共主，后衰。成吉思汗之父曰也速该合不勒孙。父曰把儿坛；尝统辖尼伦全部。成吉思汗年十三，也速该为塔塔儿人所毒杀。部族离散。成吉思幼年，备尝艰困。同族泰亦赤兀，觊觎尤至。泰亦赤兀氏者，俺巴孩之后也。

当时漠南北部落：有翁吉剌者《元史》，《亲征录》作弘吉剌，《源流考》作鸿吉剌，据《秘史》，其与主因塔塔儿战，在捕鱼儿今达里泊阔涟今呼伦泊两海子间，《元史·特薛禅传》，谓其居于苦烈儿温都儿斤迭烈不儿也里古纳河之地。屠氏寄云："根河出伊勒呼里山，西流百余里，径苦烈业尔山之南。其北，有特勒布尔河，略与平行。苦烈业尔，即苦烈儿。温都儿，蒙语高山也。特勒布尔，即迭烈不儿。也里古纳者，额尔古讷河之异译也。"此族与蒙古世为婚姻，当系同族。又有蔑儿乞者，《秘史》载其牧地，在斡儿洹、薛凉格二水流域。斡儿洹，今鄂尔坤河；薛凉格，今色楞格河也。此族与蒙古种类极近。蔑儿乞，疑仍系靺鞨转音。又有斡亦剌者，其居地在今西伯利亚南境。其种名见于《秘史》者，有不里牙惕、兀儿速惕、合卜合纳思、康合里、秃巴昔等。不里牙惕，在萨拜喀勒省之巴尔古精河上。阿穆尔省之牛满河上亦有之。牛满河，一名布里雅特河，即不里牙惕之异译也。兀儿速惕，在牛满河之北。《西北地附录》称为乌斯，谓以水为名；盖即乌苏之异译。合卜合纳思，《西北地附录》作憾合纳，云在乌斯东，谦河所从出，则在今多特淖尔附近。康合里，地在今杭爱山之北。

秃巴昔,在今俄领托波儿斯克省境。此种人部落盖甚多,故《秘史》统称之曰秃绵斡亦剌。秃绵亦作土绵,译言万也。明时谓之瓦剌,清时谓之卫拉特。以当时所居之地考之,殆即古所谓大室韦也。

塔塔儿,即鞑靼异译。居捕鱼儿海附近。其分部颇多。见于《秘史》者,有主因塔塔儿、阿亦里兀惕塔塔儿、备鲁兀惕塔塔儿等。主因即朱邪异译,可证其为沙陀突厥与靺鞨之混种也。此族与蒙古,世为仇雠。俺巴孩之死于金,主因塔塔儿实执送之;也速该之死,亦主因塔塔儿毒之也。然白鞑靼之一族曰汪古者,于蒙古甚亲。汪古,即《辽史》之乌古也。其部名见于《辽史·百官志》者,有乌古涅剌、斡特盌乌古、隈乌古、三河乌古等。又有乌偎、乌骨里、乌濊等部,疑亦乌古转音。《元史》称为汪古者,地在今归绥县北,马祖常《月乃合神道碑》所谓"雍古部族,在净州之天山"者也。净州故城,在今归绥县北。《秘史》谓之白达达。此族为金守长城。成吉思汗之侵金,此族实假以牧地,为之乡导;乃蛮之伐蒙古,亦此族豫告成吉思汗,成吉思汗乃得先发制人。岂蒙古本出鞑靼,故二者有同族之亲;而减丁剿杀之事,汪古未尝不心焉痛之;故欲借手于蒙古,以报女真耶?又有乌梁海者,牧地亦在不而罕山。客列部《元史·本纪》及《亲征录》作克列,《元史·列传》作怯列,《源流考》作克哩叶特,始居欠欠州,后徙土兀剌木涟。二者亦突厥族,见第四篇。

以上诸族,皆在今蒙古之东偏。其雄据蒙古之西部者,则乃蛮也。乃蛮盖白种,见第十二篇。

成吉思汗亦取于翁吉剌;而客列部长脱邻斡勒,成吉思之父执也;故二族右成吉思。兀都亦惕蔑儿乞酋脱黑脱阿,与蒙古有怨,袭成吉思,篡其妻孛儿帖去。成吉思母诃额仑,本脱黑脱阿弟也客赤列都之妻，而也速该篡之。札答剌部长札木合字端叉儿尝虏一孕妇，所生前夫之子曰札只剌歹，其后为札答剌氏，成吉思安答也。安答，译言交物之友。成吉思以札答剌、客列之师袭蔑儿乞，复得孛儿帖。始与札木哈同牧。诸部多归心成吉思，札木合忌之。成吉思乃他去。诸部共推为汗。此蒙古本部族之汗，犹俺巴孩，忽图剌等之称汗号也。札木合、泰亦赤兀等十三部来袭。成吉思亦分其众为十三翼以迎之。败绩。已而主因塔塔儿叛金。金丞相完颜襄讨之。成吉思与脱邻斡勒助之。襄喜，授成吉思札兀忽里札兀，蒙古语，译言百。《金史·百官志》："部长曰孛堇，统数部者曰忽鲁。"忽里即忽鲁转音。札兀忽里，犹言百夫长也，封脱邻斡勒为王。脱邻斡勒自此亦称王罕同汗。乃蛮亦难察汗，乘王罕助金，纳其弟。王罕还战，不胜，奔西辽。已而东归。成吉思援之复国。亦难察卒，子太阳罕，不亦鲁黑交恶，分国而治。太阳居金山之阳，南近沙漠。不亦鲁黑居其北，近金山。成吉思汗与王罕袭不亦鲁黑，破之。不亦鲁黑奔欠欠州。东方诸部，立札木合为古儿罕，来袭。成吉思逆击，破之。又与王罕连兵，击破诸部。诸部多降。遂灭泰亦赤兀。王罕子你勒合桑昆，与成吉思不协，来袭。成吉思暂退。旋出不意，袭客列，亡之。王罕、桑昆皆走死。太阳罕约汪古来伐，汪古以告。成吉思伐乃蛮，灭之。太阳罕战死。其子古出鲁克奔西辽。后篡其国，谋复雠，蒙古西征之师所由兴也。乃蛮既亡，漠南北皆定。宋宁宗开禧二年，诸部大会于斡难沐涟之源，上尊号曰成吉思汗。此为诸部族之大汗。而伐金之师旋起矣。

蒙古入中国之事，尽人知之，无待赘述。其用兵四方，头绪繁杂，须别为专篇，乃能详之。今但撮叙蒙古所征服之地，及蒙人分布之迹，盛衰之略，取足见蒙族之兴替而已。

成吉思汗手定漠南北及西域，分其地于四子。和林旧业，与季子拖雷。叶密立河滨之地叶密立河，今额米河，与次子太宗。昔浑河滨之地昔浑河，今锡尔河，与第三子察合台。咸海、里海以北之地，与长子术赤。日本那珂通世云："太宗所得者，为乃蛮旧地。察合台所得者，为西辽旧地。术赤所得者，为花剌子模旧地。"其说是也。蒙俗产业传诸幼子。幼子称斡赤斤，义谓守灶。故以本族旧地畀之。其后宪宗使阿里不哥守和林，犹此意也。其后平定西北诸部，功出术赤之后拔都；而平定西南诸部，则拖雷子旭烈兀之功最多。故术赤分地，拔都之后，为之共主；而花剌子模以西南之地，旭烈兀之后，实君临之。蒙兀共主。本由诸部推戴，谓之"忽烈而台"。译言大会。太宗之立，由成吉思遗命，故无异议。太宗死，子定宗继之。三年而殂。于是太宗后人，与拖雷后人争立。拖雷子宪宗卒立。太宗孙失立门，定宗可敦皆见杀。分裂之机始肇矣。宪宗使弟世祖开府金莲川在今独石口外，以治漠南；阿里不哥留守和林，以治漠北。宪宗攻宋，死于合州。世祖不待忽烈而台之推戴，遽自立于开平今多伦。阿里不哥亦自立于和林。与世祖战，败绩，乃降。而太宗之孙海都，自立于海押立在巴尔哈什湖西南。察合台、术赤之后多附之。惟旭烈兀后王，以与世祖同出拖雷，不附。然地与世祖隔绝。海都死于成宗世，其子察八儿来降。然蒙古大汗之号令，自海都之叛，不复行于分封诸国，分裂之势成矣。

直属于蒙古大汗之地，为今内地十八省，关东三省，内外蒙古，青海，西藏，略与见在疆域相当。其中和林为蒙古旧业和林城为太宗所建。今土谢图汗本旗之额尔德尼招，其遗址也，开平为世祖即位之地。定都燕京之后，建为上都，历代时巡幸焉。应昌为翁吉剌氏农土应昌，在达里泊旁，元外戚世臣也。顺帝既失燕京，退居应昌。子爱猷识里达腊，为明师所逐，后奔和林，其子脱古思帖木儿，为其下所弑。自此五传至坤帖木儿，皆见弑，而大汗之统遂绝。此据《明史》。《源流考》：爱猷识里达腊作阿裕锡哩达喇，脱古思帖木儿作特古斯特穆尔，云是阿裕锡哩达喇之弟。特古斯特穆尔死，子恩克卓里图、额勒伯克相继为汗。格勒伯克死，子琨特穆尔继之，即《明史》之坤帖木儿也。琨特穆尔后，尚有其弟谔勒哲依特穆尔。及谔勒哲依特穆尔子德勒伯克两汗。有鬼力赤者，自称鞑靼可汗。俄为知院阿鲁台所杀。成吉思汗弟哈布图哈萨尔后。迎立元裔本雅失里。又为瓦剌部长马哈木所弑。瓦剌，即斡亦剌也。明初，元臣猛可帖木儿长其部。猛可帖木儿死，众分为三：马哈木、太平、把秃孛罗分长之。马哈木并三部为一。欲自立，其下不可。乃立元裔脱脱不花。马哈木卒，子脱欢袭。脱欢卒，子也先袭。弑脱脱不花，自立。部众日强，遂有土木之变。也先后为知院阿剌所杀，瓦剌复衰。鞑靼部长孛来，杀阿剌，立脱脱不花子麻儿可儿。诸部纷挐，争据河套，边患日棘。巴图蒙克者，额勒伯克汗之五世孙也。明宪宗成化六年，年七岁，即汗位。及长，尽服诸部，统一漠南北。孝宗弘治十七年，再正诸部大汗之位。是为达延汗。达延汗长子图鲁，早死。次子乌鲁斯，征套部，败死。达延汗怒，使三子巴尔苏攻套部，破之。巴尔苏遂留镇其地。是为鄂尔多斯部。巴尔苏次子阿勒坦，即《明史》之俺答，居大同北，是为土默特部。为边患最深。达颜汗季子格埒森札赉尔，留镇漠北，是为喀尔喀部。今土谢图、车臣、札萨克三汗之祖也。达延汗自与图鲁之子博迪阿拉克，即《明史》之卜赤，徙牧近长城，是为察哈尔部。《明史》作插汉儿。插，蒙语近也。初蒙古酋亦不剌、阿尔秃厮，以明武宗正德四年，袭据青海。是为蒙人占据青海之始。明人出兵攻之。阿尔秃厮遁去。亦不剌仍据其地。死，其党卜儿孩继之。世宗嘉靖三十八年，俺答与子宾兔、丙兔入青海。卜儿孩走，宾兔、丙兔，遂留居焉。时黄教新盛，宾兔、丙兔亦信之。黄教由此传于漠南。俺答末年，所以甘就封贡者，实喇嘛教劝化之力也。然俺答虽就范，而察哈尔复为患。神宗初，高拱为相，擢戚继光守蓟镇，李成梁守辽东。继光严守备，成梁力战破敌，患乃平。卜赤六传至林丹汗，复强盛。陵轹漠南诸部。初阿鲁台之见杀也，其众走嫩江，依兀良哈。哈布图哈萨尔十四世孙蒙克塔斯哈剌长之。是为嫩江科尔沁部。郭尔罗斯、杜尔伯特、札赉特，皆其族也，明神宗万历二十一年，尝合叶赫、哈达等九国之师攻清，为清太祖所败。后清攻乌拉，科尔沁援之，又败绩。自是降附于清。林丹汗既强，漠南诸部为所陵者，多走科尔沁。林丹汗怒，攻之。以清援得解。时明熹宗天启五年也。于是漠南诸部，次第降清。天启七年，清太祖死，子太宗立。思宗崇祯七年，太宗征诸部之兵伐察哈尔。乘辽河盛涨，出不意袭其庭。林丹汗走青海，道死。清遂取归化城。使宣捷于喀尔喀。喀尔喀震慑，岁使进白驼一，白马八，时曰九白之贡。自是内外蒙古，皆服于清，而科尔沁以降附早，世婚清室，称肺腑焉。

蒙古既衰，瓦剌复盛。瓦剌，清时曰卫拉特。分为四部：曰和硕特，居乌鲁木齐。元太祖弟哈布图哈萨尔之后长之。曰准噶尔，居伊犁。曰土尔扈特，居额尔齐斯河。部长皆也先后。曰杜尔伯特，居塔尔巴哈台。元臣翁罕之后长之。和硕特固始汗，始并青海、喀木之地。崇祯十年，西藏第巴官名桑结，招之入藏，袭杀红教护法藏巴汗，而奉班禅居札什伦布。固始汗遂徙牧青海，遥握西藏政权。卒，子达颜汗立。与桑结不协。于是准噶尔浑台吉，亦逐土尔扈特，服杜尔伯特。浑台吉卒，弟噶尔丹立。与桑结有旧。桑结又招之，袭杀达颜汗。准噶尔遂统一卫拉特四部。噶尔丹徙牧阿尔泰山，以窥蒙古。清圣祖康熙二十七年，以兵三万，袭喀尔喀。三汗部众数十万，同时溃走漠南。圣祖命发粟振之。并令科尔沁部，假以牧地。亲出兵征噶尔丹。噶尔丹累战不利；伊犁旧地，又为兄子策妄阿布坦所据；遂自杀。三汗还治漠北。圣祖崩，固始汗嫡孙罗卜藏丹津，诱青海诸部为乱。岳钟琪击破之。罗卜藏丹津奔策妄阿布坦。青海平。设办事大臣于西宁以统辖之。策妄阿布坦死，子噶尔丹策零，复犯蒙古。札萨克图汗部额驸策凌大败之。高宗乾隆二年，定以阿尔泰山为准、蒙游牧之界。嘉策凌之功，析土谢图汗所属二十一旗隶之，使独立，称三音诺颜汗。喀尔喀始有四部。十年，噶尔丹策零死，准部内乱。辉特部长阿睦尔撒纳来降。<small>辉特，本土尔扈特属部。</small>使为乡导，攻准部，平之。高宗欲仍杜尔伯特、和硕特之旧，以辉特代土尔扈特，绰罗斯补准噶尔之阙，各以降人为汗；使如喀尔喀之例，为外藩。而阿睦尔撒纳觊兼长四部，复叛，又发兵讨平之。而以满兵驻防其地焉。清代平定准、蒙之事，大略如此。

蒙古分封诸汗国。自元之衰，亦多衰颓不振。察八儿既败，太宗分地，多入察合台后王。拔都之王也，立鄂尔多于浮而嘎河下游之萨莱，是为阿尔泰鄂尔多，译言金帐也。其兄鄂尔达，分地在昔浑河北，是称白帐汗。弟昔班，分地在鄂尔达之西，至于乌拉河，称蓝帐汗。<small>即月即别族，又译作月祖伯族（Usoeg）。</small>昔班之弟脱哈帖木儿之后，地在阿速富海沿岸，称哥里米汗。金帐汗后裔既绝，三家之裔，争欲据其位，纷争不绝。帖木儿（Timur）者，初隶月即别族。后自起兵据两河间。<small>阿母、锡尔两河。</small>定都于撒马儿干<small>明太祖洪武五年。</small>东定察合台分地。西服旭烈兀后王。破土耳其，定小亚细亚。西北服钦察。征俄罗斯，破莫斯科。蒙古在西域之声威，几复成吉思西征时之盛。帖木儿卒，诸子争立，国复分崩。帖木儿六世孙巴拜尔（Zdhir Udin Baber）入印度，定都特里明世宗嘉靖五年。是为印度蒙兀儿朝。日译兑作莫卧儿。巴拜尔孙亚格伯（Akoar），服西北中三印度。未几，德干高原诸国，结麻剌他同盟（Maratha）以抗之。明神宗万历四十三年，英人始至印度互市。清圣祖康熙四十八年，东印度公司成。以蒙兀儿朝与麻剌他同盟构兵，英商多受侵害，始抽饷练兵以自卫。及乾隆时，英人遂据孟加拉。孟加拉者，印度最富饶之区也。自是英人数干预印度内乱，稍夺其收税之权。乾隆五十年，英人合麻剌他同盟陷特里，蒙兀儿朝亡。咸丰七年，孟加拉叛英，立蒙兀儿朝后裔于特里。明年，为英所破。英人遂收公司之权归政府。置印度大臣于伦敦。总督于印度。德宗光绪三年，英女皇维多利亚，始兼印度皇帝之号焉。

蒙族之在中西亚者，至俄罗斯强，而悉为所并。初俄之败于蒙也，诸小侯皆受命于钦察汗。术赤之后，西史称 Km of Kiptchak 异译亦作奇卜察克。其中以莫斯科为最强。明英宗天顺时，遂叛蒙古而自立。时钦察汗之后，分为大斡耳朵（Orda）、阿斯达拉干（Astrakan）二国。窝瓦、乌拉二河间。北有喀山哥里米汗同族，西有哥里米二汗。咸海之滨，则月即别族萃焉。又有居叶尼塞、鄂毕二河间者，西史称为失必儿汗（Sibir），实鲜卑之转音也。俄人与喀山、哥里米两汗同盟。明孝宗弘治十五年，大斡耳朵为哥里米汗所并。世宗嘉靖十一年，俄人灭喀山。越二年，并阿斯达拉干。哥里米汗附土耳其，至清高宗乾隆四十八年，卒为俄所并。巴拜尔之入印度也，两河间地，为蓝帐汗之后所据，分为阿富汗、基华二国。穆宗同治十二年，亦为俄所灭。

以上述蒙族盛衰大略。既竟，以下略述满洲之事。案满洲二字，昔人恒以为部族之名。盖据清人所自述，其建号曰清以前，实以此二字为称号也。然据日本稻叶君山所考证，则清之建号曰清，实在太宗天聪十年，即以是年为崇德元年，实明思宗之崇祯九年。是年以前，国号本称后金，其见于朝鲜人之纪载，及奉天铭刻者甚夥。至满洲二字，则明人书作"满住"，系最大酋长之称；非国名，亦非部族名也。详见稻叶氏所著《清朝全史》。近人《满洲名称考》云："满住系最大酋长之称，建州历代相沿如此。日本人所搜辑之朝鲜书，燃藜室记述中所录之《栅中日录》，记万历四十七年，朝鲜都元帅姜弘立降清。约和后，胡将言当到城见满住，许令还国云云。当时太祖已建元称号，将士尚称之曰满住。建州部族，既以满住为酋长，谓为满洲部族，犹之称国为王国、帝国、侯国，略无足怪。其对明言我满洲如何，犹之明人谓上命如何。然彼此误会，他人以为建州人自名其国或部族，建州人亦遂讹之。其后太宗致书袁崇焕，即自称满洲国皇帝矣。其中蜕化之由，约略可见。"《清实录》载其始祖，姓爱新觉罗，名布库里雍顺，为天女佛固伦之子。定三姓之乱，居长白山东俄漠惠一作鄂谟辉之野俄朵里城一作鄂多里。数世，国乱，族被戕。有范察者得免，隐其身以终。又数传至肇祖都督孟特穆，乃计诱先世仇人诛之，而定居于赫图阿拉。据近人所考证，则明代女真，凡分三种：曰建州，曰海西，曰野人，皆设卫以处之，而统以奴儿干都司。建州者，渤海之旧疆；《唐书》所谓率宾府领华、益、建三州，而《元一统志》所谓故建州也。盖自渤海设建州以来，其地即恒以是为名，故辽金时治所虽移，《元志》犹称之曰故建州。地在今兴京附近。海西者，元行政区域之名，即后来扈伦四部之地。野人卫，地在吉黑二省之极东。曹廷杰《西伯利亚东偏纪要》载特林地方，有明代敕建及重建《永宁寺碑》，皆太监亦失哈述征服奴儿干及海中苦夷等事，苦夷即今库页，可见明时肃慎族散处之地，仍与前此相同。建州卫设于明永乐元年，见《明实录》。左卫设于永乐十年，见《明史》。《实录》载"十四年二月，赐建州左卫指卫使猛哥帖木儿宴"。朝鲜《龙飞御天歌》朝鲜李氏自颂其开国之词注有云："东北一道，本肇基之地也；畏威怀德久矣。野人酋长，远至移兰豆漫，皆来服事。如女真则斡朵里豆漫夹温猛哥帖木儿，火儿阿豆漫古论阿哈出，托温豆漫高卜儿阕"云云。《元史·地理志》：辽阳等处行中书省所属合兰府水达达等路，元初设军民万户府五：一曰桃温今屯河，一曰胡里改呼尔哈异译，今宁安河名，一曰斡朵怜，一曰脱斡怜，一曰孛苦江。斡朵里，即斡朵怜之异译。火儿阿，即胡里改之音差。托温，亦即桃温音转。移兰豆漫，原注义为三万户。盖夹温猛哥帖木儿、古论阿哈出、高卜儿阕，实元斡朵怜、胡里改、桃温三路之万户也。猛哥帖木儿，即肇祖之名孟特穆。《元史》之帖木儿，清修《三史国语解》，均改为特穆尔可证。所谓都督，则满洲人自称其长官之词。明廷虽授以指挥，满人仍称为都督，《明实录》中，不乏其例。满文称某人某官者，例先官而后人；日本人由奉天钞得之《清实录》，清初记载，尚多如此。猛哥帖木儿既为万户，则必有所受之。《元史·兵志》谓元万户千户百户，皆世其官。此三万户者，既仍存元初之名，则必得之世袭。《开国方略》《圣武记·开国龙兴记一》，王氏《东华录》万历十年十二月："太祖责乌喇贝勒布占泰云：我爱新觉罗氏由上天降生，事事循天理，顺天命。汝即不知百世以前事，岂十世以来事，亦不知邪？"则雍顺之得姓，据太祖自言，不过十世以来之事。从太祖上溯之，七世而至肇祖；再溯其前，不过三世，即满十世之数。是知《实录》所云，雍顺开国。越数世而国乱，又数世而后至肇祖，必系悠缪之词。由元初至明洪武末，相距百年，正合三世之时限。则雍顺必即元初受万户职者，俄朵里城，亦即斡朵里之异译。其地当在今三姓附近，故《清实录》谓雍顺往定三姓之乱也。特其位置，在长白山北而不在其东耳。

《龙飞御天歌》注谓夹温即猛哥帖木儿之姓，而朝鲜《东国舆地胜览》则又称为童孟哥帖木儿。《明实录》："神宗万历十七年九月辛未，以建州夷酋童奴儿哈赤为都督佥事"，则清太祖亦姓童。而《东夷考略》又云："奴儿哈赤姓佟"，佟为辽东大族，童佟音近，或夷人不知文字而误书？太祖元妃佟佳氏，亦即佟家。今佟家江，明时尚称婆猪江，似亦因建州女直曾居其地，而得佟家之名。然则清室之先，必为佟姓无疑。至夹温二字，则或系斡准之双声互倒？金国语称金为斡准，又作按春，即清所自称之爱新也。

猛哥帖木儿既受职于明，亦臣服朝鲜。朝鲜太祖授以万户，世祖又升为上将军。明宣宗宣德八年，为七姓野人所杀。并杀其子阿古，子童仓，弟凡察，挟卫印亡入朝鲜。凡察，当即《清实录》之范察也。旋袭指挥使。未几，猛哥帖木儿子董山出，与之争印。明诏凡察以印与董山。凡察不听。乃分建州为左右二卫，使董山持新印掌左卫，凡察以故印掌右卫焉。《清实录》载肇祖二子：长曰充善，即董山对音。次曰褚宴，盖仓字合音，童则其姓也。凡察之后不详。董山颇桀骜，明檄致广宁诛之。时宪宗成化二年，其下拥其子脱罗，为之复仇。脱罗者，《清实录》充善之子妥罗也。久之，乃无闻。建州左卫，盖至是中衰。《清实录》：褚宴次子曰锡宝齐篇古，锡宝齐篇古之子曰兴祖都督福满。都督福满六子：长德世库，次刘阐，次索昌阿，次景祖觉昌安，次包朗，次宝实，是为宁古塔贝勒。宁古塔，译言六也。景祖第四子曰显祖塔克世。

塔克世长子努尔哈赤，即太祖也。都督福满，求诸《明实录》，无相当之人。稻叶氏疑建州左卫之统绪，实至董山而中绝。其后入主左卫者，乃别一部落。近人撰《心史史料》，据稻叶氏书引《明实录》，武宗正德间，左卫都督兀升哈求升职之表，疑即兴祖其人。当时求升职盖得请，故以都督称之；且谥之曰兴。予则颇疑兴祖为凡察后，故清虽出左卫，仍以凡察为其先世也。

兴祖时，建州左卫颇式微。《清实录》谓宁古塔贝勒，各筑一城，相距近者五里，远者不过二十里可见。而海西强盛。海西者，清所谓扈伦四部也。《清实录》载清初，满洲部落，大别为四：曰满洲，其分部五：一苏克苏浒河，二浑河，三完颜，四栋鄂，五哲陈。曰长白山，其分部三：一讷殷，二珠舍里，三鸭绿江。曰东海，其分部二：一瓦尔喀，二库尔哈。曰扈伦，其分部四：一叶赫，二哈达，三辉发，四乌拉。满洲及长白山，均明建州地；东海为野人卫地；扈伦则海西卫地。然其部族，实非明初之海西女真，乃野人女真，于正统时侵入者。故有之海西女真，遂为所逐。其人本在黑龙江支流忽剌温河上，忽剌温即扈伦异译，其为因地得名，抑地以部族得名，则不可考矣。诸部种族，亦不尽纯。如叶赫酋长姓土默特氏，实来自蒙古；而库尔哈，或云即兀良哈异译是也。特其大体，则皆为肃慎族耳。叶赫酋祝巩革，筑城于吉林西南。后为哈达酋王台所杀。王台之居，在松花江流域。距开原四百余里。二部互阋，李成梁征服之。时建州右卫王杲亦桀骜，犯边。成梁击破之。王杲走哈达。哈达执送之。叶赫酋那林孛罗《清实录》纳林布禄，尝言清太祖为王杲之裔。钱谦益《岳武穆画象记》亦云：佟奴为王杲遗孽。《清实录》显祖大福晋喜塔喇氏，阿古都督女。阿古都督，盖即王杲也。王果子阿台《清实录》阿太章京怨明。万历十一年，苏克苏浒河部图伦城主尼堪外兰，与李成梁攻阿台。阿台之妻，景祖长子礼敦女也。景祖及显祖往救，皆死焉。明人书，景祖名叫场，显祖名他失。明人归其丧，以太祖袭指挥使。后太祖攻破尼堪外兰。尼堪外兰奔明边。明人执以付太祖，并开抚顺、清河、宽甸、瑷阳四关互市。清势自是日张，满洲诸部，次第为所慑服。至万历四十四年，遂以七大恨告天，誓师伐明矣。以上所述清代兴起之事，略据稻叶氏《清朝全史》及近人《心史史料》。

肃慎处山岭崎岖之地，故其政治极为简陋。《汉书·挹娄传》云："无大君长。邑落各有大人，处于山林之间。"《北史·勿吉传》云："邑落各自有长，不相总一。"《唐书·靺鞨传》云："其部众离为数十，酋各自治。"盖自渤海以前，讫未尝有共主也。渤海制度，一切模范中华，稍变榛狉之旧。然《金史·本纪》云"生女直之俗，无书契，无约束，不可检制。昭祖欲稍立条教，诸父部人，皆欲坑杀之。已被执。叔父谢里忽，弯弓注矢，射于众中，劫执者皆散走，乃得免。昭祖稍以条教为治，部落寝强。辽以惕隐官之。诸部族犹以旧俗，不肯用条教。昭祖耀武，至于青岭、白山。见前。顺者抚之，不从者讨伐之"云云。则渤海之治，所能变靺鞨之俗者亦仅矣。《唐书》谓渤海开国时，即已颇知书契，而《金史》谓其无书契，亦渤海文化不普及于女真诸部之征。

其风俗则极强劲。《晋书》谓其"人性凶悍，以无忧哀相尚。贵壮而贱老。父母死，男子不哭泣。哭者谓之不壮"。又谓其法律极严酷，"相盗窃，无多少皆杀之。故虽野处而不相犯"。《北史》谓其"种众虽少，而多勇力；处山险；又善射，发能入人目"；故"于东夷中号称强国"。当汉时，其居与北沃沮邻，尝乘船寇钞。北沃沮畏之，夏则深藏岩穴，冬乃下居平壤焉。夫余责其租赋重。

魏黄初中，其众遂叛。夫余数伐之，亦不能定也。其人多以射猎为业，故善造弓矢。《后汉书》云："弓长四尺，力如弩。矢用楛，长一尺八寸。青石为镞。镞皆施毒，中人即死。"《晋书》云："其国东北有山，出石，其利入铁。将取之，必先祈神。"《北史》云："其角弓长三尺，箭长尺二寸。常以七八月造毒药，傅矢，以射禽兽，中者立死。"《晋书》谓其"土无盐铁"。《金史·本纪》亦云："女直旧无铁。邻国有以甲胄来粥者，景祖倾资厚价，以与贸易。亦令昆弟族人皆仇之。得铁既多，因之以修弓矢，备器械，兵势稍振。"则此族至宋世犹无铁也。《仪礼·乡射礼》注："肃慎氏贡楛矢，铭其楛。"其铭当系中国人所为。

其生业，虽主渔猎畜牧，亦有五谷、麻布。有马不乘，但以为财产而已。盖处山险故也。多畜猪，食其肉，衣其皮。冬以猪膏涂身，厚数分，以御风寒。夏则裸袒，以尺布蔽其前后。夏巢居，冬穴处。其穴处：负山水，坎地，梁木其上，覆以土，如丘冢然。开口向上，以梯出入。穴以深为贵，大家至接九梯焉。无井灶，作瓦鬲，受四五升以食。坐则箕踞，以足挟肉而啖之。得冻肉，坐其上令暖。其人臭秽不洁，作厕于中，圜之而居。又以溺洗面。《后书》谓其于"东夷之中，最无纲纪"，信不诬也。

《金史·本纪》云："黑水旧俗，无室庐，负山坎地，梁木其上，覆以土。夏则出随水草，冬则入处其中。迁徙不常。献祖乃徙居海古水，耕垦树艺。始筑室，有栋宇之制，人呼其地为纳葛里。纳葛里，汉语居室也。"《礼志》："天会十四年，文武百僚太师宗磐等上议：皇六代祖，徙居得吉即纳葛异译，播种是勤，去暴露获栋宇之安，释负戴肇车舆之利。"则女真之穴居，直至金初始革也。

肃慎嫁娶：男以毛羽插女头，女和则持归，然后致礼聘之。初婚之夕，男就女家，执女乳而罢。妇贞而女淫。然妻外淫，人告其夫，夫辄杀妻，而后悔，必杀告者，由是奸淫事终不发。死者，其日即葬之于野。交木作小椁。杀猪积其上，以为死者之粮。《晋书》亦有无棺椁，但埋之者。秋冬死，或以其尸捕貂。貂食其肉，多得之。《唐书》

辫发之俗，北族类然。肃慎则又剃去其前。《晋书·肃慎传》云："俗皆编发"，《唐书·靺鞨传》亦云："俗编发"，可知其由来之旧矣。俞樾《曲园杂纂》引宋璘《建炎德安守御录》，谓"建炎二年十二月二十八日，有北来一项群贼数万人，皆剃头辫发，作金人装束"，可见金人不但辫发，抑且剃头。稻叶氏《清朝全史》云："综宋代纪事，蒙古人之辫发，前与左右皆留，他尽剃，其前所留，垂下，如今支那南方妇人之前发。两侧所留则辫之，余端垂下。"竹崎季长《蒙古袭来绘词》犹言图记中，蒙古人皆两辫，但不见前有留发耳。

《北史·勿吉传》："国南有徒太山者。华言太皇。俗甚敬畏之。人不得山上溲污。行经山者，以物盛去。上有熊罴豹狼，皆不害人；人亦不敢杀。"徒太山即太白山，见《唐书》。《金史·礼志》，谓金之郊祀，本于旧俗有拜天之礼。又谓金初朝日用本国礼。又大定十一年，世宗谓宰臣："本国事天之礼甚重。"《太祖本纪》，谓故事，五月五日，七月十五日，九月九日，拜天射柳，岁以为常。则其俗亦敬天地、日月、山川，然巫鬼之习，亦由来甚旧。《始祖以下诸子传》，谓"国俗有被杀者，必使巫觋诅咒杀之者。乃系帛于杖端，与众至其家，歌而诅之。曰：取尔一角，指天一角。指地之牛，无名之马，向之则华面，背之则白尾，横视之则有左右翼者。其声哀切凄惋，若蒿里之音。既而以刃画地，劫取畜产财物而还。其家一经诅咒，家道辄败"。又云："初昭祖久无子，有巫者能道神语，甚验，乃往祷焉。巫良久，曰：男子之魂至矣。此子厚有福德，子孙昌盛，可拜而受之。若生，则名之曰乌古迺。是为景祖。又良久，曰：女子之魂至矣。可名曰鸦忍。又良久，曰：女子之兆复见。可名曰斡都拔；又久之，复曰：男子之兆复见，然性不驯良；长则残忍，无亲亲之恩；必行非义，不可受也。昭祖方念后嗣未立，乃曰：虽不良，亦愿受之。巫者曰：当名之曰乌古出。既而生二男、二女，次第先后，皆如巫者之言。遂以巫所命名名之。"此其巫鬼之习，即今日所谓萨满教也。清代有所谓堂子者，《啸亭杂录》云："立竿祭天，又总祀社稷诸神于静室，谓之堂子。"然其所祀实非尽正神，故终清代秘其礼云。

《金史》谓女真地狭产薄，故其部族极贫窭。《太祖纪》："康宗七年，岁不登，民多流莩。强者转而为盗。欢都等欲重其法，为盗者皆杀之。太祖曰：以财杀人，不可。财者，人所致也。遂减盗贼征偿者，为征三倍。民间多逋负，卖妻子不能偿。康宗与官属会议，太祖在外庭，以帛系杖端，麾其众，令曰：骨肉之爱，人心所同。自今三年勿征。过三年徐图之。众皆听令，闻者感泣焉。"然粥身为奴，及粥卖妻子之事，《食货志》及《本纪》中尚屡见，皆其本部族之人也。又太宗天会元年，诏孛堇阿宾赉曰："先皇帝以同姓之人，旧有自粥及典质其身者，令官为赎。今闻尚有未复者，其悉阅赎。"则宗室亦不免矣。

惟其然也，故其兵力之强，乃为举世所罕觏。以少胜众之民族，考诸往史，殆无如女真者。女真初起，兵不满千。穆宗袭节度使后，为辽讨叛，募兵始得千余。太祖攻辽，诸部兵皆会，仅二千五百人。出河店之战，兵始满万。然天祚亲征，众号七十万，金人拒之者，不过二万。耶律余睹来降，引金深入，太祖亲临前敌，众亦不过万人。其追天祚于大鱼泺，则仅四千人耳。入燕之役，宗望以七千人先。其后伐宋，恒分两路，每路不过三万，已多杂他部族与汉人矣。《金史·兵志》曰："金兴，用兵如神，战胜攻取，无敌当世。曾未十年，遂定大业。原其成功之速：俗本劲鸷，人多沉雄。兄弟子侄，才皆良将。部落队伍，技皆锐兵。加之地狭产薄；无事苦耕，可给衣食；有事苦战，可致俘获。劳其筋骨，以能寒暑。征发调遣，事同一家，是故将勇而志一，兵精而力齐。一旦奋起，变弱为强，以寡制众，用是道也。及其得志中国，自顾其宗族国人尚少，乃割土地，崇位号，以假汉人，使为效力而守之。猛安谋克，杂厕内地，听与契丹、汉人婚姻，以相固结。迨夫国势寝盛，则归土地，削位号，罢辽东渤海、汉人之袭猛安谋克者。渐以兵柄，归其内族。然枢府佥募，兼采汉制；伐宋之役，参用汉军及诸部族，而统以国人。非不知制胜长策，在以志一之将，用力齐之兵也。土宇既广，岂得尽任所亲哉？"盖金兵力之有限，实由其部众之寡少，至其风气之强悍，则固不可诬矣。《宋史·吴玠传》："玠死，胡世将问玠所以制胜于璘。玠曰：璘从先兄，有事西夏。每战，不过一进却顷，胜负辄分。至金人，则更进迭退，忍耐坚久。令酷而下必死。每战，非累日不决。胜不遽追，败不至乱。自昔用兵，所未尝见也。久与角逐，乃得其情。盖金人弓矢，不若中国之劲利。中国士卒，不若金人之坚耐。吾常以长技，洞重甲于数百步外，则其冲突固不能相及。于是选据形便，出锐卒更迭挠之，与之为无穷，使不得休暇，以沮其坚忍之势"云云。《金史·郦琼传》："语同列曰：琼常从大军南伐，每见元帅国王，亲临陈督战，矢石交集，而王免胄，指挥三军，意气自若；用兵制胜，皆合孙吴；可谓命世雄才矣。至于亲冒锋镝，进不避难。将士观之，孰敢爱死？宜其所向无前，日辟国百里也。"此金将勇而志一，兵精而力齐之注脚也。元帅国王，谓宗弼。清太祖之兴也，以遗甲十三副。其攻鄂勒珲尼堪外兰失图伦后所居，在今龙江西南，身被卅余创，犹力战，卒克之。其御杨镐四路之师，以四旗六万之众。虽曰明兵以分而弱，以寡击众，实为虚词。见《圣武记·开国龙兴记》。然其往来捍御，巧而且速，其智略勇气，亦不可及也。故老传言："满洲初兴，汉人望而生畏。以一满人，可逐数十汉人。如驱羊然，莫敢格者。"知方兴之朝气，必有不容轻视者矣。

然此等野蛮民族，一入中国，即易刚而为柔。其初兴也，沛然莫之能御，其衰也，亦一落千丈。则由其程度太低，与文明之民族接，不能传其文化，而惟纷华靡丽之悦也。金之衰，盖自迁种人入中原始。猛安谋克户之人中原也：民口二十五，受田四顷四亩有奇，岁输粟不过一石。税之可谓极薄，又多拘良田与之。然诸猛安谋克人，皆惟酒是务。令汉人佃莳，而取其租。有一家百口，陇无一苗者。《世宗本纪》："大定十六年，上与亲王、宰执官从容论古今兴废，曰：女直旧风，最为纯直。虽不知书，然其祭天地，敬亲戚，尊耆老，接宾客，信朋友，礼意款曲，皆出自然；其善，与古书所载无异。"秦桧之谋南归也，告于监者。监者许之。桧犹以为虑。监者曰："吾国人许人一言，无不生死以之者。"即此一端，亦足见其慷慨诚朴矣。其能灭辽迁宋，岂偶然哉？然及世宗时，业已译汉姓，改汉名，效南人装束，寖至不能女直语。世宗虽力主保守旧俗，亦无如之何矣。

清室初兴时，即能略知书史。金人忘其本俗之事，太宗时即引为鉴戒。崇德元年，尝集诸王贝勒大臣，令弘文院官读《金史·世宗本纪》。谕以勿忘旧制，废骑射，效汉俗，为万世之计。康、雍、乾诸朝，于此尤兢兢焉。然其部族风气，转移尤速。崇德元年，太宗谕王大臣，即云："太祖时，八旗子弟，一闻行师出猎，皆踊跃争先。今则或托妻子有疾，或以家事为辞。"逮乎入关，则战伐多恃降将。三藩之变，自尚善贝勒一路外，多怀异心。有欲举襄阳以北降敌者，转赖汉将持之得免。见《啸亭杂录》。满人至此，已如泽中之麋，蒙虎之皮矣。而其不能勤事生业，亦与金人无异。入关之始，即圈占近畿田宅，以给旗兵。康、雍、乾之世，负债则为代偿；典卖田地，则为代赎；又时有恩赐、借贷。其待种人，盖又较金源为厚。然其人皆侈衣食，事敖游；得田则卖，得粟则粜，得金则挥霍立尽；与金猛安谋克户，无以异也。初入关时，旗人四出强卖人参；又向商贾强行市易，至有恃强鞭挞者。于是禁不得出外经商。乾隆时，乃借以库银，令其营运。然其人本不能商，不旋踵，亏折以尽。见《熙朝纪政》。时又徙八旗余丁三千于吉林，令其耕垦。亦以所得地典与汉人，逃归北京。八旗生计，遂终清世无善策。至于今日，犹劳汉族代筹焉。

女真文字，亦本华文。创之者为完颜希尹。自希尹创制后，宗室中通习最早者，当推景祖曾孙宗宪宗宪又通契丹、汉文；其后精深者，推温迪罕缔达；善教授者，称纥石烈良弼。宗室中精中国文学者，为世宗子豫王允成，孙璹。《始祖以下诸子传》：穆宗第五子勖："女直既未有文字，亦未尝有记录。故祖宗事皆不载。宗翰好访问女直老人，多得祖宗遗事。""天会六年，诏书求访祖宗遗事，以备国史。命勖与耶律迪越掌之。勖等采摭遗言旧事，自始祖以下十帝，综为三卷。凡部族，既曰某部，复曰某水之某，又曰某乡某村，以别识之。凡与契丹往来，及征伐诸部，其间诈谋诡计，一无所隐。有详有略，咸得其实。"今一披读《金史》，先世事迹，秩然可考。不徒远胜《元史》，亦非《辽史》取资中国旧籍者，所得比肩，皆勖等之功也。

女真部族，程度尚较契丹为低，而其模效中华，则较契丹为力。《金史·文艺传》谓"金用武得国，无异于辽，而一代制作，能自树立唐、宋之间，有非辽世所及"，谓此也。以与女真本族无关，今不之及。中国文物，为女真所劫掠者亦甚多。《宋史·钦宗纪》："靖康二年，"夏，四月，庚申朔，金人以帝及皇后、太子北归。凡法驾、卤簿，皇后以下车辂、卤簿、冠服、礼器、法物、大乐、教坊乐器、祭器、八宝、九鼎、圭璧、浑天仪、铜人、刻漏古器、景灵宫供器、太清楼、秘阁三馆书、天下州府图，及官吏、内人、内侍、技艺、工匠、倡优，府库蓄积，为之一空。"其所失，殆过辽之入汴矣。武力不竞，文物随亡，岂不痛哉？金初制度之简陋，可参看附录《金初官制》条。

清时，女真开化，又非金世之比。其文字创于额尔德尼，而达海加以圈点。乃以蒙古文为根原。满、蒙言语多同，固较用汉字为便也。太祖即通汉文，能读《三国演义》及《水浒传》。初设文馆，后分为三院，弘文院专译汉书。故一切制度，较金初亦觉美备。太宗时已能修《太祖实录》，而辽宁所存《满文档案》，史家亦视为瑰宝焉。

蒙古虽出室韦，然既与沙陀突厥混合，其居地又在漠北，故其风气，与室韦等处山岭之地者少殊。室韦人能种粟麦及穄，又有曲以酿。冬逐水草，夏亦城居。《五代史》称其地多铜铁金银；其人工巧，铜铁诸器皆精好，且善织毛锦，则已颇进于农工矣。而蒙古初兴，纯为游牧种人风习。盖地势使然也。然室韦无君长，惟有大酋，号余莫弗瞒咄，管摄其部。死则子弟代立。嗣绝，则择贤豪立之,其众大者数千户,小或千户,滨散川谷,逐水草,不税敛。每弋猎,即相啸聚,事毕而去。不相臣制。而蒙兀汗位,亦时绝时续,必待众推,似仍室韦旧习也。

蒙古官制,极为简陋。除以万户治军旅,断事官治政刑外,可考者惟四怯薛之制。怯薛者,蒙古亲卫军之名。其所属:有火儿赤、昔宝赤、怯怜赤,主弓矢鹰隼之事。有札里赤,主书写圣旨。有必阇赤,为天子主文史。有博尔赤,亲烹饪,以奉上饮食。有云都赤、阔端赤,侍上,带刀及弓矢。有八剌哈赤,司阍。有答剌赤,掌酒。有兀剌赤、莫伦赤,典车马。有速古儿赤,掌内府上供衣服。有帖麦赤,主牧橐驼。有火赤,主牧羊。有忽剌罕赤,主捕盗。有虎儿赤,掌奏乐。皆分番更直,而领于怯薛之长;实皆近习耳。其兵制,则确能举国皆兵。用本部族人者,谓之蒙古军。用他部族人者,谓之探马赤军。其法:家有男子,十五以上,七十以下,无众寡,皆令为兵。孩幼稍长,又籍之,为渐丁军。故其部族不多,而兵数颇众。又能取异族之长,以自补其短。每攻破州县,辄招取铁木金火等人,以充炮手。其后来之军,有以技名者,炮军、弩手军、水手军是也。其所向无前,宜矣。

蒙人生事,本至简陋。骤入中国,惟知见纷华美丽而悦。至于损上益下,藏富于民,为久长之计,则非其所知也。《元史·耶律楚材传》:"太宗时,近臣别迭等言:汉人无补于国,可悉空其人,以为牧地。又议裂州县以赐亲王功臣。"楚材力争,乃止。其初下中原,尝举降人为驱丁,虽儒者不免。盖视中国人皆俘虏矣。惟颇喜技巧。凡克城邑,工匠必别籍之。其制:凡攻城,敌以矢石相加,即为拒命;既克,必尽杀之。汴梁将下,速不台欲屠其城。耶律楚材谓奇巧之工,厚藏之家,皆萃于此,遂已。太宗时,商贾仇物于朝廷者，皆得驰驿。太宗崩，乃蛮真后称制。西域商人奥都剌合蛮，以言利得政柄，使专掌财赋，至付以御宝宫纸，使自书行之。又有旨："奥都剌合蛮所建白，令史不为书者，断其手。"其卤莽灭裂，亦可笑矣。然终元世，其理财之策，除朘民以自奉外，实他无所知，正不特初起时为然也。

蒙古旧俗，亦尚巫鬼。《元史·文宗纪》："天顺二年，正月，封蒙古巫者所奉神为灵感昭应护国忠顺王，号其庙曰灵佑"是也。然此等神教，程度甚浅，入人不深。故与他族相接后，信其教甚易。如其接吐蕃，则信喇嘛教，居西域，则信天方教是也。成吉思征西域，尝掠得徒思妇人名法特马者，以归。法特马好巫蛊，乃蛮真后宠之。太宗朝旧人，半为所谗构斥逐。可见其迷信之易矣。然亦以此故，于各教无所歧视。克敌时，于其民所信之教悉仍之，遂为民心所归。如古出鲁克据西辽，强其民改教，以致灭亡。蒙古取之，人民信教，一听自由，民遂以安是也。

蒙古初用畏兀文。后据藏文，别造新字。其传受汉人文化，远不如辽、金二代。《廿二史劄记》云："《元史·本纪》：至元二十三年，翰林承旨撒里蛮言：国史院纂修太祖累朝《实录》，请先以畏吾字翻译进读，再付纂定。元贞二年，兀都带等进所译《太宗宪宗世祖实录》。是皆以国书进呈也。其散见于他传者：世祖问徐世隆以尧、舜、禹、汤为君之道。世隆取书传以对。帝喜，曰：汝为朕直解进读。书成，令翰林承旨宏藏译写以进。曹元用奉旨译唐《贞观政要》为国语。元明善奉武宗诏，节《尚书》经文，译其关于政事者。乃举文升同译。每进一篇，帝必称善。虞集在经筵，取经史中有益于治道者，用国语、汉文两进读。译润之际，务为明白，数日乃成一篇。马祖常亦译《大训》以进。皆见各本传。

是凡进呈文字，必皆译以国书，可知诸帝皆不习汉文也。惟裕宗为太子时，早从姚枢、窦默受《孝经》。及长，则侍经幄者，如王恂、白栋、李谦、宋道等，皆长在东宫备咨访。中庶子伯必，以其子阿八赤入见。太子谕令入学。伯必即令人蒙古学。逾年，再见。问所读何书？以蒙古书对。太子曰：我命汝学汉人文字耳。此可见裕宗之留心学问。然未即位薨。以后如仁宗，最能亲儒重道。然有人进《大学衍义》者，命詹事王约等，节而译之。则其于汉文，盖亦不甚深贯。至朝廷大臣，亦多用蒙古勋旧，罕有留意儒学者。世祖时，尚书留梦炎等奏：江淮行省，无一人通文墨者。乃以崔彧为江淮行省左丞。《彧传》李元礼谏太后不当幸五台。帝大怒，令丞相完泽、不忽木等鞫问。不忽木以国语译而读之。完泽曰：吾意亦如此。是不惟帝王不习汉文，即大臣中习汉文者亦少也。"以视辽、金二代，相去不甚远哉。

金人以同化于中国而败，元人颇豫防之。《元史·世祖本纪》：至元二十三年，"以从官南方者多不归，遣使尽徙北还"。《成宗纪》：大德七年，"以行省官久住，多与所部人联姻，乃诏迁其久任者"。是其事也。然亦终无救于其不振。此事自关文化之深浅，非可以力争也。

野蛮民族，大都直情径行。故其宽厚质直之处，或非文明人所及。然其残酷，亦出意外。蒙古欲空中国为牧地，最足骇人听闻，然犹空言耳。至女真，则其待中国之酷，有出人意计之外者。洪迈《容斋三笔》云："靖康之后，陷于金虏者，帝王子孙，宦门仕族，尽没为奴婢，使供作务。每人一月，支稗子五斗，令自舂为米，得一斗八升，用为糇粮。岁支麻五把，令缉为裘。此外更无一钱一帛之入。男子不能缉者，则终岁裸体。虏或哀之，则使执爨。虽时负火得暖热,然才出外取柴归,再坐火边,皮肉脱落,不日辄死。惟喜有手艺,如医人绣工之类。寻常只围坐地上,以败席或芦借之。遇客至开筵,引能乐者使奏技。酒阑客散,各复其初。依旧环坐刺绣;任其生死,视如草芥。"《金史》载海陵杀赵氏子孙一百三十余人。世宗时,梁肃奏:"天水郡公钦宗本族,已无在者。其余皆远族,可罢其养济。"盖二帝之亲支尽矣。撰《蒙兀儿史记》之屠君敬山寄,尝为予言:"宁古塔人民,有于岁首阖户哀泣终日者,习俗相沿,莫知其故。实皆赵宋之遗黎,在当日以是志亡国之痛者也。"枯鱼过河,泣将焉及?"我宁山头望廷尉,不能廷尉望山头。"今之高谈无国界,无种族界者,其念之哉!

然金元等虽恃其强盛,陵轹汉人,而及其末叶,则受报亦惨。《廿二史劄记》云:"一代敝政,有不尽载于正史,而散见于他书者。金制,以种人设明安穆昆即猛安谋克,清乾隆时所改译字分领之,使散处中原。世宗虑种人为民害,乃令明安穆昆,自为保聚。其土地与民犬牙相入者,互易之。使种人与汉人,各有界址。意至深远也。案世宗为保守旧俗最力之人。其令种人自为保聚,乃虑其与汉人同化,且欲团结以制汉人耳;非为汉人计也。赵氏盖以清代亦有圈地之事,故不得不为此回护之辞。其后蒙古兵起,种人往战辄败。承安中,主兵者谓种人所给田少,不足豢身家,故无斗志。请括民田之冒税者给之。于是武夫悍卒,倚国威以为重,有耕之数世者,亦以冒占夺之。及宣宗贞祐间,南渡,盗贼群起。向之恃势夺田者,人视之为血仇骨怨;一顾盼之顷,皆死于锋镝之下;虽赤子亦不免。事见元遗山所作《张万公碑文》。又《完颜怀德碑》亦云:民间雠拨地之怨,睢盱种人,期必杀而后已。寻踪捕影,不三二日,屠戮净尽,甚至掘坟墓,弃骸骨。惟怀德令临淄，有惠政，民不忍杀，得全其生。可见种人之安插河北诸郡者，尽歼于贞祐时。盖由种人与平民杂处，初则种人倚势虐平民，后则平民报怨杀种人，此亦一代得失之林也。"予案今俗犹有杀鞑子一语，鞑子即鞑靼也。然则元室亡时，其种人虽多以改姓自媚于汉得免见《日知录·二字姓改一字》条，其见屠戮者，亦必不少矣。"无平不陂，无往不复"，好杀戮者，其念之哉？

清承金元之后，文化稍高，又能粗知书史，故其待汉族，暴虐无异金元，而又益之以深鸷。当太祖时，获汉人皆以为奴，得儒士皆杀之。然亦能用范文程等，盖深知其忠顺者则用之，不敢必者则杀之。太祖自知为野蛮人，深虑知计不足与汉儒士敌也。太宗时，渐有窥伺中原之心，务为笼络人心之计。故待中国降将极厚。又尝考试儒士，免其为奴。然究非出于真诚，故不旋踵，复定奴仆不许应试之制。崇德二年，都察院承政祖可法以为言。太宗则斥之曰："今满洲家人，非先时滥行占取者可比。间有一二生员，皆攻城破敌之际，或经血战而获，或因阵亡赏给。无故夺之，彼死职之劳，捐躯之义，忍弃之乎？若另以人补给，所补者独非人乎？尔等止知爱惜汉人，不知爱惜满洲有功之人，及补给为奴之人也。"是年，因责都察院承政张存仁等庇护汉人，又曰："若礼部承政祝世昌，奏请禁阵获良人妇女卖充乐户一疏。祝世昌岂不知乐户一事，朕已禁革？不过徇庇汉人，借此立言要誉耳。朕料祝世昌身虽在此，心之所向，犹在明也。祝世昌果系忠臣，彼明以大元田、刘、张三姓功臣之裔为娼，即当奏请禁止矣。"不惟私其种族，而又左袒胡元。其仇视汉人之心，可谓深矣。_{中国以没入妇女充乐户，固系秕政，然系本外族一律，非专以此待异族。}宁完我云："汉官不会满语，常被骂詈辱打，至伤心堕泪。皇上遇汉官,每每温慰恳至,而国人反陵轹作践,将何以成一体,徕远人邪?"清室初年,汉官见满洲王大臣白事皆长跪,虽大员亦如此。耿、尚、洪、吴等,虽若特蒙宠眷,其所处之境地,亦可想见矣,况其下于此者?而其能引决,曾不若臧获婢妾;且甘为胡虏鹰犬,以搏噬父母之邦,其用心岂不异哉?入关而后,圈占田宅之夺民生计;嘉定、扬州之肆行屠戮;列朝文字之狱之挫折士气,摧毁文化;迄今言之,犹令人发指眦裂焉。而炎黄之胤,神明之胄,犹有被发效忠于胡者,无所迫而为之,其用心,以视当日之降俘,尤可异矣。

清代深谋,尤在联合满、蒙,以制汉族。不特关东之地,不许汉人屯垦,即于蒙地亦然。奉天将军岁终例须奏报并无汉人出关,至末叶犹然也。然而究何益哉?藏舟于山,夜半,有力者负之去矣!坐使满、蒙之地,广田自荒,致生异族之觊觎,此则其禁阻汉人之效耳。今日关东,欲求一但知满语之满人,岂复可得?升允崎岖,终于赍志,蒙人之所以助满者,又何如乎?沃沮叶鲁,终即华风。白水黑山,转滋异类。清朝之祖宗,得毋令后人笑汝拙乎?然此皆汝曹自为之,又何咎也?老子曰:"天之道,其犹张弓与?""其事好还。""天网恢恢,疏而不失。"

附录一　金初官制

《金史·百官志》:"金自景祖,始建官属,统诸部,以专征伐,嶷然自为一国。其官长皆称曰勃极烈。故太祖以都勃极烈嗣位,太宗以谙班勃极烈居守。谙班,尊大之称也。其次曰国论忽鲁勃极烈。国论,言贵,忽鲁,犹总帅也。又有国论勃极烈,或左右置,所谓国相也。其次诸勃极烈之上,则有国论、乙室、忽鲁、移赉、阿买、阿舍、吴、迭之号,以为升拜宗室功臣之序焉。其部长曰孛堇,统数部者曰忽鲁。凡此,至熙宗定官制皆废,其后惟镇抚边民之官曰秃里。乌鲁图之下,有扫稳、脱朵。详稳之下,有么忽、习尼昆。此则具于官制而不废。皆踵辽官名也。"此段文字,殊欠清晰。其《国语解》云:"都勃极烈,总治官名,犹汉云冢宰。谙班勃极烈,官之尊且贵者。国论勃极烈,尊礼优崇,得自由者。胡鲁勃极烈,统领官之称。移赉勃极烈,位第三曰移赉。阿买勃极烈,治城邑者。乙室勃极烈,迎迓之官。札失哈勃极烈,守官署之称。昃勃极烈,阴阳之官。迭勃极烈,倅贰之官。诸纥详稳,边戍之官。诸移里堇,部落墟寨之首领。秃里,掌部落词讼,察非违者。乌鲁古,牧圉之官。"胡鲁,即忽鲁。国论勃极烈、忽鲁勃极烈,据解乃两官,而《志》误合为一。下又重出国论勃极烈之名。"则有国论、乙室、忽鲁、移赉、阿买、阿舍、吴、迭之号"句,国论、忽鲁又重出。阿舍,即《解》之札失哈。吴为昃字之误。盖此诸号,至熙宗皆废,故作史者亦不能了然也。《桓赧散达传》:"国相雅达之子也。雅达之称国相,不知其所从来。景祖尝以币与马求国相于雅达。雅达许之。景祖得之,以命肃宗。其后撒改亦居是官焉。"案《辽志》:属国职名,有左相右相。又载景宗保宁九年,女直国来请宰相,夷离堇之职,以次授者二十一人。则雅达之国相,必受诸辽,故须以币与马求之。然则金初国论勃极烈为最尊之官;都勃极烈、谙班勃极烈,皆后来所设；故移赉勃极烈，位居第三也。

《志》又云："诸纠详稳一员，掌戍守边堡。么忽一员，掌贰详稳。习尼昆，掌本纠差役等事。""诸移里堇司。移里堇一员，分掌部族村寨之事。""诸秃里。秃里一员，掌部落词讼，访察违背等事。""诸群牧所，国言谓乌鲁古。提控诸乌鲁古一员。又设扫稳、脱朵，分掌诸畜，所谓牛马群子也。"此等序谓踵辽官名，其下皆无勃极烈字。然则凡有勃极烈字者，皆女真之旧也。金初官制，大略可见矣。

[第八章]
苗族

第八章　苗族

西南诸族，最为错杂，而名称亦猥多。我国古代，通称为蛮，后世讹而为苗。近今之言种族者，亦多通称为高地族而已。不甚加以分别，此甚疏也。今就载籍可稽者，略加爬梳，析为五族：曰苗，曰粤，曰濮，曰羌，曰藏，以次分论之。

苗者，盖蛮字之转音。我国古代，称四方之异族曰夷、蛮、戎、狄，原以其方位言，非以其种族言。既习以是为称，而其种族之本名遂隐。今所谓苗族者，其本名盖曰黎。我国以其居南方也，乃称之曰蛮；亦书作髳作髣《书·牧誓》："及庸蜀羌髣微卢彭濮人。"《诗·小雅》："如蛮如髦。"《毛传》："髦，夷髦也。"《郑笺》"髣，西夷别名。武王伐纣，其等有八国从焉"。《正义》："彼髣此髦，音义同也。"案西夷种族，别无称髦者。若系国名，则不得与蛮对举。《毛传》例不破字，其称夷髦，正系以夷蛮为训。《韩诗》："今夫肢体之序，与禽兽同节；言语之暴，与蛮夷不殊；混然无道，此明王圣主之所罪。"《诗》曰："如蛮如髦，我是用忧。"亦以夷蛮训蛮髦，韩毛同义也。如蛮如髦，乃以双声之字为重言耳。近人或云：髣为马留二字合音，非。马留乃粤族，见下篇，与今所谓苗族，古称为蛮者无涉；晚近乃讹为苗。既讹为苗，遂与古之三苗国混。三苗姜姓。当五帝时，姬姜二姓之争甚烈。《晋语》："昔少典娶于有蟜氏，生黄帝、炎帝。黄帝以姬水成，炎帝以姜水成，成而异德，故黄帝为姬，炎帝为姜；二帝用师，以相济也。"可见姬姜二姓，实为当时两大族。自黄帝战胜炎帝后，颛顼、帝喾、尧、舜、禹、契、稷，相继而有天下者，皆黄帝之子孙；姜姓望国，不过齐、许、申、吕；盖姬成而姜败矣。姜为姬败，乃南走。服九黎之民而君之，时曰三苗。近人既不察今之苗族与古之三苗之别，又不察古之姜姓，其君九黎而称三苗，实在北方战败之后；乃误以为初与姬姓战于北方者，即为后来之三苗，所用者亦即为后来九黎之民；遂有今之苗族，先汉族入中国，后乃为汉族所逐之说矣。今请得而辩正之。

何以知三苗为姜姓之国，而非种族之名也？案古之言三苗者：马融、王肃云："国名也，缙云氏之后为诸侯，盖饕餮也。"《书·尧典》释文。高诱云："帝鸿氏之裔子浑敦，少昊氏之裔子穷奇，缙云氏之裔子饕餮，三族之苗裔，故谓之三苗。"《淮南子·修务训》注。韦昭云："炎帝之后，诸侯共工也。"《书·吕刑正义》其言苗民者：郑玄云："苗民，谓九黎之君也。九黎之君，于少昊氏衰，而弃善道，上效蚩尤重刑。必变九黎言苗民者：有苗九黎之后，颛顼代少昊，诛九黎，分流其子孙，为居于西裔者三苗。至高辛之衰，又复九黎之恶。尧兴，又诛之。尧末，又在朝。舜时，又窜之。后王深恶此族三生凶恶，故著其氏而谓之民。民者冥也，言未见仁道。"《礼记·缁衣正义》引郑注《吕刑》。然则苗者氏族，民者贬辞。既不容望文解为人民，自无从凭臆断为种族。至于三苗本系，则高诱三族苗裔之说，似即缘三字而附会，别无确据。且即如所云，亦仍有缙云氏之裔在内。杜预注《左氏》，谓缙云为黄帝时官名文十八年，此仅得为氏以官为氏，而未详其姓。《史记集解》《五帝本纪》引贾逵云："缙云氏，姜姓也。炎帝之苗裔。"与韦昭"炎帝之后"之说合。惟昭又谓为共工，似显与《书》之"流共工""窜三苗"分举者背。然《周语》：太子晋谓"共工壅防百川"；又谓"共之从孙四岳佐禹，祚四岳国，命为侯伯，赐姓曰姜，氏曰有吕"。韦《注》引贾逵说，亦以共工为炎帝之后，姜姓。而据宋翔凤所考，则谓四岳即《左氏》"夫许大岳之胤也"之大岳隐十一年；实即《尧典》之伯夷；《尚书大传》之阳伯；《墨子》《所染》篇《吕览》《当染》篇之许由、伯阳；《庄子》尧让天下于许由；实即《尧典》咨四岳逊朕位之事。其说甚为精核。又《韩非子·外储说》："尧欲传天下于舜。共工谏曰：孰以天下而传之于匹夫乎？尧不听，举兵而诛共工于幽州之都。"而郭璞注《山海经》《海外南经》亦曰："昔尧以天下让舜，三苗之君非之。帝杀之。有苗之民，叛入南海，为三苗国。"然则共工、三苗，皆当时姜姓之雠舜者；实仍姬姜之争耳。纵令韦昭以三苗当共工为误，而三苗之必为姜姓，则无疑矣。《后汉书·羌传》："西羌之本，出自三苗，姜姓之别也。"其说与贾、马、韦、高合，盖必有所受之矣。《后汉书》又云："其国近南岳，及舜流四凶，徙之三危，河关之西南羌地是也。"其说地理亦极合。案自来说三危者，多误以为在敦煌附近，而"至于三危入于南海"之黑水，遂至聚讼纷纭。今案《史记集解》引郑玄云："《地理志》，益州滇池有黑水祠，而不记此山水所在，《地记》曰：三危山，在鸟鼠之西南。"又《水经注》两引《山海经》，以证《尚书》之三危。三十卷云："三危山，在敦煌南，与岷山相接，南带黑水。"四十卷云："三危之山，三青鸟居之。广圆百里，在鸟鼠山西。"又"江水东过江阳县，雒水从三危山道广魏雒县南，东南注之"。雒县，今四川广汉县。三危山，在鸟鼠西南，岷山之西，明系今青海地方，长江上源以北，黄河上源以南之山。黑水在三危之南，明即今金沙江。金沙江古名泸水，泸从卢，卢即黑也。滇池有黑水祠，滇池固在金沙江南岸也。《禹贡》雍梁二州，皆以黑水为界，盖雍州西南，抵今青海地方江源之北；梁州西界，抵今西康之江东岸；故雍州得包有析支。所谓入于南海者，乃夷蛮戎狄谓之四海之海，非洋海之海也。古代命山，所包至广，非如后世，但指一峰一岭言之。云三危在敦煌南，犹云河水出敦煌塞外；以敦煌为当时中国最西北境，故云。非谓必在敦煌附近也。自《左》昭九年"允姓之奸，居于瓜州"，杜《注》谓"允姓阴戎之祖，与三苗俱放三危者；瓜州，今敦煌"；于是移敦煌南之三危于敦煌境内；《括地志》因之，凿言"三危山在敦煌县东南四十里"，而异说始滋矣，其实《前汉书·地理志》及《续汉书·郡国志》，敦煌郡下，均不言有三危山也。《后书·羌传》，言三危析支，地理皆与经义密合。清圣祖以哈剌乌苏为黑水，因谓康、卫、藏为三危，犹中国之三省。其说殊为荒缪。然世多信之者，以哈剌乌苏译义为黑水耳。其实舍泸水之泸字不取，而转以哈剌二字相附会，真所谓舍近而求远也。

何以知三苗之君为姜姓，而其民则为今之苗族也？案郑注《吕刑》，明言苗民为九黎之君，则九黎二字，系指人民可知。马融、高诱、伪孔，以蚩尤为九黎之君；其用蚩尤二字，虽少涉含混；然九黎二字，系指人民言则同。参看下文。高注《淮南子》，于三族苗裔之说之外，别举一说曰："一曰窜三苗国民于三危。"郭注《山海经》亦曰："尧诛三苗，其民叛入南海"，皆以君与民分别言之。三苗君民之实非同族，亦隐隐可见。虽《郑注》谓"有苗九黎之后"，又谓"颛顼代少昊，诛九黎，分流其子孙，为居于西裔者三苗"。又谓"至高辛氏之衰，又复九黎之恶"。一似九黎亦为君名，而为苗民之祖；然此九黎二字，自以代九黎之君四字用。其言"有苗九黎之后"，犹言九黎之君之后。颛顼诛九黎，犹言诛九黎之君。又复九黎之恶，犹言又复于少昊氏衰而弃善道上效蚩尤重刑之九黎之君之恶。古人文字简略，上文既明言之曰"苗民谓九黎之君"，又紧承之曰"九黎之君，于少昊之衰，而弃善道"云云，故下文遂省去"之君"二字耳。《后汉书·南蛮传》："建武十二年，九真徼外蛮里张游，率其种人，慕化内属。封为归汉里君。"《注》："里，蛮之别号，今呼为俚人"是也。里、俚皆即黎，字变而音未变。盖姜姓既败于北，乃南走而臣九黎，犹月氏破于匈奴，乃西走而臣大夏耳。

何以知姜姓之君九黎，必在其北方既败之后也？案近人误以与黄帝战于北方者，为今日之苗族，皆为"蚩尤九黎之君"一语所误，殊不知古之称人，惟重氏族；子孙父祖，同蒙一号者甚多。即如战于阪泉之野之炎帝，岂得以为"斲木为耜，揉木为耒"之炎帝乎？伪孔及高诱《秦策》注之释蚩尤，但曰"九黎之君"，"九黎民之君"，诚少涉含混。然马融则明著之曰："少昊之末九黎君名"《书·吕刑》释文，实本《楚语》"少昊之衰，九黎乱德"之语，则不以为与黄帝战于涿鹿之蚩尤可知。郑更明著之曰："九黎之君，于少昊氏衰，而弃善道，上效蚩尤重刑"，则蚩尤在九黎之君之前可知。其释蚩尤也，则曰"霸天下，黄帝所伐者"《吕刑正义》；绝不言为九黎之君；则与黄帝战之蚩尤，实未尝君临九黎可知。《韩诗》称三苗之国曰："衡山在南，岐山在北；左洞庭之陂，右彭蠡之泽"《史记·吴起列传》，《战国策·魏策》略同；《史记·五帝本纪》则云："在江淮荆州"；从古无以三苗为在北方者。则战于涿鹿之蚩尤，虽为三苗国君之祖，而其身实未尝君临三苗，又可知矣。且郑玄既以蚩尤为霸天下，应劭又以蚩尤为古天子《吕刑正义》，而《史记·五帝本纪》述黄帝与炎帝、蚩尤之争，其词又颇错乱。其文曰："轩辕之时，神农氏世衰；诸侯相侵伐，暴虐百姓，而神农氏弗能征。于是轩辕乃习用干戈，以征不享，诸侯咸来宾从；而蚩尤最为暴，莫能伐。炎帝欲侵陵诸侯，诸侯咸归轩辕。轩辕乃修德振兵，以与炎帝战于阪泉之野，三战然后得其志。蚩尤作乱，不用帝命。于是黄帝乃征师诸侯，与蚩尤战于涿鹿之野，遂擒杀蚩尤。而诸侯咸尊帝为天子，代神农氏。"夫既云"诸侯相侵伐，暴虐百姓弗能征"矣，又云"欲侵陵诸侯"，其事弗类；而以"习用干戈""诸侯宾从"之轩辕，阪泉之役，犹必"三战然后得其志"，转与最暴莫能伐之蚩尤，酷似一人，是则可疑也。今世所传《大戴记》，虽未必可信，然要为古书；其述五帝事，多与《史记》同，尤足以资参证。今案《五帝德篇》，只有与炎帝战于阪泉之文，更无与蚩尤战于涿鹿之事。然则《五帝本纪》之蚩尤、炎帝，究为一人，抑为二人？殊未易定。崔氏适谓《易·系辞》

之"黄帝垂衣裳"，《风俗通》声音引作皇帝；又《春秋繁露》《三代改制质文篇》，亦以轩辕为皇帝，足征皇黄二字，古可通假；《吕刑》之"皇帝遏绝苗民"，实即黄帝与炎帝战于阪泉之事，殊为有见。然则谓蚩尤用九黎之民，即今日之苗族，与黄帝驰驱于幽、冀之域者，其为武断无据，概可见矣。

三苗与黎民之关系既明，则黎族古史，可以进考。案今之所谓苗族者，实为汉长沙武陵蛮之后。其种族原始，《后汉书》备载之。曰："昔高辛氏有犬戎之寇。帝患其侵暴，而征伐不克。乃访募天下：有能得犬戎之将吴将军头者，购黄金万镒，邑万家；又妻以少女。时帝有畜狗，其毛五采，名曰槃瓠。下令之后，槃瓠遂衔人头造阙下，群臣怪而诊之，乃吴将军首也。帝大喜。而计槃瓠不可妻之以女，又无封爵之道；议欲有报，而未知所宜。女闻之，以为帝王下令，不可违信，因请行。帝不得已，乃以女配槃瓠。槃瓠得女，负而走入南山，止石室中，所处险绝，人迹不至。于是女解去衣裳，为仆鉴之结，著独力之衣。帝悲思之，遣使寻求；辄遇风雨震晦，使者不得进。经三年，生子一十二人，六男六女。槃瓠死后，因自相夫妻。织绩木皮，染以草实，好五色衣服，制裁皆有尾形。其母后归，以状白帝。于是使迎致诸子。衣裳班阑，言语侏离；好入山壑，不乐平旷。帝顺其意，赐以名山广泽，其后滋蔓，号曰蛮夷。外痴内黠，安土重旧。以先父有功，母帝之女，田作贾贩，无关梁符传租税之赋；有邑君长，皆赐印绶；冠用獭皮。其渠帅曰精夫，相呼为姎徒。今长沙武陵蛮是也。"注："今辰州卢溪县西有武山。"黄闵《武陵记》曰：山高可万仞，山半有槃瓠石室，可容数万人。中有石床，槃瓠行迹。今案山窟前有石羊石兽，古迹奇异尤多。望石窟，大如三间屋。遥见一石，仍似狗形。俗相传云是槃瓠像也。案唐卢溪县，在今湖南泸溪县西南。此说一望而知为汉人所附会。然干宝《晋纪》，范成大《桂海虞衡志》，皆谓苗人杂糅鱼肉，扣槽而号，以祭槃瓠。《文献通考·四裔考》引。则槃瓠确为苗族之祖。近人或云："吾国古帝，踪迹多在北方；独盘古则祠在桂林，墓在南海。"《述异记》又今所传盘古事迹，或谓其与开辟俱生《三五历纪》："天地混沌如鸡子，盘古生其中。万八千岁，天地开辟；阳清为天，阴浊为地；盘古在其中。一日九变，神于天，圣于地。天日高一丈，地日厚一丈，盘古日长一丈，如此万八千岁，天数极高，地数极深，盘古极长，后乃有三皇"，或谓其以一身化为万有《五运历年纪》："首生盘古，垂死化身：气成风云，声为雷霆；左眼为日，右眼为月；四支五体为四极五岳；血液为江河；筋脉为地理；肌肉为田土；发髭为星辰；皮毛为草木；齿骨为金石；精髓为珠玉；汗流为雨泽；身之诸虫，因风所感，化为黎甿。"《述异记》略同，亦与其余缪悠古说，设想迥殊。现在粤西岩洞中，尚时有崇宏壮丽，榜为盘古庙者，中祀盘古及天皇、地皇、人皇。旧历六月二日，相传为盘古生日，苗族远近咸集，致祭极虔。则盘古殆即吾族所谓槃瓠，与天、地、人三皇，皆为苗族古帝；而其传说，转见于吾族之载籍欤。《遁甲开山图》谓："天皇氏被迹在柱州昆仑山下；地皇氏兴于熊耳龙门之间；人皇氏兴于刑马山、提地之国。"柱州，以昆仑山高，若天柱然，故名。刑马山，旧说在蜀。俱见《通鉴外纪》。《尚书·璇玑钤》谓"人皇氏乘六羽驾云车出谷口"；而《华阳国志》谓"蜀之为国，肇自人皇"。然则此族殆自中亚高原沿江东下者，地皇之迹，至于熊耳龙门，则彼族初封，初不局于洞庭、彭蠡间矣。予案盘古名号，雅记无征。司马贞作《补三皇本纪》，从郑玄说，以伏羲、女娲、神农为三皇；又据《河图三五历》，列天皇、地皇、人皇之说于后；可谓好用纬候矣；然亦不采盘古。而《三五历纪》及《五运历年纪》之说，与《摩登伽经》

所谓："自在以头为天，足为地，目为日月，腹为虚空，发为草木，流泪为河，众骨为山，大小便利为海"；《外道小乘涅槃论》所说："本无日，月，星辰，虚空及地，惟有大水。时大安荼生，形如鸡子。周匝金色。时熟破为二段。一段在上作天，一段在下作地"者，顾极相类。疑为象教东来以后，窃彼外道之说而成。案厄泰梨雅优婆尼沙昙（Aitareya Upanishab）云："大古有阿德摩（Atman），先造世界，世界既成，后造人。此人有口，始有言，有言乃有火。此人有鼻，始有息，有息乃有风。此人有目，始有视，有视乃有日。此人有耳，始有听，有听乃有空。此人有肤，始有毛发，有毛发，乃有植物。此人有心，始有念，有念，乃有月。此人有脐，始有出气，有出气，乃有死。此人有阴阳，始有精，有精乃有水。"其思想亦相类，盖本印度民族旧说，各种神教哲学，同以为蓝本也。既非吾族固有之词，亦非苗族相传之说。至于三皇，则古书所载，一似异说纷如，其实理而董之。仅得两说：一为今文家言，《尚书大传》所谓"遂人为遂皇，伏羲为戏皇，神农为农皇"是也。一为古文家言，《白虎通义》或说，以伏羲、神农、女娲为三皇是也。详见第一篇附录《三皇五帝考》。然则安有所谓被迹昆仑之天皇，兴于熊耳、龙门之地皇，乘六羽，驾云车，出谷口之人皇与？又古所谓昆仑，实在青海境内。详见第一篇附录《昆仑考》。其地与三危，同为西徼。然三危实三苗所流放，而非其发祥之所也。神州种族，多自西来。谓苗族之兴，亦在中亚高原，说或可信。又槃瓠、盘古，音读相同；扣槽之仪，千载未泯；则谓盘古实为彼族古帝，或亦非诬。然必据百家言不雅驯之书，即为彼族十口相传之说，则未免失之早计矣。

苗族古代疆域，似未越洞庭、彭蠡之间。或引《吕览·召类》"尧战于丹水之浦，以服南蛮"，谓此族曾到南阳附近。然汉江上游，在古代实为濮族之地。见第十章。南蛮二字，为南方异族之通称，不能即断为苗族也。观熊贽迁郢而启濮，则夷陵以西，亦为濮族所据。惟熊渠东伐扬粤，至于鄂；粤为今马来人种，当时踪迹，似未能至夏口见第九章，或实为此族欤。然自楚人拓地而南，又沿江东下，此族遂并洞庭、彭蠡间地而失之，而退入今湖南境内矣。

洞庭流系，古称九江。其独立入湖者凡四：湘、资、沅、澧是也。四水之中，湘江流域，地最平坦，故其开辟独早。秦、汉时已无蛮患。盖自楚辟湖南后，湘江流域，即逐渐开化矣。参看第一篇。自汉以后，中国所致力者，乃在今川、鄂、湘三省之交。《后汉书》云：吴起相悼王，南并蛮、越。遂有洞庭、苍梧。秦昭王使白起伐楚，略取蛮夷置黔中郡。汉世改为武陵今湖南沅陵县。岁令大人输布一匹，小口二丈，是谓賨布。虽时为寇盗，而不足为郡国患。光武中兴，武陵蛮夷特盛。建武二十三年，精夫相单程等，据其险隘，大寇郡县。遣刘尚击之，败没。二十五年，马援乃破平之。章、和、安三世，澧中溇中诸蛮溇水，今澧水支流九溪河，数为寇盗。顺帝永和元年，武陵太守上书：以为蛮夷率服，可比汉人，增其租赋。其冬，澧中溇中蛮反。以李进为太守，讨破之。进简选良吏，在郡九年，得其情和。桓、灵时，长沙、武陵、零陵蛮零陵，今湖南零陵县，复数反叛焉。三国而后，纲纪废弛，此族遂大为侵寇。《南史》述其事曰："东连寿春今安徽寿县，西通巴、蜀，北接汝、颍，往往有焉。其于魏氏，不甚为患。至晋之末，稍以繁昌。渐为寇盗。刘、石乱后，诸蛮无所忌惮，其族渐得北迁。宛、洛萧条，略为丘墟矣。"案夷陵以西，本为濮族所据。夏口附近，亦有氐羌居之各见本篇，不尽此族。惟当时此三族者，实已混合而不可分耳。马贵与说。晋时，于荆州置南蛮校尉，雍州置宁蛮校尉以治之。宋孝武初，罢南蛮，而宁蛮如故。大抵在今河南境者，常叛服于南北朝间；又数为内寇。在今湖北境者，深山重阻，人迹罕至，为患尤深。甚至屯据三峡，断遏水路。荆、蜀行人，为之假道焉。其居今湖南境者：顺附者一户输粟数斛，余无杂调。而宋人赋役严苦，贫者不堪，多逃亡入蛮。蛮无徭役，又不供官税，结党连群，动有百千。州郡力弱，则起为盗贼，种类渐多。户口不可知也。其后居楚、豫间者，南北朝末，渐与汉人同化。居楚、蜀间者，周武帝天和末，命陆腾讨破之。惟在今湖南境内者，至隋、唐之世，始加以经略焉。

今湖南境内，湘江流域，开辟最早；而沅、资流域较晚。雄、樠、武、辰、酉之域，尤为群蛮荟萃之区，所谓五溪蛮也。隋时，始于今沅陵县地置辰州，唐时进置锦州今湖南麻阳县，溪州今湖南永顺县，巫州今四川巫山县，叙州今湖南黔阳县。唐末，群蛮分据其地，自署为刺史。宋有天下，任徭人秦再雄招降之。于是沅江流域之地，分为南北江。北江蛮酋，彭氏最大。南江蛮酋，舒氏、田氏、向氏最大，而资江流域，则为梅山峒蛮所据。其地东接潭，南接邵，西接辰，北接鼎、澧，最为腹心之患。又有杨氏者，据今靖县地，号十峒首领。神宗始任章惇，招降梅山蛮，置安化、新化二县今县同。又平南江蛮，置沅州今芷江县。降十峒首领，置诚州。北江之地，亦归版籍，于是今湖南全境，未定者仅西北一隅，与湖北西南境毗连之地。明时，辟施州今湖北恩施县，永顺今湖南永顺县，保靖今湖南保靖县。清康熙时，增辟乾州今湖南乾城县，凤凰今湖南凤凰县二厅。雍正时，改永顺为府。又辟永绥今湖南永绥县，松桃今贵州松桃县二厅。其初蛮民畏吏如官，畏官如神。有司因之，恣为侵暴。汉人移居其地者又日多。三四十年间，地几尽为所占。苗民忿怒，倡言逐客民，复故地。遂有乾隆六十年之苗乱。调四川、云南、湖南、广西兵数十万，然后破之。未及大定，而川、楚教匪起。官军北调，苗患益滋。后傅鼐总理边务，乃修碉堡；创屯田；练汉民为兵；购收苗人军器；又设学塾以教之；苗民始戢戢向化焉。

贵州一省，地最闭塞。其地：自湖南入者，经镇远、平越而至贵阳；自滇、蜀入者，经泸州会于毕节；自广西入者，则经郁江上流；皆蛮族盘据之地。故其开辟为独晚。元时，始于其地设土司。明初，元所属思州来降。分设思州、思南二司思州，今贵州思县。思南，今贵州思南县。后相仇杀。乃于永乐十一年，分其地为八府、四州，设贵州布政司、都指挥使以治之。贵州始列为内地。贵阳附近诸土司，以安氏、宋氏为最大，安氏居水西，宋氏居水东，分统诸土司。后宋氏衰，安氏独盛。天启时，其酋安位之叔邦彦，结永宁宣抚奢崇明叛永宁，今贵州关岭县，围贵阳。至崇祯元年，乃平之。贵州东南境，以古州为中心古州，今贵州榕江县，环寨千三百余，周几三千里，谓之苗疆。清雍正时，鄂尔泰主改流，任张广泗招抚之。后广泗移督湖广。继任者易苗事。十三年，苗叛。讨之无功。高宗立，复任广泗经略，蹙之丹江、丹拱、都匀间之牛皮大箐中，杀戮殆尽。自是贵州之苗，不复为大患矣。

苗族虽为汉人所征服，然今湖南、贵州境，其族犹不少。其派别至繁，彼此不通婚姻，故不能抟结。其于汉人，有深闭固拒，不肯通婚者；亦有慕与汉人结婚者。然汉族多鄙视之，不愿与通婚姻。今贵州男子，有取苗女者，犹多为亲族所歧视；甚至毁其宗祠。至汉女嫁苗男者，则可谓绝无矣。以是故，其种类颇纯，迄今不能尽与汉人同化。然汉族之流徙其间者，究属不少。故混合之事，亦时有之。今之论苗族者，或分为纯苗族，不纯苗族。

纯苗族，言语、风俗，皆与汉人绝殊。不纯苗族，则介乎汉与苗之间者也。诸土司多非苗族，大率汉人为大长于蛮夷中，故颂土司之功者，多称其"赶苗脱籍"云。苗人皆知田种。亦或猎牧，不以为正业。平地率为汉人所占。其人多居山地。垦田力作，劳苦倍而收获半。以能勤苦；又不见纷华异物而迁；大抵惟土物爱；一切奢侈诈伪之事，几于绝无如烟赌，苗人即几绝无，故犹足以自给云。其族古代本与汉族相接近，又其进化较迟，故多存汉族古俗。食必先祭；台拱之苗，以手抟饭而食，穆然见三古之遗风焉。女子衣服多华丽，好采色；或用五色线绣成，此《后书》所谓"衣裳班阑"者邪？无文字，每聚族致祭，祝词必数先祖之名，能致祝者将老，则择族之强识者传焉。或不及传而死，祭时遂无致祝者，则他族姗笑之。案此似亦中国古俗，《周官》所谓瞽矇诵世系者也。故视之颇谨。然究不足恃，故其古事传者甚少云。巫鬼之习，自古即然。《淮南子》谓"荆人鬼，越人禨"，荆人盖苗族也。《墨子·非攻》："昔者三苗大乱，天命殛之。日妖宵出。雨血三朝。龙生于庙，犬哭于市。夏冰。地坼及泉。五谷变化。民乃大震。高阳乃命玄宫当作高阳乃命禹于玄宫，禹亲把天之瑞令，以征有苗，四电诱祗。孙氏诒让云：疑雷电诗振之误。有神，人面鸟身，若瑾以待。孙氏云：若瑾疑奉珪之误。扼矢有苗之祥。孙云：祥疑当作将。苗师大乱。后乃遂几。"孙云：幾，微也。言三苗之后世，遂衰微也。此苗族最古之传说，几充塞之以妖祥矣。日宵出雨血等，必彼族先有是说，而后吾族从而传之也。今苗人疾病，犹不知医，壹听于巫。俗谓其人能畜毒虫，造蛊以害人，则未必有此事。或苗人所用毒药，有为吾国人所不知者，乃故神其说与？

又有所谓猺者，蔓衍于湖南之永明、江华、宁远、蓝山、道县、武冈、城步、郴县；广东之连县、连山、肇庆、罗定、合浦；广西之桂林、庆远、马平、平乐。居平地者曰平猺，居山地者曰山猺。平猺多化于汉人。山猺则自率其俗，居于岩洞之间。所谓猺峒也。近亦渐事农业。旧峒往往为匪徒所据，猺人转为所苦焉。猺亦出于苗。旧说谓因其不事征徭，故称为猺，说似难信。然其俗亦祀槃瓠，谓其与苗同祖，当不诬也。

又有所谓畲民者，在浙江福建两省。浙江之旧处州府属最多，衢、严亦有焉。其俗亦祀槃瓠。祭时为竹箱二：一盛红布囊，刻木为狗头，朱漆之，饰以金箔，置囊中。福建人称畲民为狗头蛮，盖以此？一置画像，所画皆其族故事，如槃瓠衔吴将军首，高辛以女妻槃瓠等。其族传说，谓"其祖初化为狗，后又化为龙"云。予案畲畬同音，犹茶荼本一字，《史记·儒林传》：董仲舒弟子吕步舒。《集解》引"徐广曰：一作荼，亦音舒"。则舒荼同音。今之畲民，或古之群舒乎？《春秋大事表》卷五：今江南庐州府舒城县，为古舒城。庐江县东百二十里，有古龙舒城。舒蓼，舒庸，舒鸠及宗四国，约略在此两域间。

[第九章] 粤族

粤者,盖今所谓马来人。此族之始,似居中央亚细亚高原;后乃东南下,散居于亚洲沿海之地;自五岭以南,南至今后印度,北则今江、浙、山东、河北、辽宁,更东则抵朝鲜;其居海中者;则自南洋群岛东北抵日本,益东且抵美洲;而其族仍有留居今川、滇境者;其散布亦可谓广矣。然则何以知此诸地方之民必为同族也?曰:征诸其风俗而知之。此族特异之俗有二:一曰文身,一曰食人。稽诸载籍,前述诸地,此俗皆同,有以知其非偶然也。《小戴记·王制》:"东方曰夷,被发文身。""南方曰蛮,雕题交趾。"《正义》释雕题,谓"以丹青雕刻其额"。又曰:"非惟雕额,亦文身也。"可见古代所谓夷与蛮者,吾国人虽因其所居之方位而异其称,在彼则实为同族。《礼记》于西戎、北狄,同言不粒食,东夷、南蛮,同言不火食,亦足见夷蛮风俗之同。《汉书·地理志》:"今之苍梧、郁林、合浦、交趾、九真、南海、日南,皆粤分也。其君禹后,帝少康之庶子云。封于会稽;文身断发,以避蛟龙之害。"此可证春秋时于越之越,亦即汉时南粤闽粤之粤。《后汉书·哀牢传》:"种人皆刻画其身,象龙文。"《东夷传》:"倭地大较在会稽、东冶之东,与珠崖、儋耳相类,故其法俗多同。"《三国志》:"倭:男子无大小,皆黥面文身。"又云:"夏后少康之子,封于会稽,断发文身,以避蛟龙之害。今倭人好沈没捕鱼蛤,亦文身以厌大鱼水禽;后稍以为饰。诸国文身各异;或左或右,或大或小;尊卑有差;以丹朱涂其身体,如中国用粉也。"《后汉书》马韩:"其南界近倭,亦有文身者。"弁辰:"其国近倭,故颇有文身者。"《北史》流求:"妇人以墨黥手,为虫蛾之文。"《南史》扶南:"俗本裸,文身被发,不制衣裳。"此可见文身之俗,自滇、缅,经闽、粤以至朝鲜、日本皆有之。阎若璩《四书释地三续》:"《留青札记》曰：某幼时及见今会城住房客名孙禄者，父子兄弟，各于两臂背足，刺为花卉、葫芦、鸟兽之形。因国法甚禁，皆在隐处，不令人见。某命解衣，历历按之；亦有五彩填者，分明可玩。及询其故。乃曰：业下海为鲜者，必须黥体，然后能避蛟龙鲸鲵之害。方知翦发文身，古亦自有。《汉·地理志》，于粤已然。录此者，见今犹信耳。"此又足以证古说之非诬；抑可见此族之有此俗，实由其居沿海使然也。其征一也。《墨子·鲁问》："楚之南，有啖人之国者；其国之长子生，则解而食之，谓之宜弟；美则以遗其君，君喜则赏其父。"《节葬下》："越东有輆沐之国，其长子生，则解而食之，谓之宜弟。"《韩非子》二柄、难一皆云："齐桓公好味，易牙蒸其子首而进之。"其《十过》及《淮南子·主术训》《精神训》高注，并作首子。《左》僖十九年，宋襄公使邾文公用鄫子于次睢之社，欲以属东夷。杜注谓睢水次有妖神，东夷皆社祠之。《后汉书·郡国志》注引唐蒙《博物记》，谓在临沂县。案汉临沂县故城，在今山东临沂县北。又案《春秋》言"用"者二：一僖十九年，"邾人执鄫子用之"，一昭十一年，"楚师灭蔡，执蔡世子有以归用之"是也。僖十九年《公羊》云："叩其鼻以血社。"《穀梁》云："叩其鼻以衈社。"注："衈者，衅也。取鼻血衅祭社器。"昭十一年《公羊》曰："恶乎用之，用之防也。其用之防奈何？盖以筑防也。"注："持其足，以头筑防。"《穀梁》不言用之之法。《左氏》则僖十九年，载司马子鱼之言曰："古者六畜不相为用，小事不用大牲，而况敢用人乎？"昭十一年载申无宇之言曰："五牲不相为用，况用诸侯乎？"皆谓以人为牲。昭十年："平子伐莒，取郠。献俘，始用人于亳社。臧武仲在齐，闻之，曰：周公其不飨鲁祭乎？周公飨义，鲁无义。《诗》曰：德音孔昭，视民不佻。佻之谓甚矣，而壹用之，将谁福哉？"注："壹，同也。同人于畜牲。"《汉书·五行志》："宣公十七年，六月，癸卯，日有食之。刘向以为后邾支解鄫子。"《山海经·东山经》："凡东山经之首,自檄蠡之山,以至于竹山,凡十二山,三千六百里。其神皆人身龙首,祠毛用一犬。祈衈用血。"郭注:"以血涂祭为衈也。《公羊传》云:盖叩其鼻以衈社。音钓饵之饵。"郝氏懿行曰:"《玉篇》云:以牲告神,欲神听之曰衈,说与郭异。据郭注,衈疑当为釁。《玉篇》云:耳血也。《礼记·杂记》:衈皆于屋下。郑注云:衈,谓将刲割牲以釁,先灭耳旁毛荐之。郭引《公羊传》者,僖十九年文。然传云盖叩其鼻以血社,不作衈字。《穀梁传》正作叩其鼻以衈社。范宁注云。衈者,衅也。是郭此注当由误记,故竟以《穀梁》为《公羊》耳。"愚案用人之法盖甚多,支解之以为牲,或以其血涂祭器,或持其足,以头筑防皆是。《公》、《穀》同处甚多,窃疑《公羊》之血社,亦当作衈社。可知食人之俗,古所谓蛮夷者,亦皆有之。《后汉书·南蛮传》,引《墨子》之说,以为当时之乌浒人。《注》:"万震《南州异物志》曰:乌浒,地名。在广州之南,交州之北。恒出道间,伺候行旅,辄出击之。利得人食之,不贪其财货。并以其肉为肴菹;又取其髑髅,破之以饮酒;以人掌趾为珍异,以食老也。"墨子所识,地不得至交、广之间。范书所云,似近牵合,然其俗则固大同。《南史》毗骞:"国法刑人,并于王前啖其肉。""国内不受估客,往者亦杀而食之。"《北史》流求:"国人好相攻击,收斗死者聚食之。其南境:人有死者,邑里共食之。战斗杀人,便以所杀人祭其神。"《隋书》真腊,"城东有神,名婆多利,祭用人肉。其王年别杀人,以夜祀祷"。此可征食人之俗,亦自楚、粤、交、广至南洋群岛皆同。其征二也。又近世人种学家,语言学家,谓藏、缅、暹、越之民,并与马来同种。暹、缅语皆单节,类中国,而颠倒出之。如胜地作地胜,好人作人好之类。惟暹重佛,多杂梵语;越杂华语,音分四声耳。藏、缅及川、滇、青海诸番,语亦单节。四声未备,而略有其端。且不复有所颠倒。此足为沿海之马来人,与中央山地之人同族之证。《后汉书》："珠崖、儋耳二郡，在海洲上。其渠帅贵长耳，皆穿而缒之，垂肩三寸。"《汉书·地理志》："自日南障塞徐闻、合浦船行，可五月，有都元国。又船行，可四月，有邑卢没国。又船行，可二十余日，有谌离国。步行可十余日，有夫甘都卢国。自夫甘都卢国船行，可二月余，有黄支国。民俗略与珠崖相类。自黄支船行，可八月，到皮宗。船行可八月，到日南、象林界云。黄支之南，有已程不国，汉之译使，自此还矣。"近人云："黄支，即《大唐西域记》西印度境之建志补罗（Kanchipura），此外皆难确考。大约在今南洋群岛锡兰及南印度境。"予案此所谓"民俗略与珠崖相类"者，不知其专指黄支国，抑兼指都元以下诸国言之？然即以为专指黄支，已可见其散布之广。又儋耳之民，《山海经》《大荒北经》《淮南子》《地形训》皆以为在北方。《高注》谓其"以两手摄耳，居海中"。亦足见其散布之广，又可见其确居沿海之地也。又《通典》"五岭之南，人杂夷、獠，不知教义，以富为雄。铸铜为大鼓。初成，悬于庭中，置酒以招同类。人多构仇怨，欲相攻击，则鸣此鼓。有鼓者号为都老"。宋周去非《岭外代答》："广西土中铜鼓，耕者屡上之。其制正圆而平；其面曲；其腰有五蟾分据；蟾皆累蹲，一大一小，相负也。周围款识，其圆文为古钱，其方文如织簟。以其成章，合其众纹，大类细画图陈之形。"近人云："今西人往往于印度支那及南洋巫来由群岛得铜鼓，模范款识，与吾国所记吻合。日本帝国博物馆，藏有铜鼓三：一在广东所得，一在爪哇所得，一则暹罗王室所赠也。"又《王制》郑注："交趾，足相乡，浴则同川，卧则僢。"《正义》："蛮卧时头在外，足在内而相交，故曰交趾。"《后汉书·南蛮传》："其俗，男女同川而浴。"《北史》流求："父子同床而寝。"而男女同浴之风，今日本尚有之，亦皆此诸地方之民，本为同族之证矣。

此族见于古籍者，自淮以北皆称夷，自江以南则曰越作粤同。夷之见于《禹贡》者：有青州之嵎夷、莱夷，冀州、扬州之鸟夷，徐州之淮夷。嵎夷，当即《尧典》"宅嵎夷曰旸谷"之嵎夷。《今文尚书》及《帝命验》《考灵曜》，并作嵎铁，谓在辽西。《书》疏及《尧典释文》，《史记·夏本纪索隐》。夷铁音同。《说文》土部："嵎夷，在冀州阳谷；立春日，日直之而出。"山部："嵎山，在辽西。一曰嵎铁，谷嵎也。"盖辽西之地，或以为属冀，或以为属青。马融曰："嵎，海嵎也。夷，莱夷也。嵎谷，海嵎夷之地名。"《书释文》则合嵎夷、莱夷为一。案《史记·封禅书》："秦始皇东游海上，祠齐之八神。其七曰日，主祠成山。成山斗入海。最居齐东北隅，以迎日出云。"韦昭曰："成山，在东莱不夜县，自古相传为日出之地"，似与马说合。汉不夜故城，在今山东文登县东。然《禹贡》下文，别言"莱夷作牧"，则马说似非。要之总在今山东辽宁境也。莱夷，即春秋时之莱，为齐人所灭者。据《汉志》，地当在今山东黄县。扬州、冀州之鸟夷，今《禹贡》皆作岛。然《正义》谓孔读鸟为岛，则伪孔经文亦作鸟也。郑释冀州之"鸟夷皮服"云："东北之民，搏食鸟兽者。"《书正义》颜师古释《汉志》之"鸟夷卉服"云："东南之民善捕鸟者。"伪孔读为岛似非，然亦不能确知所在。淮夷，《郑注》云："淮水之上夷民。"见《正义》。予案古所谓徐戎，亦称为徐夷者，似与淮夷是一。以其居淮水之上，则曰淮夷；以其州表之，则曰徐戎；犹粤之在扬州分者称扬粤耳。伪孔说即如此。《说文》："邾，邾下邑也。鲁东有徐城。"《史记·鲁世家》："顷公十九年，楚伐我，取徐州。"徐广曰："徐州在鲁东。今薛县，六国时徐州。"

案今山东滕县。《汉志》：临淮郡，治徐县，即春秋时徐子之国，则安徽盱眙县。可见徐戎跨地甚广。峄夷、鸟夷，后世无闻焉。而淮夷、徐戎，则特为强悍。至秦有天下，乃悉散为人户。《后汉书·东夷传》：古有所谓九夷者，即淮夷也。孙诒让云："《尔雅·释地》云：九夷，八狄，七戎，六蛮，谓之四海。《王制》孔疏云：九夷，依东夷传九种：曰畎夷、于夷、方夷、黄夷、白夷、赤夷、玄夷、风夷、阳夷。李巡注《尔雅》云：一曰玄菟，二曰乐浪，三曰高骊，四曰满饰，五曰凫臾，六曰索家，七曰东屠，八曰倭人，九曰天鄙。按《王制》疏所云，皆海外远夷之种别。此九夷与吴楚相近，盖即淮夷，非海外东夷也。《书·叙》云：成王伐淮夷，遂践奄。《韩非子·说林》上篇云：周公旦攻九夷而商盖服。商盖即商奄，则九夷亦即淮夷。故《吕氏春秋·古乐篇》云：成王立，殷民反。王命周公践伐之。商人服象，为虐于东夷。周公遂以师逐之，至于江南。又《乐成》篇云：犹尚有管叔蔡叔之事，与东夷八国不听之谋。高注云：东夷八国，附从二叔，不听王命。周公居摄三年伐奄，八国之中最大，著在《尚书》。余七国小，又先服，故不载于经也。案东夷八国，亦即九夷也。春秋以后，盖臣属楚、吴、越三国。战国时，又专属楚。《说苑·君道》篇说：越王句践与吴战，大败之。兼有九夷。《淮南子·齐俗训》云：越王句践霸天下，泗上十二诸侯，皆率九夷以朝。《战国策·秦策》云：楚苞九夷，方千里。《魏策》云：张仪曰：楚破南阳，九夷内沛，许鄢陵死。《文选》：李斯上秦始皇书，说秦伐楚，包九夷，制鄢、郢。李注云：九夷，属楚夷也。若然，九夷实在淮、泗之间，北与齐、鲁接壤。故《论语》：子欲居九夷，参互校核，其疆域固可考矣"案孙说是也。李巡注《尔雅》夷蛮戎狄，多引汉以后四夷之名，其为附会，显然。孙说见《墨子间诂·非攻中篇》。其称为越者：则《史记·楚世家》："熊渠伐扬粤，至于鄂，立长子康为句亶王，中子红为鄂王，少子执疵为越章王，皆在江上楚蛮之地。"句亶：《集解》"张莹曰：今江陵也"。《索隐》："系本康作庸，亶作袒。"鄂：《集解》："《九州记》曰：今武昌。"越章：宋翔凤谓即汉丹阳，今当涂县。《过庭录·楚鬻熊居丹阳武王徙郢考》。更证以泰伯、仲雍，文身断发《史记·吴泰伯世家》，则自江陵以东，迄于吴会，皆为此族居地。更南：则今浙江以南曰於越，瓯江以南曰瓯越，福建地曰闽越，两广、越南地曰南越，秦、汉时皆入中国版图。而凭恃险阻之山越，至于六朝，犹劳讨伐焉。

秦、汉之开南粤，地仅及今越南境。其最南之界，为今广和城，后此自立为林邑者也。林邑之南为扶南，当今澜沧江下流，临暹罗湾，《南史》所谓在"曰南之南，海西大湾中，有大江，广十里"者也。扶南之南，今柬埔寨境，曰真腊。益西，今地那悉林境，曰赤土。与扶南并为后印度半岛大国。《南史》云："扶南南界三千余里，有顿逊国。在海崎上，地方千里，城去海十里，有五王，并羁属扶南。""顿逊之外，大海洲中，又有毗骞国，去扶南八千里。""又传扶南东界，即大涨海。海中有大洲，洲上有诸薄国。国东有马五洲，复东行涨海千余里，至自然大洲。"顿逊，当在今马来半岛南端。毗骞，似在今苏门答剌境。诸薄国、马五洲，当系今婆罗洲。自然大洲，或今巴布亚欤？里数系传闻侈大之词，不足为据。凡此诸国，殆皆因扶南而传闻者。史称扶南王范蔓，"尝作大船，穷涨海。开国十余，辟地五六千里"，或即其地也。

其南朝时来通朝贡者，则有诃罗陁、呵罗单、婆皇、婆达、阇婆达、盘盘、丹丹、干陁利、狼牙修、婆利诸国。诃罗单，都阇婆洲，与阇婆达当即一国。《唐书》："诃陵，亦曰社婆，曰阇婆。"《地理志》："海峡之南岸为佛逝国。佛逝国东，水行四五日至诃陵国。"则当在今苏门答剌之东南端。或曰：阇婆即爪哇，音译小异也。盘盘，据《唐书》，在哥罗西北。哥罗在海峡北岸，则盘盘当在马来半岛南境。丹丹，《唐书》云"在南海，北距环王。限小海，与狼牙修接"。亦当在马来半岛南端。狼牙修国，"在南海中。其界东西三十日行，南北二十日行"，证以隋使行程，当即今苏门答剌。婆利国，"在广州东南海中洲上。《北史》：'自交趾浮海，南过赤土丹丹，乃至其国。'《唐书》：'赤土西南入海得婆罗'，当即此也。国界东西五十日行，南北二十日行"。《北史》："东西四月行，南北四十五日行。"似即今婆罗洲也。

其见于《隋书》者：有流求，"当建安郡东，水行五日而至"，今中国台湾地区也。见于《唐书》者：有甘毕，"在南海上，东距环王"。有哥罗舍分，"在南海南，东距堕和罗"。有修罗分，"在海北，东距真腊"。又有僧高、武令、迦乍、鸠密四国。僧高"在水真腊西北"，其余三国，亦当在其附近。与鸠密同入贡者，又有富那。真腊之南有投和，"自广州西南海行，百日乃至"。其西有堕和罗，亦曰独和罗。"南距盘盘，自广州行五月乃至。"有属国二：曰昙陵，"在海洲中"。曰陀洹，一曰耨沱洹，"在环王西南海中。与堕和罗接"。有罗越，"在海峡北岸"。凡此皆在今越南、暹罗及马来隅半岛境。有赡博，或曰赡婆，"北距兢伽河"，则当在今阿萨密附近。其北为东天竺，又东即骠国，今缅甸地。骠国之东，则陆真腊，其西南则堕和罗也。其在海岛上者，有堕婆登，"在环王之南，东拒诃陵"。有室利佛逝，"在海峡之南岸"，皆在今苏门答剌。婆利之东有罗刹，"与婆利同俗"。则当在今婆罗洲。环王之南有殊奈，"泛交趾海三月乃至"。又有甘棠国，"居大海南"。则未能确指为今何岛也。

凡此诸国，皆在今南洋群岛中。自此以东北，则接于朝鲜、日本。其分布，盖以今地学家所画亚、澳二洲之界为限。更东北，则至美洲。《南史》云："倭东北七千余里，有文身国。人体有文如兽；额上有三文；文直者贵，文小者贱。""大汉国，在文身国东五千余里，风俗并与文身国同，而言语异。"道里虽不可据，然其地必在今美洲，则无疑矣。

诸国种类，可分二派：一为马来西亚人，一则印度西亚人也。《晋书》：林邑："人皆裸露徒跣，以黑色为美。"扶南："人皆丑黑拳发，倮身跣行。"《北史》：真腊："人形小而色黑，妇人亦有白者。悉拳发垂耳。"《唐书》：婆利："俗黑身，朱发而拳，鹰爪兽牙。"此皆马来西亚种也。《隋书》：林邑："其人深目高鼻，发拳色黑。"流求："人深目长鼻，有类于胡。"此皆印度西亚种也。流求："歌呼蹋蹄，一人唱，众皆和，音颇哀怨。扶女子上膞，摇手而舞。"此即今西人跳舞之俗也。印度西亚人文明，较马来西亚人为高。其来自印度者，尤常为之君长；扶南、婆利之王，为憍陈如氏。真腊之王，为刹帝利氏。赤土之王，为瞿昙氏是也。《隋书》：赤土："其俗敬佛，尤重婆罗门。"《南史》：林邑："其大姓号婆罗门。"则诸国贵族，亦出印度矣。

诸国之中，受中国之牖启而自立者，当首推林邑。林邑者，汉日南郡象林县，今越南之广和城也。越南之地，自汉平南越后，隶中国，为交趾、九真、日南三郡。交趾，今东京，九真为乂安、广平等处，日南则顺化以南之地也。后汉建武时，交趾女子徵则、徵贰反，马援讨平之。是役也，兵威所至盖甚远。《唐书》："环王，南抵奔陀浪洲。其南大浦，有五铜柱；山形若倚盖，西重岩，东涯海，汉马援所植。"盖薄今西贡境矣。然疆理所及，则以广南为限也。后汉末，县功曹区姓，有子曰连。杀令，自立为王。子孙相承数世。其后王无嗣，外孙《隋书》作甥范熊代立。熊死，子逸立。晋成帝咸康三年，逸死。有范文者，本日南西卷县夷帅范椎家奴。椎尝使之商贾。往来，见上国制度。至林邑，教逸作宫室、城邑、兵车、器械。逸爱信之，使为将。文乃谗逸诸子，或徙或奔。逸死，文伪于邻国迓王子，置毒杀之。遂胁国人自立。有众四五万人，颇为日南、九真之患。宋时，封林邑王。自此迄南朝，皆通贡。惟宋文帝元嘉时，以其为寇，尝一用兵，入其国。隋文帝仁寿时，又入之。以其地置三郡。而道阻不通。其王褒遗众，别建国邑，遣使谢罪。自此讫唐，朝贡不绝。唐太宗贞观十九年，其王镇龙见弑。范氏绝，镇龙父头黎之姑子诸葛地继之。肃宗至德后，更号环王。宪宗元和初，不朝献，安南都护张丹伐之。其王弃林邑，南徙于占今平顺城，改号占城。宋时，其国仍在。而史云："有州三十八。无城郭，但有村落百余。每村户三五百至七百。"则南徙后，已非复中国州县之旧矣。宋时，占城尝伐真腊，入其国。宁宗庆元时，真腊大举复仇，俘其王，杀戮殆尽，遂并其地。宋末，复分立。明英宗天顺中，安南黎氏灭占城，以其地为广南、顺化二州。明责其以南边数城，复立占城之后。孝宗弘治中，统绝。明行人屠滽，以兵二千，海舟二十，送其裔古来复国。安南不敢拒。占城仍保南边数城。至阮氏据广南，乃为所并。

林邑而外，后印度半岛之国，当以扶南为最大。赤土其别种，真腊则其后起者也。扶南：本以女人为王，号曰柳叶。其南激国，有事鬼神者，字混填，梦神赐之弓，乘贾人舶入海。晨起，诣庙，于神树下得弓。便依所梦，乘舶入海，至扶南外邑。柳叶人众见舶至，欲劫取之。混填即张弓射其舶。穿度一面，矢及侍者。柳叶惧，举众降。混填妻之，而君其国。混填生子，分王七邑。其后王混盘况，间诸邑，令相疑阻。因举兵攻克之。混填、柳叶，时代不可知，约当中国汉时。其立国，尚在林邑之先也。混盘况年九十余乃死。中子盘盘立，以国事委大将范蔓。盘盘立三年死。

国人共举蔓为王。蔓雄健，有权略。以兵威攻伐旁国，咸服属之。自号扶南大王。乃作大船，穷涨海，并国十余，辟地五六千里。涨海，史云扶南东界之海。其所辟者，或今菲律宾群岛与？次当伐金邻国。蔓遇疾，遣太子金生代行。蔓姊子旃，因篡蔓自立。遣人诈金生，杀之。蔓死时，有乳下儿，名长，在民间。年二十，结国中壮士袭杀旃。旃大将范寻，又攻杀长而自立，晋武帝太康中，寻遣使贡献。是为扶南通中国之始。案林邑之王，自区氏后，亦为范氏。林邑中国郡县，范亦中国氏族，熊、文、蔓、寻，殆皆以汉族王异域者与？范氏诸王之名，皆绝类中国人，其自称扶南大王，于华文义亦可通。扶南王封，始于梁武帝，盖因其自号。

范氏之后，扶南国祚，乃入天竺人之手。晋穆帝升平元年，其王竺旃檀，奉表贡驯象。竺旃檀之由来不可知，其名则天竺人也。其后有憍陈如者，本天竺婆罗门也。有神语之曰："应王扶南。"憍陈如悦，南至盘盘。扶南人闻之，举国欣戴，迎而立焉。乃改制度，同天竺法。案《宋书》，婆利国王，姓憍陈如，则憍陈如乃婆罗门氏族，非人名也。其后王持黎陁跋摩，宋文帝元嘉十一、十二、十五年，皆奉表献方物。齐武帝永明中，其王憍陈如阇邪跋摩，亦遣使贡献。梁武帝天监二年，跋摩使送珊瑚佛像。并献方物。诏授南安将军扶南国王。跋摩死，子留陁跋摩，杀其嫡弟自立。其后之事，史不复载。唐初，为真腊所并。自特牧城南徙那弗那城。武德、贞观时，犹再入朝焉。真腊，本扶南属国。《隋书》云：其王姓刹帝利氏；赤土，《隋书》云：其王姓瞿昙氏，亦皆印度氏族也。

安南之地，唐时犹属中国，为都护府。后梁贞明中，土豪曲承美据之，送款于汴。刘隐遣兵伐执之。使杨廷艺领其地。后为其下所杀。牙将吴权自立,称王。未几,大乱。驩州刺史丁部领定之。部领始称帝,国号瞿越。时宋太祖开宝四年也。旋为大将黎桓所篡。宋太宗出兵讨之,弗克。因而封之。真宗时,又为其臣李公蕴所篡,改号大越。理宗时,女主佛金,传位于夫陈炬。自是陈氏代主其国。自李氏以来,世受封于中国。惟神宗以其犯边,尝一讨之而已。元世祖为皇弟时,尝自西藏入云南,留兀良哈台经略其地。兀良哈台既定云南,使招安南,安南不受命。元屡兴兵伐之,皆不利。明建文帝元年,陈氏为外戚黎季犛所篡。季犛复姓胡,改国号曰大虞。成祖使沐晟、张辅,分出广西、云南讨之。时季犛已传位于子汉仓《明史》名奎,并擒之。求陈氏后,不得。乃以其地置交趾布政司。时永乐七年也。交趾与中国分立久,猝不易合。明官又不善抚驭;中官采办其地者,又多贪婪侵扰;遂至叛者四起。至宣宗宣德二年,卒弃其地于黎利。交趾复合于中国,仅十有九年而已。黎利有国,建号大越。世宗嘉靖六年,为其臣莫登庸所篡。明人来讨。登庸入镇南关,囚首徒跣,请举国为内臣,乃削国号,立都统司,以登庸为使。黎氏遗臣阮淦,立其后宁庄宗于老挝。旋入西京。神宗万历二十年,入东京,灭莫氏。明以其为内臣,来讨。立其后于高平。黎氏亦如莫氏故事,受都统使职,乃已。清人入关,仍封黎氏为安南国王,以莫氏为都统使。三藩兵起,黎氏乃乘机灭莫氏焉。初黎氏庄宗,以其婿郑检为太师,阮淦为将军。郑氏传松、梛、柞、根、森,世执政柄。而阮淦子潢,南镇顺化。世宗名维禪太子,为郑松所废。阮潢起兵讨之,不克。自是阮氏遂自立,惟对黎氏,犹执臣礼而已。阮氏以西贡为重镇,阮潢七世孙福峿,置副王以镇之。福峿杀其长子,而立次子福顺。西山豪族阮文岳、文虑、文惠兄弟起兵,陷顺化。福顺死,文岳自立，为交趾郡王。会郑森亦废嫡子栋，而立庶子榦。森卒，榦袭。栋废而代之。榦乞师于文岳。文岳使文惠入东京。栋自杀。文惠遂篡黎氏。时清高宗乾隆五十年也。清人为之出师，入东京，封黎氏后维祁。已为文惠所袭败，乃因其请降，封之。<small>表名阮光平。</small>旧阮之亡也，福顺子福映嘉隆帝奔海岛，使法教士阿特兰傅其子，乞援法兰西及暹罗。暹罗助以兵，复下交趾，后法兵亦至，遂灭文惠子弘瑞<small>清仁宗嘉庆七年</small>。仍受封为越南国王。自黎莫纷争以来，几三百年矣，至此乃复统一，而欧人之祸遽起。初福映之乞援于法也，许事成，割化南岛，且许法人自由通商。及事定，靳化南岛不割。传明命、<small>名弘安，</small>绍治、<small>名弘特，</small>嗣德<small>名弘经</small>三帝，时与法人龃龉。法人以兵据西贡。清同治元年，越人割边和、嘉定、定祥三州。永隆、安江、河仙三州，由法代治。云南回乱之起，清提督马如龙，使法商人秋辟伊（Dupuis）<small>一译久辟酉</small>由红河为运军械。法人始知道红河可通云南，谋越之心益亟。同治十二年，法人下令：许中、法两国船，通航红河。已以红河沿岸多乱事，驻兵海防、河内，遂陷东京。越人结黑旗兵复之。时越大臣阮文祥当国，主闭关，再废立。法人来攻，结约二十八条，夷为法之保护国。中国不认，遂致与法开战，而越卒以亡。越南之地，自秦至唐，恒为中国郡县；且为中国与西南洋交通要区。然卒不能自保。至近世，且以是资敌，使用为侵略滇、黔之根据，亦可哀矣。

马来人除在今日中国境内者，多与汉人同化；安南曾为中国郡县外，其受汉族文明之牖启最早者，当推三韩及日本。三韩者：曰马韩，据今朝鲜忠清道地。曰弁韩，曰辰韩，居今庆尚道地。《后汉书》《三国志》，皆以辰韩为秦人避役者。金于霖《韩国小史》，则称秦人避役者为秦韩。或称之曰辰韩，则称故辰韩为辰韩本种焉。《三国志》谓辰韩："言语不与马韩同。其名国为邦，弓为弧，贼为寇，行酒为行觞案《礼记·投壶》：'命酌者曰：请行觞'，相呼皆为徒，有似秦人，非但燕、齐之名物也。"《南史·百济传》："呼帽曰冠，襦曰复，衫袴曰裈，其言参诸夏，亦秦韩之遗俗云。"三韩中，马韩最大，弁韩、辰韩，皆役属之。《韩国小史》云："秦人避役出塞者，辰韩割东界居之。分为六村：曰杨山，曰高墟，曰大树，曰珍支，曰加利，曰明活，各有村长。汉宣帝神爵四年，朴赫居世，以六部之推尊，即王位。建国号曰徐罗伐。筑金城居之今庆州东四里。后世乃改称新罗。自此辰韩本种，日就衰颓。后汉桓帝延熹九年，其众分为八国。其臣智长帅之称攻带方，弓遵，刘茂讨之。遵战死，而辰韩本种遂亡。又有驾洛者，亦汉族，而君于弁韩。其先有金天氏裔八人，自中国莒县今山东莒县。播迁于辰韩之西；人称其地为八莒今星州，八人之裔，有分居弁韩者。其后曰首露，时弁韩有九干，各统其众，分居山野，共尊为君，号曰驾洛，实汉光武建武十八年也。地在今金海郡。案《魏书》谓新罗附庸于迦罗，即此。首露王最老寿，且有令德，为邻国所归仰。传八世，至梁武帝中大通四年，乃降于新罗。方首露之开国，其同族五人，亦各分据一部落，号曰五伽耶：是为阿罗伽耶今咸安，古宁伽耶今咸昌，星山伽耶今星州，大伽耶今高灵，小伽耶今固城，大伽耶，即后来之任那也。"案朝鲜古史，不甚可信。然三韩开化，由于汉人，则不诬也。

日本民族，据人类学家、史学家、考古学家之说，虾夷居十之二，汉人、通古斯人各居十之一，马来人居十之六。其与马来人相似之处有十一：言语或同，一也。文身，二也。马来人好食槟榔子，故齿黑，日人尚涅齿，三也。祖孙父子袭名，四也。马来人有独木舟，日人亦有之，五也。马来人日人皆不袴，六也。马来人食果实，日人好食植物，盖其遗习，七也。果实中多糖分，日人亦喜食糖，八也。马来人架木为居，不用墙壁，与日人所谓"掘立小屋"同，九也。日人度岁，县草縄于门，立松竹于其侧，马来人亦有此俗，十也。日本神话，称其皇族之先曰天照大神，居高天原。命其孙杵杵琼尊，下临穗瑞国。时曰"天孙降临"。瑞穗国，即日本；天孙降临，乃浮海而来之寓言耳。其初至之地，如九州、太和、伊势、纪伊，均在日本南岸。又日人西村真次，以为《古事记》_{日本最古之书}之"日无坚间小舟"，即今安南之笼舟_{编竹为笼，形如鸡卵。涂以椰子油，或牛矢，以浮水}。十一也。日人中非无北族，然北族衣必皮毛，食必肉酪，居必温燠，日皆不然，可见北族之微矣。此节据近人所撰《同种同文辨》。原文见《黑潮杂志》第二册。

南洋诸国，自东晋至唐，大抵时通朝贡，史官纪录，唐代而外，当以宋元嘉时为最详，梁武帝时次之，前所述者其略也。隋炀帝好勤远略，南方诸国，来者当亦不少，惜纪载无存焉。宋、元、明诸史，纪南洋诸国交涉尚详，而于人种风俗罕及，与民族无关，故不著。宋时与我往还最密者，当推三佛齐。阇婆及渤尼次之。元时，海外诸国，以俱蓝、马八儿为纲维。马八儿，今麻打拉萨属部马拉巴尔。俱蓝为其后障，当在麻打拉萨附近。而元尝一用兵于爪哇。明时遣郑和入海，所招致之国尤多。具见《明史》。郑和之航海，事在成祖永乐三年。后九十四年，而当孝宗弘治十一年，葡人始越喜望角，以抵马拉巴尔。南洋诸国，自此多为欧人所蚕食矣。元、明史载诸国国书，多用回回字，可想见欧人东来以前，阿剌伯航业之盛也。

粤族之留居川、滇境者：曰哀牢，曰獠。哀牢缘起，《后汉书》述之曰："其先有妇人名沙壹，居于牢山。尝捕鱼水中，触沉木，若有感，因怀孕。十月，产子男十人。后沈木化为龙，出水上。沙壹忽闻龙语曰：若为我生子，今悉何在？九子见龙惊走，独小子不能去，背龙而坐。龙因舐之。其母鸟语，谓背为九，谓坐为隆，因名之曰九隆。及后长大，诸兄以九隆能为父所舐而黠，遂共推以为王。后牢山有一夫一妇，复生十女子，九隆兄弟，皆娶以为妻。后渐相滋长，种人皆刻画其身，象龙文，衣著尾。"又云："哀牢人皆穿鼻儋耳。其渠帅自谓王者，耳皆下肩三寸；庶人则至肩而已。"观其传说及其习俗，而其种族可知矣。

　　哀牢夷之开辟，始于后汉明帝时，以其地为永昌郡，今云南之保山县也。《唐书》称南诏为哀牢夷之后，然南诏系出两爨，自是濮族，见下篇。惟古哀牢夷之族，见于《唐书》者亦不少，今为料拣之：其居古永昌郡者，谓之永昌蛮。永昌蛮之西，有扑子蛮。"趫悍，以青裟罗为通身袴，善用竹弓，入林射飞鼠，无不中者。人多长大，负排持矟而斗"。又有望蛮者，"用木弓短箭，镞傅毒药，中者立死"。茫蛮，亦呼茫诏，在永昌之南。有茫天连、茫吐媠大睒、茫昌、茫鲜、茫施等，"皆楼居，无城郭。或漆齿，或金齿，象才如牛，养以耕"。有望苴蛮，在澜沧江西，"男女勇捷，不鞍而骑。善用矛剑，短甲蔽胸腹，鞯鍪皆插猫牛尾，驰突若神。南诏出兵，辄以为前驱焉"。又有寻传蛮者，"射豪猪，生食其肉。战以竹笼头如兜鍪。俗无丝纩，跣履荆棘，不苦也"。其西有裸蛮，亦曰野蛮，"漫散山中，无君长。作槛舍以居，男少女多。无田农。以木皮蔽形。妇或十或五，共养一男子"。有黑齿、金齿、银齿三种，"见人以漆及镂金银饰齿，寝食则去之"。又有绣脚种，"刻踝至胁为文"。有绣面种，"生逾月，涅黛于面"。有雕题种，"身面皆涅黛"。有穿鼻种，"以金环径尺贯其鼻,下垂过颐。若长,以丝系环,人牵乃行。其次以二花头金钉贯鼻下出"。又有长鬃种、栋锋种,"皆额前为长髻,下过脐,行,以物举之。若长,则二女在前,共举其髻乃行"。又有三濮,"在云南徼外千五百里。曰文面濮,镂面,以青涅之。曰赤口濮,裸身而折齿,劓其唇使赤。曰黑㑺濮,山居如人,以幅布为裾,贯头而系之。唐高宗龙朔中,亦通朝贡焉。凡此诸蛮,观其习俗及其分布之地,皆可知其为古粤族也。自南诏兴,大抵为所抚用矣"。<small>今云南元江、临安、广西、广南之扑喇蛮,相传为九隆之裔。</small>

獠地与氐羌相杂,南接濮;然其文明程度,远视濮与氐羌为低,可证其别为一族。史称"其人依树积木,以居其上,名曰干阑"。此与后印度诸国同。又称其人"自卖以供祭","俗畏鬼神。尤尚淫祀。所杀之人,美鬓髯者,乃剥其面皮,笼之于竹,及燥,号之曰鬼,鼓舞祀之,以求福利,报怨相攻击,必杀而食之"。可证其亦有杀人以祭及食人之习。又其人能"卧水底,持刀刺鱼"。此文身之习所由来也。其妇人横布二幅,穿中贯其首,号曰通裙。亦即古所谓贯头衣。凡此诸端,皆足证其与粤族同源也。

獠族居地,《北史》云:"自汉中达于邛、<small>今四川西昌县</small>,筰、<small>今四川清谿县</small>。川洞之间,所在多有。"其为患,始于李势时。桓温破蜀,力不能制。又蜀人东流,山险之地多空。獠遂挟山傍谷。与夏人参居者,颇输租赋。在深山者,不为编户。梁、益二州,岁岁伐獠,以自稗润,公私颇借为利。魏立巴州,以统诸獠。又立隆城镇,所绾獠二十万户。岁输租布,谓之北獠。后梁州为梁所有,又属梁。周人平梁、益,令所在抚慰。其与华人杂居者,亦颇从赋役。然天性暴乱,旋致扰动。每岁命随近州镇,出兵讨之。获其生口,以充贱隶,谓之压獠。商旅往来,亦资为货。公卿民庶之家，有獠口者多矣。唐高祖、太宗、高宗三朝，獠亦数为剑南州郡之患。后遂无闻焉。其在四川綦江县境者，谓之南平獠。其王朱氏，唐太宗贞观三年，遣使内款。以其地隶渝州。宋神宗熙宁中，为患。熊本平其地，为南平军。

今云南临安、开化、广南、广西、澄江、昭通诸县，有所谓土獠者。生子置水中，浮则养之，沈则弃之。其在贵州之镇远、施秉、余庆者曰水犵狫，隆冬能入水捕鱼。在平越、黔西者曰打牙犵佬。女将嫁，折其二门齿。此即《唐书》赤口濮之俗。近人《游记》云：今已无此习矣。在贵定者曰蔿发犵狫。畜发寸许，四垂，长则蔿之。在平远者曰锅圈犵狫。女服青布，束发如锅圈，曰披袍犵狫。袍前短后长，无袖。此外都匀、镇远、遵义、大定，亦皆有犵狫。又有所谓木狫者，在都匀、清平、贵定。近人《游记》云："木狫，即仆獠，为山獠所征服，山獠蔓衍黔、粤间，自称主獠。主獠自征服仆獠后，淫酗专横，又为猓猡所征服云。"案犵狫，亦作犝狫，乃獠之重言也。

今之琼州，乃汉珠崖、儋耳二郡。居其地之族曰黎，躯干肤色，皆类马来。其稍与汉人同化者曰熟黎，居深山者曰生黎。生黎妇女，仍有文身之习，自两耳至腮，刺为三文或五文云。除文昌、琼东二县外，所辖皆有黎地。

马来族之起自横断山脉，而不在今中国境内者，时曰暹、缅。后印度半岛，红河流域，地最坦平。湄公、湄南二河次之。伊洛瓦谛江上流，最为崎岖闭塞。故红河流域，开化最早；伊洛瓦谛江上流，开化最晚也。然山地之民，性质实甚强悍。故至近世，而平缅、麓川，大勤中国之兵力焉。

云南之地，自唐时为南诏所据。元始平之。蛮族来降者，皆以为土司。明初仍之。其时疆域，实抵今后印度半岛。然实力所及，西不过永昌，南不越普洱。其外蛮族，仅等羁縻。其后纷纷自立，遂成今日之境界焉。明时，永昌而外蛮族，以平缅、麓川为大。今保山以西之潞江，腾冲以西南之南甸、干崖、盏达、越龙溪、天马诸关，入今缅甸境，伊洛瓦谛江右岸之孟拱、孟养，左岸之八莫、孟密，皆其地也。自此以南，今蛮得勒、阿瓦一带曰缅。其南为洞吾。又其南为古剌。今白古。普洱以南为车里。云南境内，澜沧江右岸。其南为老挝。在暹罗西北。又其南为八百媳妇。缅东境，南界安南，东接暹罗。相传其酋长有妻八百，故名。皆为中国之土司。其疆域，实苞今伊洛瓦谛江流域，及萨尔温、湄公河之上游也。

　　平缅、麓川，元时本为两宣慰司。明太祖乃命平缅酋思伦发，兼统麓川。后伦发为其部长刀幹孟所逐。明为之讨禽幹孟，乃得还。于是分其地，设孟养、木邦、孟定、潞江、干崖、大候、湾甸诸土司。伦发弟任发，欲复故地。英宗时，叛。王骥讨之。任发走孟养，为缅所执送。子机发，仍据孟养。骥又讨破之。立陇川宣抚司而归。机发据孟养自如。朝命骥三讨之。机发遁去。部人复奉任发少子禄居孟养。骥知终不可平，乃与立约：许居孟养，部勒诸酋。而立石金沙江，曰："石烂江枯，尔乃得渡。"遂班师。后机发亦为缅所得。思氏怨缅。禄子与孟密、木邦攻缅，破之。杀其酋莽纪岁。亦作纪瑞。缅当明初，亦分缅中、缅甸两宣慰司。后缅甸酋为木邦所杀。部众共推莽得剌为主。是为莽氏有国之始。而缅中不复见，盖为缅甸所并也。纪岁既为思氏所杀。子瑞体，走洞吾母家。其酋养为子，遂有其地。时葡萄牙人已通商东洋，瑞体佣为兵，并古剌，降孟密、木邦、潞江。抚州人岳凤，商于陇川。陇川宣抚司多士宁才之，妻以妹，用为记室。凤结瑞体，杀士宁，据其位。遂破干崖，服蛮莫，攻孟养，破之。思氏酋名个者走死。世宗嘉靖八年，瑞体卒，子应里袭，寇边。刘绖大破之，直抵阿瓦，然亦仅定陇川而归。遂成今日之境界矣。盖伊洛瓦谛江上流，进化至于明代，本应有一大国出。平缅、麓川，地大兵强，统一诸部，其势最顺，而为中国所分裂，构兵累年，中国虽不能定其地，思氏亦卒不能恢复故业，而缅甸遂乘其机而起也。

西力东渐，自莽瑞体佣葡人为兵时，已肇其端。明亡，永历帝奔缅甸。清兵攻之。葡人助缅守御，清不能克。然缅人惧清再至，遂弑王，而执永历帝畀清。缅自此篡乱相继。乾隆时，木梳土司雍籍牙，取而代之。子孟驳，并阿剌干，灭暹罗，遂寇滇边。清发大兵攻之。水土不宜，士卒多病。因其请和，许之而还。缅仍倔强，不朝贡。及暹罗复国，缅人惧清与暹罗夹攻之，事中国始恭顺焉。

暹罗之地，本分暹与罗斛二国。据其人所记述，则罗斛建国，实在唐太宗贞观十四年，暹人今以是年为纪元。是为第一朝。其后史籍残缺，事多不可知。元顺帝至元十二年，罗斛始并暹，定都于犹地亚。明太祖封为暹罗国王。始以暹罗为名。及为莽瑞体所灭，而第一朝亡。神宗万历三十一年，第二朝立。天启中，其王用日人山田长政为相，平六昆之乱，国势颇张。长政政猛，国人叛之。长政败死。王亦见弑。第二朝亡。定乱者自立，为第三朝。四十余年，而为孟驳所灭。郑昭者，中国潮州人也。及是，起兵，以乾隆四十一年复国。是为第四朝。昭者，暹语王之译音也。Chod 盖即南诏之诏。其婿丕耶却克里，Phaya Chakri 今暹王室以此为氏。本昭养子，复国时战功第一，定乱嗣位。其表文称郑华，盖袭前王之姓也。近人《游记》云："暹罗人民，旧分暹（Sham）与獠（Lao）

二种。暹之故国，实在缅甸北部，与云南邻。分南北二区，各有土王。予游仰光，尝至上缅甸，入其王居。狆亦有土王，最尊者在暹北青梅（Chiengma）。"又云："暹人实来自云南大理一带。旅暹萧君佛成，谓云南土人言数，与暹人同。予听之，惟五读如海，六读如霍，称十二曰十双，余皆与华同。云君竹亭有友，能操暹语，而不能操华语，至广西，遇土人，其语竟相通云。"予案佬即獠，罗斛疑亦獠之异译。所谓罗斛并暹，则暹并于獠也。又近人《随笔》云："上世西蜀，盖皆暹族所聚居。扬雄《蜀王本纪》：言蜀之先称王者曰蚕丛。应劭《风俗通》载巴有賨人，剽勇，汉高祖募賨定三秦，复所发賨人卢、朴、沓、鄂、度、夕、袭七姓，不供租赋。阆中有渝水，賨人左右居。锐气善舞。高祖乐其猛锐，数观其舞。后令乐府习之。賨人即蚕人，古音賨入侵部，与蚕皆闭口音也。今暹，国名曰（Siam），种名曰（Sham）；支派在缅北者，则曰 Assam，或作 Assom，正与蚕、賨诸音近。蚕、賨音转则曰蜀，汉人亦呼为叟。三国时屡言叟兵，《刘焉传》：遣叟兵五千助之。刘璋送叟兵三百人于曹公。皆取其剽勇，即汉高时之賨人。《史记集解》引郭璞曰：巴西阆中有渝水，獠人居其上。皆刚勇好舞。汉高募此以平三秦。后使乐府习之。又不谓之賨而谓之獠。考暹族总称本曰氏（Tai），分族则曰暹（Sham），曰獠（Lao）。今暹罗执国柄者，为氐之本种，然国中自有獠人，与氐人同种，而风俗习尚，不无小异。可知郭璞之獠，即应劭之賨，本蜀之土人；古所谓蜀，即以此得名。汉初嘉陵江流域，尚有此种繁殖。其后渐驱而西南，又蔓衍于澜沧江流域"也。予案汉代之巴氐，与南北朝之獠，程度高低迥异。本原虽一，支派自殊。郭璞即以《后书》之板楯蛮为獠，说恐不谛。参看《羌族篇》自明。

缅、英构衅,始于道光时。缅人战败,割阿萨密、阿剌干、地那悉林以和。咸丰二年,英取白古。缅人无复南出之海口。伊洛瓦谛江两岸,贸易大减。屡图恢复,皆不克。法、越事起,英人乘中国不暇西顾,灭之。暹罗颇能自强,亦以英、法之相惎,得幸存也。暹罗咸同间入贡,适直中国内乱,道阻不得达,遂绝。

粤族有文身食人之俗,已见前。又世界断发之俗,亦当以此族为最早。其事散见古书,不可枚举。今试略征之。《左》哀七年曰:"太伯端委,以治周礼。仲雍嗣之,断发文身,裸以为饰。"十一年,齐与吴战,"公孙挥命其徒曰:人寻约,吴发短"。十二年曰:"吴夷狄之国也,祝发文身。"可见春秋时之吴,确有此俗。昭三十年,"吴灭徐。徐子章禹,断其发,携其夫人,以逆吴子"。盖从其俗以示服《杜注》云:"自刑示惧"者,非也。《墨子·公孟》:"昔者越王句践,剪发文身,以治其国。"《庄子·逍遥游》:"宋人资章甫而适诸越,越人断发文身,无所用之。"《韩非·说林下》:"公孙弘断发而为越王骑。"《淮南子·齐俗训》:"三苗髽首,羌人括领,中国冠笄,越人劗鬋,其于服一也。"《说苑·善说》:"越文身鬋发,范蠡、大夫种出焉。"《奉使》:"越使者诸发,谓宋曰:今大国有命,冠则见以礼,不冠则否。假令大国之使,时过敝邑,敝邑之君,亦有命矣。曰:客必劗发文身,然后见之。于大国何如?"可见春秋战国时之越人,亦确有此俗。又《左》昭七年,"楚子享公于新台,使长鬣者相"。注:"鬣,须也。"《正义》曰:"吴楚之人少须,故选长鬣者相礼也。"十七年,吴公子光与楚战,"使长鬣者三人,潜伏于舟侧"。《注》亦曰:"长鬣,多髭须,与吴人异形状,诈为楚人。"案吴人无皆少须之理。《说文》彡部:"鬣,髪鬣鬣也。"段氏玉裁曰:"鬣鬛，动而直上兒。所谓头发上指，发上冲冠也。辞赋家言旌旗猎猎，是其假借字也。人部曰：儠，长壮儠儠也。字意略同。今《左氏》长儠作长鬛，杜以多须释之，殊误。须下垂，不称鬛。凡上指者称鬛。"此说甚精。鬛既不可训须，长亦不可训多。盖吴发短，使长发者诈为非吴人耳。毛发可以御寒，故北族被发，南人断发，中原敛发，亦各适其地也。《礼记·王制》："东方曰夷，被发文身。"《韩非·说林上》："越人被发。"《淮南子·原道训》："九疑之南，被发文身。"被必断之误。《史记》《陆贾传》，《说苑》《奉使》，《论衡》《率性》《谴告》，皆谓尉佗椎髻，盖虽不同乎夏，而犹未忍尽即乎夷，故未肯断其发；非越人有椎髻之俗也。

此族裸体之习，亦久而后改。《吕览·贵因篇》："禹之裸国，裸入衣出。"《淮南子·原道训》："禹之裸国，解衣而入。"《左氏》谓仲雍"裸以为饰"，则西周以前，吴、越之人，犹有不衣者。春秋以来，盖此俗遂改。然《韩非·说林》谓："越人跣行"，则犹不履也。《论衡·恢国篇》："夏禹倮入吴国。太伯采药，断发文身。唐、虞国界，吴为荒服。越在九夷，罽衣关头。今皆夏服，褒衣履舄。"则秦、汉之世，被服全与中夏同矣。其远方则犹未变。《南史·扶南传》："俗本裸，文身被发，案此被亦误字。不制衣裳。混填据其国，始教柳叶穿布贯头，形不复露。吴时遣中郎将康泰，宣化从事朱应，使于寻国范寻。国人犹裸，惟妇人著贯头。泰、应谓曰：国中实佳，但人亵露可怪耳。寻始令国内男子著横幅。横幅，今干漫也。大家截锦为之，贫者乃用布。"范疑中国氏族，已见前。乃范寻王扶南时，其国人犹裸，岂亦如泰伯、仲雍，不欲遽变蛮荒之俗邪？

山居之民，交通不便，则彼此不相往来。热地之民，生事不劳，则一切趋于因任。故粤族政制，率无足观。《三国志》云："马韩有五十四国《晋书》作五十六国。辰韩始六国，稍分至十二，弁韩亦十二国。大者万余家，小者数千家，总不过十余万户。各有长帅。大者自名为臣智，其次为邑借，散在山海间，无城郭。"盖尚未脱部落之习也。混盘况攻并城邑，令子孙分王，盖亦臣智邑借之类耳。流求："国有四五帅，统诸洞。洞有小王。往往有鸟了帅。并以善战者为之。自相树立，犯罪者皆断于鸟了帅。不服，则上请于王。王令臣下共议之。"亦鲁、卫之政也。

诸国制度，小有可观者，似皆取法于中国。《隋书》云："林邑尊官有二：一曰西那婆帝，二曰萨婆地歌。属官三等：一曰伦多姓，次歌论致帝，次乙地伽兰。外官分二百余部。其长官曰弗罗，次曰可轮，如牧宰之差也。"《唐书》：盘盘，"其臣曰勃郎索滥，曰昆仑帝也，曰昆仑勃和，曰昆仑勃帝索甘，在外曰那延，犹中国刺史也"。投和，"官有朝请、将军、功曹、主簿、赞理、赞府，分理国事，分州、郡、县三等。州有参军，郡有金威将军，县有城，有局。长官得选僚自助"。皆颇有大小内外，相维相系之意。盖林邑本中国地；其余诸国，亦或取法于日南、九真诸郡也。

诸国刑法，亦多野蛮。《南史·林邑传》："国不设刑法。有罪者，使象蹋杀之。"《扶南传》："国法无牢狱。有讼者，先齐三日。乃烧斧极赤，令讼者捧行七步。又以金环、鸡卵投沸汤中，令探取之。若无实者，手即烂，有理者则否。又于城沟中养鳄鱼，门外圈猛兽，有罪者，辄以喂猛兽及鳄鱼。鱼兽不食为无罪，三日乃放之。"《唐书·诃陵传》："上元间，国人推女子为王，号悉莫。威令整肃，道不举遗，大食君闻之，赍金一囊，置其郊，行者辄避。如是三年，太子过，以足蹢金。悉莫怒，将斩之。群臣固请。悉莫曰：而罪实本于足，可断趾。群臣复为请。乃斩指以徇。大食闻而畏之，不敢加兵。"此等固近东野人之言，然可见诸国刑法之酷。酷刑固惟野蛮之世有之耳。

粤族程度虽浅，然多能事农业，以南方湿热，耕溽不劳，如史所谓"一岁种，三岁获"故也。居沿海者，商业多盛，则地位为之。其交易皆以金银为介，故诸国特重之；冶金之工，亦因之精巧。宋之伐林邑，其王阳迈，愿输金一万斤，银十万斤，铜三十万斤。及克之，销其金人，得黄金数十万斤，亦云多矣。《南史·毗骞传》："常遗扶南王纯金五十人食器。形如圆槃，又如瓦坯，名为多罗，受五升。又如椀者，受一升。"《晋书·扶南传》："好雕文刻镂，器多以银为之。"《隋书·赤土传》："豪富之室，恣意华靡。惟金鏁非王赐不得服用。"隋史常骏等往，其人进金鏁以缆船。《唐书·投和传》："贞观中，遣使以黄金函内表，并献方物。"皆足见其金银之饶，冶制之工也。

居处因地而异。《南史·林邑传》："国俗居处为阁，名曰干阑，门户皆北向。"《毗骞传》："王常楼居。"《隋书·赤土传》："王宫诸室，悉是重阁。北户，北面而坐。"惟《唐书·真腊传》云："户皆东向，坐尚东。"此山居之遗习。干阑，即今所谓碉也。《唐书》：堕和罗，"俗喜楼居，谓为干栏"。《唐书》：盘盘，"其民濒水居，比木为栅"。今暹罗尚有此俗，又有因树为屋者。《唐书》扶南："楮叶以覆屋。"诃陵，"虽大屋，亦覆以栟榈"。则以南方植物，多巨大而茂盛也。

诸国文化，多受之于我者。新罗、日本无论矣。《后书·南蛮传》云："凡交趾所统，虽置郡县，而言语各异，重译乃通。人如禽兽，长幼无别，项髻徒跣，以布贯头而著案此所谓项髻者，指杂居其间之汉族言之，后颇徙中国罪人，使杂居其间，乃稍知言语，渐见礼化。光武中兴，锡光为交趾，任延守九真。于是教其耕稼，制为冠履。初设媒聘，始知姻娶。建立学校，导之礼义。"《循吏传》云："九真俗以射猎为业，不知牛耕。民尝告籴交趾，每致困乏。延乃令铸作田器，教之垦辟田畴。岁岁开广。百姓充给。又骆越之民，无嫁娶礼法。各因淫好，无适对匹。不识父子之性，夫妇之道。延乃移书属县：各使男年二十，至五十，女年十五，至四十，皆以年齿相配。其贫无礼聘，令长吏以下，各省俸禄，以振助之。同时相娶者二千余人。其产子者，始知种姓，咸曰：使我有是子者，任君也。多名子为任。初平帝时，汉中锡光为交趾太守，教导民夷，渐以礼义，化声侔于延。领南华风，始于二守焉。"可见马来之隶我版图者，我族牖启之劳，为不少矣。此外以汉人作蛮夷大长者，盖亦不少，最古之越无余、吴太伯即其例。《唐书·环王传》："又有西屠夷。盖援马援。还，留不去者。才十户。隋末，孳衍至三百。皆姓马。俗以其寓，故号马留人。"历世而不变于夷，则亦必能变夷，惜其迹不可考矣。

诸族中程度最浅者莫如獠，岂以其"散居山谷"故邪？《北史》云："獠无氏族之别。又无名字。所生男女，惟以长幼次第呼之。案商人多以甲乙为名，盖亦此俗。其丈夫称阿暮、阿段，妇人称阿夷、阿等之类，皆其次第称谓也。往往推一长者为王，父死子继，若中国之贵族。亦不能远相统摄。好相杀害。人皆不敢远行。至于忿怒，父子不相避，惟手有兵刃者先杀之。若杀其父，走避于外，求得一狗，以谢其母，不复嫌恨。亡失儿女，一哭便止，亦不复追思。相劫掠卖取如猪狗。往往亲戚比邻，指授相卖。被卖者不服，逃窜避之。乃将买人指捕，逐若亡叛。获便缚之。但被缚，即服为贱隶，不敢称良矣。女多男少。妇人任役。婚法，女先以货求男。案此俗与林邑同。贫者无以嫁，则卖为婢。惟执楯持矛，不执弓矢。"其程度如此。史称其"于诸夷中，最难以道招怀"，诚有由也。近人《游记》述猓猡之俗：谓其"男女皆以束布围要，谓之通裙。屋宇皆去地数尺，架以巨木，上覆以叶，如羊牢，时曰羊楼。其人蓬首垢面，不洁清。予以一饭，可使捐躯"。何此族进化之滞邪？

吾族牖启粤族之功，具如前述。惟交通陆难于海；吾国文明，重心亦在北方；闽、粤沿海之区，进化亦晚；而印度航业夙盛，更加以神教之力；此则交趾、日南、九真诸郡而外，大陆沿岸，及南洋群岛之文化，所以多受之于印度也。诸国文化之出于印度，可以其奉佛为征。《隋书》：真腊："有陵伽钵婆山，上有神祠，每以兵五千人守卫之。城东有神，名婆多利，祭用人肉。其王年别杀人，以夜祀祷。亦有守卫者千人。"流求："俗事山海之神，祭以肴酒，斗战杀人，便将所杀人祭其神。或依茂树起小屋；或悬髑髅于树上，以箭射之；或累石击幡；以为神主。"此皆马来西亚旧教，祭必用人，所以养成食人之蛮习也。又毗骞："传其王身长丈二，头长三尺；自古不死，莫知其年。王神圣，国中人善恶及将来事，王皆知之；是以无敢欺者。南方号曰长颈王国。王常楼居，不血食，不事鬼神。其子孙生死如常人，惟王不死。"则又以教主而兼君主矣。《南史·扶南》："俗事天神。天神以铜为象，二面者四手，四面者八手；手各有所持，或小儿，或鸟兽，或日月"；则似已传之印度，当时西域祭天，皆有金人也。然汉魏以后，佛教既入，诸国靡然从风。《南史》称"扶南王数使与毗骞王书相报答。其王亦能作天竺书。书可三千言，说其宿命所由，与佛经相似；并论善事"。又林邑之王，舍国而之天竺；赤土之王，释位以传其子；皆其征也。

史载诸国政俗事迹者，其举国奉佛无论矣；即仅载一二表文者，其所称道，亦大抵佛经中语也。

其风俗之因奉佛而变，最易考见者，厥惟婚姻丧葬之礼。《晋书》：林邑："贵女贱男。同姓为婚，女先聘婿。"《南史》："嫁娶必用八月，女先求男，由贱男而贵女。同姓还相婚姻。婆罗门引婿见妇，握手相付，咒曰吉利吉利，为成礼。"《隋书》：赤土："每婚嫁择吉日，女家先期五日，作乐饮酒。父执女手以授婿。七日乃配焉。"此可见其俗婚姻本亦父母主之，后乃改用婆罗门也。《南史》：林邑："死者焚之中野，谓之火葬。"《北史》："王死，七日而葬；有官者三日；庶人一日。皆以函盛尸，鼓舞道从，舆至水次，积薪焚之。收其余骨；王则内金瓮中，沈之于海；有官者，以铜罂沈之海口；庶人以瓦送之于江。"《南史》：扶南："死者有四葬：水葬则投之江流，火葬则焚为灰烬，土葬则瘗埋之，鸟葬则弃之中野。"《隋书》：赤土："父母兄弟死，则剔发素服。就水上构竹木为棚，棚内积薪，以尸置上，烧香建幡，吹蠡击鼓以送之。纵火焚薪，遂落于水。贵贱皆同；惟国王烧讫贮以金瓶，藏于庙屋。"真腊："其丧葬：儿女皆七日不食，剔发而哭。僧、尼、道士、亲故，皆来聚会，音乐送之。以五香木烧尸。收灰，以金银瓶盛，送于大水之内。贫者或用瓦，而以彩色画之。亦有不焚，送尸山中，任野兽食者。"案流求："其死者气将绝，舁至庭前；亲宾哭泣相吊；浴其尸，以布帛缠之，裹以苇席，亲土而殡，土不起坟。"流球俗最蛮野，犹有瘗埋之制诸国中惟流求不奉佛教，则弃尸中野，必非诸国旧习可知。故扶南四葬中，犹有所谓土葬者。林邑之王死七日而葬，有官者三日，庶人一日，亦近中国古制，特以日易月耳。然则诸国婚姻丧葬之礼，其必受之印度无疑矣。

诸国文字，亦皆传自印度。《晋书》：扶南："亦有书记，文字有类于胡。"林邑："范逸使通表入贡，其书皆胡字。"《北史》："人皆奉佛，文字同于天竺。"《汉书·西域传》颜师古《注》："今西方胡国及南方林邑之徒，书皆横行，不直下也。"然则后印度诸国文字，受之中国者，独一安南而已。扶桑为美洲之地，已见第六章。《梁书》谓"其俗旧无佛法。宋大明二年，罽宾国有比丘五人，游行其国。流通佛法经象，教令出家。其俗遂改"。则佛教并曾传至西半球矣。

[第十章] 濮族

濮，亦作卜，《周书·王会解》，伊尹四方令。又作僰。《说文》："僰，犍为蛮夷也。"今称猓猡《山海经·海外北经》："有青龙焉，状如虎，名曰罗。"郝疏："吴氏引《天中记》云：今云南蛮人，呼虎亦为罗罗。"颇疑此族人以虎自号，亦西南一大族也。此族地与苗族相接，而种族判然不同。近人谓"其异，云贵人类能言之。日本鸟居龙藏，探险苗疆，益言其骨骼、习俗、文明，彼此皆有差异。且二族世为仇雠，今犹剧烈焉"。此族所居，为今黔江、金沙江、大度河流域。《汉书》所谓"南夷君长以十数，夜郎最大夜郎，今贵州铜梓县；其西靡莫之属以十数，滇最大滇，今云南昆明县；自滇以北，君长以十数，邛都最大"者也。邛都，今四川西昌县。然上溯周秦以前，此族之地，实尚不止此。今录予所撰《微卢彭濮考》一篇于下，以见其概。

《微卢彭濮考》曰：《书·牧誓》："及庸、蜀、羌、髳、微、卢、彭、濮人。"释地者多不能得其所在。今案庸即春秋时之庸。《左氏》杜注，在上庸县。今湖北竹山县。蜀亦即后世之蜀。羌族蔓延甚广，从武王伐纣者，当在陇蜀之间，别见予所撰《鬼方考》。微、卢、彭、濮，亦皆见于《左氏》。惟髳不能确知所在耳。《左氏》：桓公十二年，"伐绞之役，楚师分涉于彭。罗人欲伐之"。杜《注》："彭水，在新城昌魏县。"今湖北之郧阳，即《牧誓》之彭也。明年，"楚屈瑕伐罗。及鄢，乱次以济。及罗，罗与卢戎两军之，大败之"。《释文》云："庐如字，本或作卢，音同。"则德明所据本，卢戎作庐戎。文公十四年，公子燮、公子仪以楚子出，将如商密，庐戢黎及叔麇诱而杀之。十六年，楚大饥。庸人帅群蛮以叛楚。麇人帅百濮聚于选，将伐楚。自庐以往，振廪同食。使庐戢黎侵庸。杜《注》："庐，今襄阳中庐县。戢黎，庐大夫。"此庐盖即卢戎旧地，是时属楚为邑。晋中庐故址，在今湖北南漳县东。鄢水，杜《注》谓在襄阳宜城县，今湖北之宜城。罗，《释例》谓是时在宜城山中。宜城南漳密迩，宜可合御楚师。《书》："西旅献獒。"《正义》曰："西方之戎，有国名旅者。"其说当有所本。旅、卢音同，春秋时之卢戎，盖即从武王伐纣之卢，亦即献獒之旅也。《括地志》：金州，有古卢国，则在今陕西安康县。文十一年，楚子伐麇，熊大心败麇师于防渚。潘崇复伐麇，至于锡穴。此麇当即十六年帅百濮将伐楚之麇。《十三州志》：房陵，即春秋防渚，今湖北房山县。锡穴，《释文》云："或作钖。"《十道志》：郧乡本汉锡县，古麇国也。《御览·州郡部》引。盖即锡穴，今湖北郧乡县也。《释例》谓麇在当阳，去防渚、锡穴太远。罗泌谓在当阳者为麋，在汉锡县者当作麇，其说盖是。麋麇形近易讹。哀公十四年，"逢泽有介麋焉"，《释文》谓麋又作麇其证。《穀梁》庄公二十八年，"筑微"，《左氏》作郿，则麋微音同通用之证也。麇，亦即《牧誓》之微也。然则微、卢、彭三国，皆与庸相近。其地，皆在汉中、襄、郧一带，适当周人自武关东出之路。其能从武王以伐纣，亦固其所。濮为种族之名，散布之地甚广。《释例》谓建宁郡南有濮夷晋建宁，今云南曲靖县，盖就当时种落言之，而牧野所从，则不在此。《左氏》昭公九年，王使詹桓伯辞于晋曰："自武王克商以来，巴、濮、楚、邓，吾南土也。"巴即春秋时之巴国，今四川之阆中县。邓，在今河南邓县。楚封丹阳，后人多误谓今秭归。据宋氏翔凤所考，地实在今商县之南，南阳之西，丹、析二水入汉处。《过庭录·楚鬻熊居丹阳武王徙郢考》。濮与此三国并举，其地亦必相近，故《国语》"楚蚡冒始启濮"，韦昭谓为"南阳之国"也。《论语》文王为西伯，"三分天下有其二，以服事殷"。三分有二，郑玄谓指雍、梁、荆、豫、徐、扬言之。而韩婴叙《诗》，谓周南之地，在南阳、南郡之间。则牧野之役,武王实合西南诸族以伐纣也。濮为种族之名,非指一国。故杜《注》谓庸亦百濮夷。然则微、卢、彭诸国,亦未必非濮矣。楚初封丹阳,熊绎徙荆山在今南漳县,武王迁郢,其所启,盖皆濮地也。以上为《微卢彭濮考》原文。《山海经·中山经》:"荆山,其中多㸪牛。"注:"旄牛属也。黑色,出西南徼外也。"此亦濮人在今湖北之一证。

《左》昭十九年,楚子为舟师以伐濮。"费无极言于楚子曰:若大城城父,而置太子焉,以通北方,王收南方,是得天下也。"此言在迁郢以后,则此濮必在郢之南。后来所辟黔中郡,疑亦濮族之地。自此以西南,则接于夜郎、滇王矣。然则濮族古地,实跨豫、鄂、湘、川、滇、黔六省也。如卢国在安康,则并跨今陕西省。《左》昭元年,赵孟谓楚,曰:"吴濮有衅,楚之执事,岂其顾盟?"盖楚东南界吴西南界濮也。《尔雅》:四极,"南至于濮铅"。盖即此一带。《广韵》濮字注,引《山海经》曰:"濮铅,南极之夷。尾长数寸,巢居山林。"似据汉以后书伪造。《后汉书》述盘瓠种,哀牢夷,衣皆著尾也。不可以释《尔雅》。今本《山海经》,亦无此文。

濮族古国,实以夜郎及滇为大宗,《后汉书》云:"初有女子,浣于遁水,有三节大竹,流入足间。闻其中有号声,剖竹视之,得一男儿,归而养之。及长,有才武,自立为夜郎侯,以竹为姓。"又云:"夜郎之降也,天子赐其王印绶,后遂杀之。夷人以竹王非血气所生,甚重之,求为立后。牂牁太守吴霸以闻,乃封其三子为侯。死,配食其父,夜郎谓之竹王三郎神。"今贵州土司,犹有自谓其先出于竹中者,亦可见其传世之远矣。其开辟则始于楚。楚顷襄王时,庄𫏋从沅水伐夜郎,西至滇,以兵威定属楚,欲归报。会秦击夺楚巴、黔中郡,道不通,乃以其众王滇。

变服，从其俗以长之。秦时，诸此国颇置吏焉。汉兴，皆弃此国，而开蜀故徼。巴蜀民或窃出商贾，取其笮马、僰僮、髦牛。武帝建元六年，番阳令唐蒙使南粤。南粤食蒙蜀枸酱。蒙问所从来，曰："道西北牂柯江。"江广数里，出番禺城下。蒙归，问蜀贾人，知夜郎临牂柯江。江广百余步，足以行船。蒙因上书，以为制粤一奇。武帝拜蒙中郎将，说谕夜郎，以其地为犍为郡。后以公孙弘言，罢事西南夷。元狩元年，张骞言："使大夏时，见蜀布、邛竹杖。问所从来。曰：从东南身毒国，可数千里，得蜀贾人市。或闻邛西可二千里有身毒。"骞因盛言："大夏在汉西南，慕中国。患匈奴隔其道。诚通蜀身毒国道，便近，又无害。"于是通滇。南粤反，发南夷兵。且兰君反且兰，今贵州平越县。汉兵还诛之。平其地，为牂柯郡。以邛都为越巂郡。夜郎遂入朝。地为县，属牂柯。因使讽谕滇王。滇王众数万；其旁东北劳深、靡莫之属，皆同姓，相仗；未肯听。元封二年，发巴、蜀兵击，灭劳深、靡莫。滇举国降，以为益州郡。

自汉开此等地方为郡县后，蛮夷大姓，遂多中原之人。《后书》云：公孙述时，牂柯大姓龙、傅、尹、董氏，与郡功曹谢暹保境为汉。使从番禺江奉尊。光武嘉之，并加褒赏。《唐书》所载，有东谢蛮，在黔州西三百里。其附近有牂柯蛮，东谢之南曰西赵，西曰夷子。东谢及牂柯，酋长皆姓谢氏；牂柯后改以赵氏为酋长。西赵酋长姓赵氏；夷子酋长姓李氏；宋时，有龙、方、张、石、罗五姓，常奉职贡，受爵命；而龙氏最大。神宗元丰七年，有程蕃，乞贡方物，愿依五姓例著籍，许之。哲宗元符二年，有韦蕃者，亦来贡，总称西南七蕃云。

滇中望族，爨为最著。《唐书》云"西爨，自云本安邑人。

七世祖为晋南宁太守今云南曲靖县。中国乱,遂王蛮中"。而《大爨碑》谓其先出于楚令尹子文;未知孰是;要必中国人王蛮中者也。爨有东西之分。东爨谓之乌蛮,西爨谓之白蛮,即今所谓白猓猡,黑猓猡也。近人或云:"其种族有别。白猓猡,肤色较白,发黄,眼碧,身长,似与白种相混。黑猓猡较短小,肤色亦较黑云。"又曰:"白猓猡皆白帽,黑猓猡皆黑帽。"案《唐书》:初裹五姓皆乌蛮,其妇人衣黑缯;东钦二姓皆白蛮,其妇人衣白缯;则其服饰之别,亦由来旧矣。乌蛮种落,见于《唐书》者:曰阿芋路,曰阿猛,曰夔山,曰暴蛮,曰卢鹿蛮,曰磨弥敛,曰勿邓。阿芋路,居曲州今四川庆符县,靖州今四川屏山县故地,勿邓则居汉会无县故地焉今四川会理县。其北有初裹五姓,居邛部今四川邛崃县,台登今四川冕宁县之间。又邛部六姓之中,其五姓为乌蛮。勿邓南七十里,有两林部落。其南,又有丰琶部落。两林部落,则十低三姓、阿屯二姓、亏望三姓隶焉。丰琶部落,则阿诺二姓隶焉。黎今四川汉源县、巂今四川西昌县、戎今四川宜宾县三州之鄙,又有粟蛮二姓、雷蛮三姓、梦蛮三姓;与两林、丰琶,皆隶勿邓。其在南诏附近者,则有独锦蛮、施蛮、顺蛮,及磨些蛮在今丽江、剑川一带。在滇池之西者,有徙莫祗蛮、俭望蛮今楚雄一带、白水蛮在姚安大姚境。其西,为大勃弄、小勃弄二川蛮;西接叶榆。又其西,即六诏也。白蛮境域,自弥鹿、升麻二州今曲靖境,南至步头今建水县。其种落之见于史者:又有邛部六姓中之一姓;及居北谷之东钦蛮二姓今四川冕宁县;及始居弄栋今姚安,后乃散居剑共诸川丽江剑川境之弄栋蛮焉。

此外未明著其属于乌蛮抑白蛮者:则巂州新安城旁,有蒙蛮、夷蛮、讹蛮、狼蛮。戎州管内,有驯、骋、浪三州蛮。驯、骋二州,均在今屏山县境。又有夷望、鼓路、西望、安乐、汤谷、佛蛮、亏野、阿醯、阿鸮、铆蛮、林井、阿异十二鬼主,皆隶嶲州。有奉国、苴伽等十一部落,春秋受赏于嶲州。又戎、嶲二州之北,有浪稽蛮、罗哥谷蛮。其东,有婆秋蛮、乌皮蛮。其南,有离东蛮、锅锉蛮。及其西之磨些蛮,均与南诏越析相姻娅。黎州南路,有廓清道部落主三人,婆盐鬼主十人。又有阿逼蛮,分十四部落曰大龙池,曰小龙池,曰控,曰苴质,曰乌披,曰苴贽,曰膺粟水,曰戎列,曰婆狄,曰石地,曰罗公,曰诜,曰离昊,曰里汉,其最远者,则为松外诸蛮今松潘县西境。凡此,虽未明著其属于白蛮及乌蛮,然就其所居之地及其习俗观之,均可知其与乌白蛮同种,而为古所谓濮族也。

爨氏之盛,盖自晋政不纲以来。其初犹羁縻不绝。梁元帝时,南宁州徐文盛,以召诣荆州。有爨瓒者,遂据其地。死,子震玩分统其众。隋文帝开皇初,命韦世冲以兵戍之。置恭州今四川庆符县西,协州今四川琪县南,昆州今云南昆明县。未几叛。史万岁击之,至西洱河滇池而还。震玩惧而入朝。文帝诛之。唐高祖即位,以其子弘达为昆州刺史。奉父丧归。死,以爨归王为南宁州都督。为安宁城名,今云南安宁县两爨大鬼主崇道所杀。妻阿奼,乌蛮女也,走父部,乞兵相仇。于是其子守隅,为南宁州都督。皮逻阁以女妻之。又以一女妻崇道子辅嗣。崇道、守隅,相攻击不置。阿奼诉皮逻阁。皮逻阁为兴师。崇道走黎州。遂虏其族,杀辅嗣,收其女。崇道俄亦被杀。诸爨稍离弱。阁罗凤立。召守隅并妻归河睒,不通中国。阿奼自主其部落,岁入朝。阁罗凤以兵胁徙西爨户二十万于永昌城今云南保山县。东爨以言语不通,多散依林谷,得不徙。于是乌蛮种复振,徙西爨故地,与峰州为邻在今安南境。德宗贞元中,置都督府,领羁縻州十八,世与南诏婚姻云。

宋时，诸蛮通朝贡者：其属于黎州者，凡十二种：即山后两林蛮在州南七日程、邛部州蛮州东南十二日程，风琶蛮州西南千一百里，保塞蛮州西南三百里，三王蛮州西百里，西箐蛮州西三百里，净浪蛮州南百五十里，白蛮州东南百里，乌蒙州东南千里，阿宗蛮州西南二日程，大云南蛮、小云南蛮即大理，是也。丰琶、两林、邛部最大；其余诸小蛮，皆分隶焉。邛部州蛮，即唐勿邓，号百鬼都鬼主，最狡悍。尝招集蕃汉亡命，侵攘他种，闭其道以取利。其属叙州者，有三路蛮：西北曰董蛮，正西曰石门部，东南曰南广蛮。徽宗大观三年，夷酋罗永顺、杨光荣、李世恭等，各以其地内属。建纯、滋、祥三州，后皆废。属威州者今四川汶川县，有唐保、霸二州，因称保霸蛮。政和三年，以保州为祺州今汶川境，霸州为亨州今汶川西北，后亦废为砦。属茂州者，有盖、涂、静、当、直、时、飞、宕、恭等九州。政和五年，直州内属，以其地置寿宁军、延宁军，未几亦废。其属泸州者，有溪峒州十。仁宗庆历初，乌蛮王子得盖请复建姚州，许之；即以得盖为刺史。得盖死，其子窃号罗施鬼主。死，子仆夜袭其号。浸弱，不能令诸部。乌蛮有二酋：曰晏子，居直长宁今四川长宁县，宁远今屏山附近以南。曰斧望个恕，居近纳溪今四川纳溪县。浸强大，擅劫晏州山外六姓晏州，今四川兴文县，及纳溪二十四姓生夷。熙宁六年，熊本经制蛮事。晏子、斧望个恕及仆夜皆愿入贡，受王命。晏子未及命而死。以个恕知归来州，仆夜知姚州。个恕之子乞弟，晏子之子沙取禄路，并为把截将、西南夷部巡检。八年，俞州獠酋阿讹叛，率其党奔个恕。会个恕老，以事属乞弟，遂与讹侵诸部。元丰五年，讨破之。以归来州赐罗施鬼主。乞弟失地，穷甚，往来死于诸蛮。自是泸夷震慑，不复为患焉。案宋黎州之三王蛮，系氐羌族。

濮族之居黔江及金沙江流域者，久以耕农为业；散为诸小邑聚，无大部落；故不为中国患。其在郁江流域者则不然。唐之西原蛮，宋之广源州蛮是也。西原蛮者，地在广容之南，邕桂之西，西接南诏今广西扶南县之地。俗椎结左衽。无城郭，依山险。各治生业，急则屯聚。而轻死善战斗。有宁氏者，世相承为豪。黄氏其隶也。唐玄宗天宝初，黄氏强，与韦氏、周氏、侬氏相唇齿，为边患。后韦氏、周氏，亦为黄氏所逐，奔海滨。肃宗至德初，黄氏叛。乾元中，乃讨平之。贞元元和间，复叛。黄氏、侬氏，据州十八，大为邕容二管之患。文宗太和中，经略使董昌龄使子兰讨破之。诸蛮畏服。十八州岁输贡赋，道路清平。其后侬氏最强，结南诏为助。至宋时，卒有侬智高之患。

广源州，在邕州西南，郁江之原。地峭绝险阻，侬氏世据之。自交趾建国，广源虽号邕管羁縻州，实服役焉。有侬全福者，知傥犹州今广西新宁县。其弟存禄，知万涯州今广西崇善县。全福妻弟侬当道，知武勒州亦在崇善县境。全福杀存禄、当道，并有其地。交趾怒，执之；及其子智聪，以归。全福妻阿侬，嫁商人，生子，名智高。年十三，杀其父。冒侬姓。久之，与其母据傥犹州，建国曰大历。交趾攻拔，执之。使知广源州。内怨交趾，袭据安德州，借称南天国。请内附，不许。乃招纳亡命，谋入寇。宋仁宗皇祐四年，以兵五千，沿郁江东下，陷邕州，借号仁惠皇帝。时天下久安，岭南州县无备，故所向皆得志，连陷横今广西横县，贵今广西贵县，龚今广西平南县，浔今广西桂平县，藤今广东藤县，梧今广西苍梧县，封今广东封川县，康今广东德庆县，端今广东高要县九州，进围广州。五十七日，不拔，乃解去。诸将讨之，皆无功。五年，正月，狄青绝昆仑关在广西南宁县东北昆仑山上，击破之。智高奔大理。

初智高杀其父后，其母阿侬，尝嫁特磨道侬夏卿。智高败，往依之。阿侬有计谋，智高攻陷城邑，多用其策。及是收残众，欲再入寇。安抚使余靖，发峒兵掩禽之。智高死于大理。

大理，本南诏也。《唐书》云：乌蛮别种。其先渠帅有六，蛮语谓王曰诏，故号六诏。六诏：曰蒙巂诏_{今四川西昌县}、曰越析诏_{亦曰磨些诏，今云南丽江县}、曰浪穹诏_{今云南洱源县}、曰邆睒诏_{今云南邓川县}、曰施浪诏_{洱源之东}、曰蒙舍诏_{今云南蒙化县}。蒙舍诏居诸部南，故称南诏，其王蒙氏。唐玄宗开元末，有皮逻阁者，始强。逐河蛮，筑太和城居之_{今云南大理县}。厚以利啖剑南节度使王昱，求合六诏为一。玄宗许之，册为云南王。而诏特进何履光，以兵定其境。取安宁城盐井_{今云南安宁县}，复立马援铜柱，乃还。鲜于仲通节度剑南，卞急少方略。故事，南诏尝与妻子谒都督。过云南_{即姚州。今云南姚安县}，太守张虔陀私之。又多所求丐。阁罗凤_{皮逻阁子}不应。虔陀数诟折之，阴表其罪。由是忿怨，发兵攻杀虔陀，取姚州及小夷州三十二。仲通讨之，大败。时杨国忠当国，调大兵攻之，又败。阁罗凤北臣吐蕃。会安禄山反，阁罗凤遂取巂州，据清溪关_{在今四川汉源县}。与吐蕃共为寇盗，为蜀患颇深。阁罗凤卒，孙异牟寻立。西泸令郑回，悖儒也。巂州之陷，为南诏所得。阁罗凤使教子弟实傅异牟寻。后以为清平官。南诏之臣吐蕃，吐蕃悉夺其险要，立营候；岁索兵助防；赋敛重数，异牟寻稍苦之。回乃说其归唐。会韦皋节度剑南，亦遣使招之。南诏复来归，与唐合击，败吐蕃兵。时德宗贞元时也，异牟寻卒，子寻阁劝立。卒，子劝龙晟立。其下弑之，而立其弟劝利。劝利卒，子丰祐立。时穆宗长庆三年也。丰祐趫敢，善用其下。西川节度杜元颖，以文儒自高，不治戎事。南诏遂陷邛、戎、巂，入成都。宣宗时，又陷安南都护府。唐以高骈为都护，复其地。丰祐卒，子坦绰酋龙立。称帝，国号大礼亦作大理。陷播州。攻邕管。唐徙高骈镇西川，破其兵。南诏乃请和。酋龙年少，嗜杀戮。亲戚异己者皆斩。兵出无宁岁。其寇蜀也，男子十五以下悉发，妇人耕以饷军，稍衰矣。卒，子法立。年亦少，好畋猎，国事决于大臣，益衰。然僖宗时犹一寇西川，陷安南。后中国乱，不复通。

蒙氏传国至唐昭宗时，为其臣郑买嗣所篡，改号大长和。后唐明宗时，又为其臣赵善政所篡，改号大天兴。寻又见篡于其臣杨义贞，改号大义宁。晋高祖时，段思平得之，改号大理国。宋太祖时，王全斌平蜀，欲取之，具图以进。帝以玉斧画大度河，曰："此外非吾有也。"由是不通中国。仁宗皇祐中，侬智高走死其国，函首以献，始乃一通焉。神宗熙宁中，其主连义，为其臣杨义所弑。义遂篡位。高昇太起兵讨灭之，立段寿辉。传子正明，避位为僧。国人皆归心高氏，遂奉昇太为王。时哲宗元符二年也。改国号大中。临终，属其子太明曰："段氏不振，国人推我，不得已从之。今其子已长，可还故物。尔后人勿效尤也。"太明遵遗言，求段氏子正淳立之。于是段氏复兴，号曰后理。高氏世相之，人称为高国王。理宗淳祐十二年元宪宗二年，元世祖伐之。明年，兵临其国。其王兴智及相高太祥拒战，败绩。太祥被执，不屈死。兴智亦被虏。设大理都元帅府。又以刘时中为宣抚使，与兴智安辑之。中原多故，段氏复据其地，传十一世。明蓝玉、沐英乃灭之，以其地为大理府。

自元以来，云贵之地，日益开辟，诸濮族亦皆列为土司。其最有关系者，在黔则播州，在滇则乌撒、乌蒙、东川、镇雄四土府也。播州，今遵义县地。唐僖宗时，为南诏所陷。太原人杨端，应募复其城。其后遂世有其地。明初，杨氏率先归附，仍以原职授之。

其地三面邻蜀，兵尤骁勇。数从征调，尝有功。万历时，宣慰使杨应龙，雄猜阻兵。以犯罪，为疆吏所纠，遂反。官兵讨之，屡衄。天启初，调川、滇、湖南三省兵，乃讨平之。以其地为遵义、平越二府。乌蒙、乌撒、东川、镇雄，皆在云南东北境<small>东川、镇雄今为县，乌蒙今昭通县</small>。据其地者皆乌蛮裔。宋时，有封乌蛮王者。元置乌蒙、乌撒等处宣慰司。明初，傅友德平其地，分设四土府。其地西连贵阳，与水西安氏辖境相接，实滇、黔间要地。而明以之隶四川，鞭长莫及，制驭无从，遂为腹心之梗。清初，平乌撒，置威宁，而余三府仍隶四川。世宗时，鄂尔泰总督云贵，主改土归流。世宗知其才可任，以三府改隶云南。乃开其地，为东川、昭通二府焉。云南全省，明初虽设郡县，实多用土官。即正印为流官者，亦必以土官佐之。经明清二代，乃逐渐同化，土官亦多改流云。

　　濮族进于耕农最早。《汉书》述西南夷，自夜郎至邛都，皆椎髻耕田，有邑聚，与其西之嶲昆明，编发随畜移徙者迥殊。由此上推之，《左》文十六年，芶贾策百濮，谓将"各走其邑"，知其俗正与《汉书》所述之夜郎等同。谓濮族旧居鄂、豫，弥可信矣。《汉书》云：牂柯地多雨潦，寡畜生，无蚕桑，最贫。句町<small>今云南通海县</small>有桄桹木，可以为面，百姓资之。邛都俗多游荡，而喜讴歌，略与牂柯相类。益州则河平土敞，多出鹦鹉、孔雀。有盐池田渔之饶，金银畜产之富。民俗豪汰，居官者皆富及累世焉。可以见汉时此诸地方之肥瘠。

　　汉族良吏，牖启濮族之功亦不小。《后书》云：王莽时，以广汉文齐为太守。造起陂池，开通溉灌，垦田二千余顷。率厉兵马，修障塞，降集群夷，甚得其和。肃宗元和中，蜀郡王进为太守，政化尤异。始兴起学校，渐迁其俗。桓帝时，牂柯郡人尹珍，自以生于荒裔，不知礼义，乃从汝南许慎、应奉受经书、图纬。学成，还乡教授。南域始有学焉。其功绩，殊不在文翁司马相如之下。然《唐书》述诸族之俗，皆以十二月为岁首。父母丧，斩衰布衣，近者四五年，远者五六年。婚姻以牛酒为礼。松外诸蛮，有城郭，知阴阳历数。非尽汉以后所传。盖皆在北方，与汉族杂处所受也。

其俗尚鬼。《汉书》但言好巫鬼禁忌。《唐书》谓其称主祭者为鬼主。每户岁出一牛，或一羊，就其家祭之。大部落有大鬼主。百家则置小鬼主。两林部落虽小，然为诸族所宗，号为都大鬼主云。此亦极似中国支子不祭，祭必于宗子之家之俗。

濮族自古离析为小邑聚，亡大君长，此其文明程度虽高，而不能强盛之原因也。稍能抟结之，具有国家之规模者，当始爨氏，至南诏则益进矣。爨氏制度无可考。南诏制度，见于史籍者颇多。今举其要者。其语谓王为诏。王母曰信麼，亦曰九麼。妃曰进武。其官：曰坦绰，曰布燮，曰久赞，谓之清平官。所以决国事轻重，犹唐宰相也。曰酋望，曰大军将。大军将十二，与清平官等。列日议事王所。出治军壁，称节度。有内算官，代王裁处。有外算官，记王所处，以付六曹。六曹长有功，补大军将。次补清平官。幕爽主兵，琮爽主户籍，慈爽主礼，罚爽主刑，劝爽主官人，厥爽主工馆，万爽主财用，引爽主客，禾爽主商贾，皆清平官。酋望，大将军兼之。爽，犹言省也。督爽，总三省也。乞托主马，禄托主牛，巨托主仓廪，亦清平官。酋望，大将军兼之。曰爽酋，曰弥勤，曰勤齐，掌赋税。曰兵獳司，掌机密。外有六节度，二都督，十睑。睑，夷语州也。大府，主将曰演习，副曰演览。中府，主将曰缮裔，副曰缮览。下府，主将曰澹酋，副曰澹览。小府，主将曰幕㧑，副曰幕览。府有陀酋，若管记。有陀西，若判官。

百家有总佐一，千家有治人官一，万家有都督一。壮者皆为战卒，有马为骑军。以邑落远近，分四军。以旗帜别四方面。一将统千人，四军置一将。凡敌入境，以所入面将御之。择乡兵为四军罗苴子。百人，置罗苴子统一人。王亲兵曰朱弩佉苴。佉苴，韦带也。师行，人廪粮斗五升，以二千五百为一营。其法，前伤者养治，后伤者斩。行举国皆兵之制，而又劫之以严法，此其所以能抗衡于两大之间与？

民以农耕为业。亦有授田之法。田，五亩曰双，上官授田四十双，上户三十双，以是而差，自曲靖至滇池；人皆水耕；食蚕以柘，能织锦绣。太和祁鲜<small>山名</small>以西，人不蚕，剖波罗树实，状如絮，纽缕而幅之。犂田，一牛三夫，前挽，中压，后驱。无贵贱皆耕，不徭役。人岁输米二斗，一艺者给田二收乃税。丰祐之入成都，掠工伎数万。自是工文织，与中国埒焉。市易用帛及贝。贝大若指，以十六枚为一觅。案云南用贝甚久，明时犹然，谓之海肥。盖南诏盛时，疆域颇广，故其所用之币，能推行全境也。

猓猡一族，今仍散布云南全省，四川西昌，贵州威宁、普安一带亦有之。或称白夷，又作摆夷，亦径作僰。人皆盘发顶上，盖犹是椎结之旧。其所居屋皆平顶。自有文字，谓之僰文。亦曰猓猡文。其文化程度颇高。清初，江阴陈鼎祚，就昏龙家<small>在威宁一带</small>，著《滇黔土司昏礼记》。谓龙为汉上诸姬，本名鸾。为楚所灭，放其族于此，乃去鸟为龙。或谓汉武灭牂柯，徙蜀中大姓龙、董、傅氏于其地。未知孰是。其言语不与苗同，而陈鼎祚之妻，能通僰文，可知其为濮族。贵阳、安顺、都匀、平越之狆家，亦多通僰文之人。狆家，或谓系马殷所率柳州之戍卒。此或间有混合耳，其本种，必濮人，故亦用僰文也。龙家以子月为岁首。平越、黄平之天苗,大定、威宁、平远、桂阳、清镇、修平、清平之蔡家苗,贵阳、清镇、修文、龙里之宋家苗皆然。天苗,自谓姬姓,周后。蔡家苗,自谓蔡后;楚放之于此。或谓随庄蹻至此。宋家苗,自谓宋后。为楚所俘,放此。或曰:宋汉时为蜀中大姓,后迁此。此等虽被苗名,实皆濮族。宋家亲丧食蔬水,蔡家三月不食稻肉,皆古礼,盖居中原与汉族密迩时效之,迄今未变也。亦可见濮族古地,实抵今河南、湖北之说,为不诬矣。

[第十一章] 羌族

羌亦东方大族。其见于古书者，或谓之羌，或谓之氐羌。案《周书·王会解》："氐羌以鸾鸟。"孔晁《注》："氐地羌。羌不同，故谓之氐羌。今谓之氐矣。"则汉时之氐，即古所谓氐羌。盖羌其大名，氐其小别也。《后汉书·羌传》："武丁征西戎鬼方，三年乃克。故其诗曰：自彼氐羌，莫敢不来王。"此以武丁所伐之鬼方，即为氐羌。宋氏翔凤《过庭录》：谓"纣以九侯为三公"之九侯，即《文王世子》"西方有九国焉"之九国，又即《诗》"我征自西，至于艽野"之艽野，皆与鬼方是一。愚案《左氏》，秦晋迁陆浑之戎于伊川，亦谓之九州之戎，九州之九，盖亦即鬼方之鬼也。陆浑之戎，周人谓在瓜州。杜注谓瓜州在敦煌，失之太远。孔氏以汉时之氐，为古之氐羌，范氏以氐羌即鬼方，则汉时氐地，即古鬼方之国耳。氐地在陇蜀之间，殷周并起关中见第一篇，实其声威所及。故武丁有三年之征，受辛肆夺环之虐《吕览·过理》："纣刑鬼侯之女而夺其环"，武王以抚有九国为吉梦之征，而东迁以后，周大夫犹于役其地也。详见予所撰《鬼方考》。

古之氐羌，在今陇蜀之间者，至秦汉时，盖皆服属中国，同于编户。其在南者，则同化较迟，则古所谓巴人，汉时所谓巴郡南郡蛮及板楯蛮也。《后汉书》述巴郡南郡蛮缘起曰："本有五姓：巴氏、樊氏、曋氏、相氏、郑氏，皆出于武落钟离山。其山有赤黑二穴。巴氏之子，生于赤穴。四姓之子，皆生黑穴。未有君长，俱事鬼神。乃共掷剑于石穴，约能中者，奉以为君。巴氏子务相，乃独中之。众皆叹。又令各乘土船，约能浮者，当以为君。余姓悉沉，唯务相独浮。因共立之。是为廪君。乃乘土船，从夷水至盐阳。盐水有神女，谓廪君曰：此地广大，鱼盐所生，愿留共居。廪君不许。盐君暮辄来取宿，旦即化为虫，与诸虫群飞，掩蔽日光，天地晦冥。积十余日，廪君伺其便，因射杀之。天乃开明。廪君于是君乎夷城，四姓皆臣之。廪君死，魂魄世为白虎。巴人以虎饮人血，遂以人祠焉。"其述板楯蛮云："秦昭王时，有一白虎，常从群虎，数游秦、汉、巴、蜀之境，伤害千余人。昭王乃重募国中：有能杀虎者，赏邑万家，金百镒。时有巴郡阆中夷人，能作白竹之弩，乃登楼射杀白虎。昭王嘉之；而以其夷人，不欲加封，乃刻石盟要：复夷人顷田不租，十妻不算。伤人者论，杀人者得以倓钱赎死。盟曰：秦犯夷，输黄龙一双；夷犯秦，输清酒一钟。夷人安之。"案《说文》"巴，蜀桑中虫也"。《魏略》：《三国志》注引。"氐之有王，所从来旧矣：其种非一：或号青氐，或号白氐，或号蚺氐，此盖虫之种类，中国人即其服饰而名之也。"合"廪君死魂魄为白虎"，及阆中夷人射杀白虎之言观之，可知此族图腾时代之俗矣。钟离山，在今湖北宜都县。夷水，今清江。

巴氐盖氐之大宗，故秦惠王并巴中，仍以为蛮夷君长，世尚秦女。其民：爵比不更。有罪，得以爵除。其君长：岁出赋二千一十六钱；三岁一出义赋，千八百钱。其民户出幏布八丈二尺，鸡羽三十鏃。汉兴，一依秦时故事。建武二十三年，南郡潳山蛮雷迁等始叛，刘尚讨破之。徙其种人七千余口，置江夏界中。和帝永元十三年，巫蛮许圣等反。明年，讨破之，复悉徙置江夏，是为沔中蛮。与盘瓠种之散处江北者，盖混淆不可辨析矣。据马端临说。汉末张鲁居汉中，以鬼道教百姓。賨人敬信巫觋，多往奉之。值天下大乱，自巴西之宕渠，迁于汉中杨车坂。抄掠行旅，百姓患之，号曰杨车巴。魏武帝克汉中，迁其众于略阳北土。复号之为巴氐。晋元康中，氐齐万年反，关西扰乱；频岁大饥，百姓流移就谷，相与入汉川者数万家。李特等将之入蜀，是为成汉；

其留略阳者，苻氏为前秦，吕氏为前凉，并为十六国之一。板楯蛮，世居渝水左右。汉高祖发其众，还定三秦。遣还巴中。复其渠帅罗、朴、督、鄂、度、夕、龚七姓，不输租赋。余户乃岁入賨钱四十。世号为板楯蛮夷。遂世世服从，至于中兴，郡守常率以征伐。其人天性劲勇，初为汉前锋，数陷陈。永初中，羌入汉中。板楯蛮救之，羌死败殆尽，号为神兵。传语种辈，勿复南行焉。

巴郡南郡蛮及板楯蛮，皆在今嘉陵江流域，古所谓渝水也。其居渝水以外者，部落分布尤广。《汉书》最叙之曰："自嶲以东北，君长以十数，徙、莋都最大；自莋以东北，君长以十数，冉駹最大；自駹以东北，君长以十数，白马最大；皆氐类也。"武帝开西南夷，始以莋都为沈黎郡徙为县，属蜀。天汉四年，并蜀为西部，置两都尉：一居旄牛，主徼外夷。一居青牛，主汉人，冉駹为汶山郡宣帝地节三年，并蜀为北部都尉，灵帝时复置郡，白马为武都郡分广汉西部合之。而武都夷为患最深。地有仇池，方百顷。四面斗绝。夷人依以为险。数为边寇。郡县讨之，则依固自守。元封三年，遣兵破之。分徙其众于酒泉郡。建安中，兴国氐王阿贵，百顷氐王千万，姓杨氏，各有部落万余。十六年，从马超为乱，超破后，夏侯渊攻灭之。余众或入蜀。其不能去者，分徙扶风、美阳、天水、南安界中。虽都统于郡国，亦自有王侯，在其墟落间。晋时，千万之后，卒复据仇池，传国至南北朝焉《南史》之武兴国。唐时，黎邛二县之东，有凌蛮，其西有三王蛮，为莋都夷、白马氏之遗种。三王者，杨、郝、刘三姓，世为酋长，袭封王，故以名焉。岁廪节度府帛三千匹，以诇南诏。南诏亦密赂之，使觇成都虚实。戎州又有姐羌，为古白马氏之遗，而居东钦磨些附近者，又有铄羌及弥羌焉。此皆在今四川境者也。其在今云南境者，则与濮族错处。《汉书》所谓

"西自桐师以东北至叶榆,名为嶲昆明。编发,随畜移徙;亡常处,亡君长;地方可数千里"者也。此族与濮族,显著之别有二:濮族椎结,而此族编发,一;濮族耕田有邑聚,而此族随畜移徙,二也。自汉至唐尚然。唐时仍谓之昆明蛮,在爨蛮以西,以西洱河为境。高宗龙朔三年,有七千户内附。总章三年,以其地置禄州、汤望州。咸亨三年,昆明十四姓率户二万内附,析其地为殷州、总州、敦州。殷州居戎州西北,总州居戎州西南,敦州在戎州之南,远不过五百余里,近者三百里。其后又置盘麻等四十一州,皆以首领为刺史。

陇蜀及滇,皆山岭崎岖,不能合大众。故羌居其间,曾不能为大患。如武兴之历久负固,既为罕遘矣。而河湟西海之间,则地较平夷,便于猎牧。居民气性,稍类北狄;故其为中国患较甚。《后汉书·羌传》所述是也。《后书》云:"羌无弋爰剑者:秦厉公时,为秦所拘执,以为奴隶。后得亡归,而秦人追之急,藏于岩穴中,得免。羌人云:爰剑初藏穴中,秦人焚之,有景,象如虎,为其蔽火,得以不死。既出,又与劓女遇于野,遂成夫妇。女耻其状,被发覆面;羌人因以为俗。遂俱亡入三河间。"《续汉书》作河湟间。注:'黄河,湟水,赐支河也。'案赐支即黄河九曲地,当以《续汉书》为是。诸羌见爰剑被焚不死,怪其神,共畏事之;推以为豪。河湟间少五谷,多禽兽,以射猎为事。爰剑教之田畜,遂见尊信。庐落种人依之者日益众。羌人谓奴为无弋,以爰剑尝为奴隶,故因名之。其后世世为豪。至爰剑曾孙忍时,秦献公初立,欲复穆公之威;兵临渭首,灭狄獂戎。忍季父卬,畏秦之威,将其种人附落而南,出赐支河曲数千里;与众羌绝远,不复交通。其后子孙分别,各自为种,任随所之。或为牦牛种,越嶲羌是也。或为白马种，广汉羌是也。或为参狼种，武都羌是也。忍及弟舞，独留湟中。并多娶妻妇。忍生九子，为九种。舞生十七子，为十七种，羌之兴盛，从此始矣。"又云："爱剑子孙支分，凡百五十种。其九种在赐支河首以西及蜀汉徼北。其五十二种，衰少不能自立，分散为附落。或灭绝无后，或引而远去。其八十九种，惟钟最强，胜兵十余万。其余大者万余人，小者数千人。更相钞盗，盛衰无常。"案此说以诸羌支分，悉出爱剑，未必可信。然爱剑之后，派别极繁，则自为实录。盖羌族先进，实在陇蜀之间。河湟上腴，东周之世，犹为草昧。爱剑久居塞内，渐被华风，荄扰葍蓄，实以一身而兼羲农之教。本支百世，长为殊俗所尊亲，固其宜矣！

羌人之为汉患者，不在塞外而在塞内。以同化之效，非旦夕可期，而汉人又颇陵侮之故也。建武九年，司徒掾班彪上言："今凉州部皆有降羌。降羌被发左衽，而又与汉人杂处。习俗既异，言语不通。数为小吏黠人，所见侵夺。穷恚无聊，故致反叛。"景帝时，研种留何研忍子，率种人求守陇西塞。徙之狄道今甘肃狄道县，安故在狄道南，临洮氐道今甘肃清水县，羌道今甘肃武都县，是为羌人附塞之始。时匈奴冒顿，臣服诸羌。武帝乃度河湟，筑令居今甘肃庄浪县。开河西四郡酒泉、武威、张掖、敦煌，以隔绝羌、胡。先零种为寇，汉兵击破之。置护羌校尉统领焉。于是羌去湟中，依西海今青海盐池今青海之盐池。宣帝时，复度湟水，犯塞。赵充国屯田以待其敝。卒破之。置金城属国，以处降羌。王莽辅政，讽羌献西海地。以为郡。筑五县边海。亭燧相望焉。莽败，诸羌据西海为寇。隗嚣不能讨，因加慰纳。发其众以距汉。嚣亡，仍为边患。后乃归服。徙置天水、陇西、扶风三郡。于是先零之患平，而烧当种起。

烧当者，研十三世孙。自烧当至滇良，世居河北大允谷。种小人贫。而先零、卑湳,并皆强富,数侵犯之。滇良与子滇吾、滇岸,积见陵易,愤怨。而素有恩信于种中,乃会附落及诸杂种,掩击先零、卑滴,大破之。夺居其地大榆中。《水经注》:"河水自河曲,又东,径西海郡南。又东,径允川,而历大榆谷小榆谷北。"地肥美,阻河为固。又有西海鱼盐之利。缘山滨水,以广田畜。南得钟、存,以益其众。遂致强大。附落转盛。滇吾子曰东吾,曰迷吾,曰号吾。东吾子曰东号。东号子曰麻奴。迷吾子曰迷唐。自光武末至和帝时,数为边寇。后乃败走赐支、河曲。又为汉兵所破。逾河首,依发羌。于是西海、榆中,无复羌寇。险糜相曹凤,请复西海郡县。规固二榆,广设屯田。汉从其谋。夹河列屯,凡三十四部。功垂就,而永初羌乱作,遂废。

安帝永初元年,发金城、陇西、汉阳羌数百千骑征西域。群羌惧远屯不返,行到酒泉,多有散叛。诸郡各发兵徼遮,或覆其庐落。羌遂同时奔溃。时羌归附久,无复器甲。或持竹竿木枝,以代戈矛。或执铜镜以象兵,或负案以为楯。而郡县懦不能制,争图上徙。诸将则断盗牢廪,私自润入。以珍宝赂左右。上下放纵,不恤军事。士不得其死者,白骨相望于野。于是先零别种滇零,自称天子于北地。东犯赵、魏,南入益州。寇钞三辅,掠断陇道。军旅转输之费,至二百四十余亿。乃平之。时顺帝永建三年,羌乱历二十载矣。越十年,当永和元年,复叛。至冲帝永嘉元年,乃平。凡八年,军费八十余亿。又十四年,当桓帝延熹二年,诸种复有叛者。段颎讨破之。颎坐事征,代以胡闳。闳无威略,羌遂陆梁。六年,复代以颎。颎以尽杀为主。出兵剿击。至灵帝建宁二年,乃平。是役凡历十一年。据《后书·羌传》,谓西羌降者万余落,获生口数万;东羌降者不过四千人降羌在安定、北地、上郡者为东羌。在陇西、汉阳、金城者为西羌；杀戮不可谓不甚。然至中平元年，北地降羌与汉中羌义从胡北宫伯玉、李文侯等反。伯玉劫致金城人边章、韩遂，使任军事。后遂杀章及伯玉、文侯，拥兵攻陇西。太守李相如与连和，共杀凉州刺史耿鄙。鄙司马扶风马腾亦反，为凉州患者三十年。中平元年，上距建宁二年，亦不过十五年也。后汉时之降羌，本不足为大患。所以至于如此者，实朝政不肃，将帅贪懦，有以致之。与清川楚教匪之乱最相似。

滇吾为烧当嫡裔，故羌人甚重之。滇吾九世孙迁那，率种人内附。汉处之南安之赤亭_{在今甘肃天水县境}，那玄孙柯廻，为魏镇西将军，绥戎校尉，西羌都督。廻子即姚弋仲也。

羌之又一派，为西域中之氐羌行国。《汉书》云："蒲犁与依耐、无雷，皆西夜类也。西夜与胡异，其种类氐羌。行国，随畜，逐水草。"又婼羌、鄯善，亦为行国。温宿则"土地物类所有，与鄯善诸国同"。《后书》西夜，子合，各自有王。又有德若，俗与子合同。又载车师、蒲类、移支、且弥，亦均行国。移支"俗勇敢善战，以寇抄为事，皆被发"，尤酷与羌类。此一派，盖与居祁连、敦煌间之大月氏相近。而月氏汉初为匈奴所破，西走，逐塞种，居其地。乌孙又乞师于匈奴，击破之。乃南走，臣大夏，居妫水滨。妫水，今阿母河。大夏者，西史之巴克特利亚。月氏袭其遗风，遂焕然为葱岭以西文明之国。其羸弱不能去者，保南山，号小月氏。与诸羌共婚姻，亦称湟中月氏胡。在张掖者，号义从胡。史载其风俗皆与羌无异。三国以后，遂不复见。盖氐羌故同族，遂泯焉无别也。

大月氏至宋齐之间，乃为嚈哒所破。中国史不载，西史亦不记其详。然其遗迹有可考见者。《北史》："康国者，康居之后也。迁徙无常，不恒故地。然自汉以来，相承不绝。其王本姓温，月氏人也。旧居祁连山北昭武城，因被匈奴所破，西逾葱岭，遂有其国。枝庶各分王。故康国左右诸国，并以昭武为姓，示不忘本也。"《唐书》："康国，君姓温，本月氏人，始居祁连北昭武城，为突厥所破，稍南依葱岭，即有其地。支庶分王：曰安，曰曹，曰石，曰米，曰何，曰火寻，曰戊地，曰史，世谓九姓。并姓昭武。"案康居未尝居祁连北；月氏西徙，亦远在突厥兴起以前；《北史》谓康国为康居之后，明系误谬；《唐书》"为突厥所破"云云，突厥亦明系匈奴之误。然月氏为匈奴所破，西徙而臣大夏，只分其国为五部翕侯；厥后贵霜翕侯，且并四部而一之；则支庶分王，明是为嚈哒所破以后之事也。

康：亦称萨末鞬，又曰飒秣建。元魏称悉万斤。即今撒马耳千。

安：亦曰布豁，曰捕喝，即今布哈尔。东安：亦曰小安，曰喝汗。在安东北四百里。当在今锡马达亚境。东曹：亦称率都沙那，又作苏对沙那，苏都识匿此三名皆一音之异译，《唐书》并列劫布咀那，云"凡四名"，则误矣，北至石，西至康皆四百里。当在今敖罕境。西曹：本称曹国；盖东曹，中曹，皆自此而分也。亦称劫布咀那。在米国之北，西三百余里而至何国。据《西域记》。则当在塞拉佛山境。又有中曹：居康之北，西曹之东焉。石：或曰柘支，曰柘折，曰赭时，今塔什干。米：或曰弥末，曰弭末贺。北百里距康。今基大普也。何：亦曰屈霜你迦，曰贵霜匿，在劫布咀那西三百余里。《西域记》火寻，或曰货利习弥，曰过利《元史》之花剌子模，今基华境也。戊地：《西域记》作伐地，云在布喝之西四百余里，地当今谋夫。史：亦曰怯沙，曰羯霜那。

南有铁门山。即《明史》所谓渴石,今加尔支也。此外见于《北史》者,又有乌那遏,都乌浒水西。东北去安四百里,西北去穆二百里。似亦在今谋夫附近。又有钹汗国。《唐书》作宁远。都葱岭之西五百余里。东距疏勒千里,西去苏对沙那,西北去石国,各五百里。其王亦均氏昭武。《北史》又云:"大月氏国,都剩蓝氏城。在弗敌沙西,去代一万四千五百里。北与蠕蠕接。数为所侵,遂西徙,都薄罗城,去弗敌沙二千一百里。其王寄多罗勇武,遂兴师。越大山,南侵北天竺。自乾陁罗以北五国,尽役属之。""小月氏国,都富楼沙城。其王本大月氏王寄多罗子也。寄多罗为匈奴所逐西徙后,令其子守此城,因号小月氏焉。在波路西南,去代一万六千六百里。"案柔然兵力,未及葱岭以西。所云数为所侵,似即汉初见逼于匈奴之事。然剩蓝氏城,即《汉书》之监氏城,乃月氏西徙后奠都之所,无由见逼于匈奴,则亦必月氏见破于嚈哒之事矣。以《北史》所载诸国道里向方考之。薄罗城,似系今阿富汗北境之波尔克,富楼沙则其东境之白沙威尔。然则月氏虽分崩,枝庶分王,犹遍今俄领中央亚细亚及阿富汗之境;特始役属于嚈哒,继役属于突厥而已。至唐时,昭武九姓诸国,犹遍受封爵,以其地置都督府州;其禋祀固未尝斩也。其亡,当在大食并西域后,其事实不可考。此节释地,略据丁氏谦《大唐西域记考证》。

以上所述诸派,皆在今甘、新、陇、蜀之间。其居今川边、海、藏境者,则梗塞不通,榛狉弥甚,今综晋唐南北朝诸史述之。其最近中国者为宕昌。地在吐谷浑之东,益州之西北。东接中华,西近西域。此语颇误。其南为邓至。地在平武以西,汶岭以北。邓至之西有赫羊国。又有东亭卫、大赤水、寒宕、石河、薄陵、下习、小仓骧、覃水诸部落。今四川茂县以北，北抵甘肃、青海河洮之间，皆其地也。自此以西北，则为党项。党项之地，东接临洮西平，西拒叶护指西突厥言。实今黄河上源之地。《唐书》又有黑党项，居赤水西。赤水亦名赤亭水，在今甘肃陇西县之西。又其西为白兰。《北史》云："自白兰山西北，即为可兰。"白兰山，似今巴颜哈喇之脉。《唐书》又有多弥，滨犁牛河。犁牛河，即今江源木鲁乌苏。多弥西为苏毗，则在今海、藏间矣。《北史》又云："吐谷浑有乙弗敌国。国有屈海，周围千余里。"核其地望，似指今柴达木河下游之达布逊淖尔也。此皆在今青海境者也。其在今西康境者：则成都西北二千余里，有嘉良夷。嘉良夷之西有附国。"嘉良有水，阔六七十丈；附国有水，阔百余丈；并南流，用皮为舟而济。"似即今雅龙江及金沙江。附国西有薄缘夷。其西为女国。女国东北，连山绵亘数千里，接于党项，往往有羌。有大小左封、昔卫、葛延、白狗、向人、望族、林台、春桑、利豆、迷桑、婢药、大硖、白兰、北利、模徒、那鄂、当迷、渠步、桑梧、千碉等，并在深山穷谷。案女国在今后藏，见下篇。女国东北之山，当即今长江、怒江上源间之山。又《唐书》所载："雅州西三百余里之外，有百坡、当品、严城、中川、钳矣、昌区《地理志》作磊，钳井七部落；四百余里之外，有罗岩、当马、三井、束绛、名耶《地理志》作配、钳恭、画重、罗林、笼羊、林波、林烧、龙逢、索古、敢川、惊川、樀眉、不烛，十七部落；六百余里之外，有椎梅、作重、樀林、金林、逻蓬五部落；皆置羁縻州。"逻蓬，《地理志》不载。柏坡、索古属黎州，余均属雅州都督府。此皆在今西康境者也。宕昌，邓至距中国最近。《北史》云："宕昌之众，本姓别自为部落。酋帅各有地分，不相统摄。有梁懃者，世为酋长，得羌豪心，乃自称王。"

案《南史》,武兴国大姓,有苻氏、姜氏、梁氏。武兴故中国郡县,姜、梁皆汉姓,得毋愍亦汉人与?宕昌尝受南北朝封爵。邓至亦通贡南朝。其余诸国,南北朝、隋、唐时,亦多来朝贡。以党项为最强大。党项,魏周时颇寇边。唐攻吐谷浑,其酋拓跋赤辞助之抗王师。唐击破之,乃内属。置羁縻州三十二,以松州为都督府今四川松潘县。后吐蕃强,拓跋氏畏逼,请内徙。徙庆州今甘肃庆阳县,置靖边等州以处之。西夏其后也。其故地入吐蕃。处者皆臣属之,更号为弭药。

海、藏、西康,山岭崎岖,土地瘠薄;既不能合大群;又不能发生文明;并不能传受他国之文明;故其民自古默默无闻。青海诸部落,吐谷浑入则臣之;吐蕃入又臣之;吐蕃衰,蒙古又据其地。在西康境者,吐蕃强,亦悉为之属。然其部落自在。今日青海非蒙古诸土司,皆其地之土著。西藏之地,分康、卫、藏三区,康亦羌之转音也。参看《藏族篇》。近人《玉树土司调查记》谓:"清初蒙古强而诸土司弱,清人务抑蒙以扶诸土司,今则适与相反。实由一地有一地之气候,情况,土著者必与之相宜,外来者则不能如是。故一时虽强盛,能压伏土著。久之,即强弱易位云。"自清末至今,西藏时有叛变,皆所谓康之地为之。自内地入藏,由西宁经青海以至拉萨,本较直捷,而清驻藏大臣必出打箭炉者,所以镇慑康地,使道不梗塞也。然则羌族虽处崎岖瘠薄之地,所以抚绥之者,固不容缓矣。川边海藏外,川省西北及云南维西、中甸一带,亦有羌族。

羌族散布甚广,而其地之交通,率皆不便。故其风气各有不同。最进步者为氐。氐族被发左衽,言语好譬类。盖由称名不具。不与中国同,而与羌杂胡同。其嫁娶,亦有似于羌。此为其与羌同族之确证。然后汉三国时，与华人错居者，已多知中国语。惟还其种落，则仍用氐语耳。贵妇人，党母族，盖去女系时代未久也。能织布，善田种。冉駹土地刚卤，不生谷粟，亦以麦为资。其地土气多寒，盛夏冰犹不释。冬则避寒入蜀为佣，夏则违暑反其邑。其畜有猪、牛、马、驴、骡。冉駹有旄牛，肉重千斤，毛可为毦。其人能作旄毡、班罽、青顿、毞毲、羊羖之属。以上据《后汉书》《三国志》及《三国志》注引《魏略》。《后书》云："氐人依山居止，累石为室，高者至十余丈，谓之邛笼。"《注》云："彼土夷人呼为雕。"即今所谓碉也。《南史·武兴国传》云："言语与中国同。地植九谷。婚姻备六礼。知书疏。种桑麻。出紬绢布等。"则全与中国同化矣。

其居河湟者，则极为犷悍。史称其兵"长在山谷，短于平地。不能持久，而果于冲突。以战死为吉利，病终为不祥。堪耐寒苦，同之禽兽。虽妇人产子，亦不避风雪"。此其所以世为中国之患也。其俗氏族无常，或以父名母姓为种号。十二世后，相为婚姻。父死则妻后母，兄亡则纳釐嫂。故国无鳏寡，种类繁炽。然不立君臣，无相长一。强则分种为酋豪，弱则为人附落。更相钞暴，以力为雄。杀人偿货，无他禁令。故其虽众而不一。赵充国云："羌人所以易制者，以其种自有豪，数相攻击，势不壹也。"本传。此其所以终为汉弱与？

其余诸羌族，程度高低不一。宕昌及党项，皆既无法令，又无徭赋。惟战时乃相屯聚，否则各事生业，不相往来。附国之法，重者死，轻者罚牛。人皆轻捷，便于击剑。漆皮为甲。弓长六尺，以竹为箭。白兰、党项，亦能作兵。然好盗，更相剽掠。尤重复仇。未得所欲者，蓬首垢面，跣足草食。后乃已。私斗既烈，自无由合大群。党项在诸羌中为最大,亦不过大部五千骑,小部千余耳。此其所以不足畏邪?其婚姻:宕昌父及伯叔兄弟死,即以继母、世叔母及嫂、弟妇为妻。附国则父亦妻其子妇。惟党项不娶同姓。大抵以畜牧为生。《北史·宕昌传》:"牧养犛牛、牛、豕,以供其食";《唐书·党项传》:"养犛牛、马、驴以供食,取麦他国以酿酒"是也。然如附国,《北史》云:"其土高,气候凉,多风少雨,宜小麦青稞",则亦略知种植矣。男女皆衣裘褐,被毡。以皮为帽,形圆如钵。或带羃䍠。全剥牛脚皮为靴。项系铁锁,手贯铁钏。王与酋帅,金为首饰,胸前悬一金花,径三寸。后来吐谷浑之服饰,亦颇与此相类。盖徙居羌地,化于羌也。其居处有二:一织犛牛尾及羊毛覆屋,岁一易。《北史》宕昌,《唐书,党项传》。又其一为碉。高者十余丈,下者五六丈。每级以木隔之。基方四步,上方二三步。状似浮图。下级开小门,从内上通。下必关闭,以防贼盗。《北史·附国传》盖因所居之地而异也。

羌族程度,有极低者。《北史》云:可兰,"目不识五色,耳不闻五声。顽弱不知战斗。忽见异人,举国便走。性如野兽,体轻工走,逐不可得"。几距原人不远矣。

其所信教,亦间有可考者。宕昌、党项,皆三年一相聚,杀牛羊以祭天。党项之俗:人年八十以上死者,以为令终,亲戚不哭。少死者即云夭枉,乃悲。附国:有死者,置尸高床上。沐浴衣服。被以甲,覆以兽皮。子孙不哭,带甲舞剑而呼云:我父为鬼所杀,我欲杀鬼报冤。其余亲戚,哭三声而止。死家杀牛,亲族以猪酒相遗,共饮啖而瘗之。死后十年,方始大葬。必集亲属,杀马动至数十匹。立木为祖父神而事之。

大月氏之居东方,亦当与羌同俗。西徙以后,则渐同化于白人。故《汉书·大夏传》谓其"土地，风气，物类所有，民俗，钱货，与安息同"。《大宛列传正义》引万震《南州志》，谓其"城郭、官室，与大秦同"。《唐书》谓其"习旁行书，则其文字亦受之西域。然东方旧俗，仍有存者"。《北史·康国传》谓其"婚姻丧制，与突厥同"是也。据《北史》及《唐书》，昭武诸国，实以康为大宗。《北史》云："其国立祖庙，以六月祭之。诸国皆来助祭。"《大唐西域记》曰："凡诸胡国，此为其中。进退威仪，远近取则。兵马强盛，战无前敌。"俨然为礼乐征伐所自出焉。其神教，则兼奉佛教及火教。《唐书》谓"尚浮屠法，祠袄神"是也。《隋书·康国传》："有《胡律》，置于袄祠。将决罚则取而断之。"《石国传》："城东南立屋，置座于中。正月六日，七月十五日，以王父母烧余之骨，金瓮盛之，置于床上。巡绕而行。散以香花杂果。王率臣下致祭焉。"火葬盖佛教之法，法律置于袄祠，则其严祀之不待言矣。又《隋书·曹国传》："国中有得悉神。自海以东诸国，并敬事之。其神有金人焉。金破罗阔丈有五尺，高下相称。每日以驼五头，马十匹，羊一百口祭之。常有千人，食之不尽。"《漕国传》："其俗重淫祠。葱岭山有顺天神者，仪制极华。金银镂为屋。以银为地。祠者日有千余人。祠前有一鱼脊骨，其孔中通，马骑出入。"《唐书·东曹传》："有野叉城。城有巨窟，严以关钥。岁再祭。人向窟中立，即烟出，先触者死。"《史国传》："城有神祠。每祭必千羊。用兵类先祷乃行。"此则各地方固有之神教也。

附录一　鬼方考

《左氏》：僖公二十二年，"秦晋迁陆浑之戎于伊川"。三十二年，"遽兴姜戎，败秦师于殽"。襄公十四年，"将执戎子驹支。范宣子亲数诸朝，曰：来，姜戎氏。昔秦人迫逐乃祖吾离于瓜州。乃祖吾离，被苫盖，蒙荆棘，以来归我先君。我先君惠公，有不腆之田，与女剖分而食之。对曰：昔秦人负恃其众，贪于土地，逐我诸戎。惠公蠲其大德，谓我诸戎，是四岳之胄裔也，毋是翦弃。赐我南鄙之田，狐狸所居，豺狼所嗥。我诸戎翦其荆棘，驱其狐狸豺狼，以为先君不侵不叛之臣，至于今不贰。昔文公与秦伐郑，秦人窃与郑盟，而舍戍焉，于是乎有殽之师。晋其上，戎亢其下。秦师不复，我诸戎实然"。昭公九年，"周甘人与晋阎嘉争阎田。晋梁丙、张趯帅阴戎伐颍。王使詹桓伯辞于晋曰：先王居梼杌于四裔，以御螭魅。故允姓之奸，居于瓜州。伯父惠公归自秦，而诱以来。使逼我诸姬，入我郊甸，则戎焉取之。戎有中国，谁之咎也"？观此诸文，陆浑之戎、姜戎、阴戎，异名同实，事至明白。驹支自称四岳之胄，而周人称为允姓之奸，则其人实有二姓。杜《注》谓四岳之后皆姓姜，又别为允姓者，说自不误。惟谓瓜州即敦煌襄十四、昭九年注两言之，说出杜林《汉书·地理志》：敦煌，"杜林以为古瓜州，地生美瓜"，则不无可疑耳。

河西四郡，乃汉武所开。春秋时，秦国疆域，盖西不逾河，安得远迹至敦煌哉？宋于庭谓诗"我征自西，至于艽野"之艽野，即"覃及鬼方"及《易》"高宗伐鬼方"之鬼方，又即《礼记·文王世子》"西方有九国焉"之九国。《史记·殷本纪》：以西伯昌、九侯、鄂侯为三公。《礼记·明堂位》："脯鬼侯以享鄂侯。"《正义》曰："鬼侯，《周本纪》作九侯。"盖西方九国之诸侯，入为殷之三公。《列子》称相马者九方皋，九方当即鬼方，以国为氏。愚案《左氏》昭公二十二年，晋籍谈、荀跞帅九州之戎，以纳王于王城。下言王城人败陆浑于社。则杜《注》谓九州戎即陆浑戎者不误。九州即九国，亦即艽野、鬼方。盖陆浑戎之故国。所谓瓜州，疑亦其地也。

《汉书·贾捐之传》："武丁、成王，殷周之大仁也。然其地东不过江黄，西不过氐羌。"此以氐羌即武丁所伐之鬼方也。《文选·赵充国颂》李《注》引《世本注》："鬼方，于汉则先零戎也。"《潜夫论·边议篇》论羌乱曰："破灭三辅，覃及鬼方。"并以汉时之羌当古之鬼方。干宝《易注》，谓在北方《周易集解》，盖误。

氐羌者，《周书·王会解》："氐羌以鸾鸟。"孔《注》："氐地羌。羌不同，故谓之氐羌。今谓之氐矣。"盖羌之一种也。《吕览·义赏篇》高《注》，谓"氐与羌二种夷民"，盖误。案经典有但言羌者，《书·牧誓》"及庸、蜀、羌、髳、微、泸、彭、濮人"是也。有兼言氐羌者：《诗·商颂》："昔有成汤，自彼氐羌，莫敢不来享，莫敢不来王。"《大戴记·五帝德》述舜所抚者，析支、渠搜氐羌是也。羌为大名，氐为种别。但言羌者，辞略也，盖亦指氐羌矣。

《大戴记·帝系》："陆终氏娶于鬼方氏。鬼方氏之妹，谓之女隤氏。"陆终为颛顼之后，则鬼方在古代，实与中国相婚姻。

此则其东还过西方而刻石纪功之作。"案邹氏以羌为鬼方,是也,乃举后世羌人所居之地,悉指为殷时之鬼方,则近于儿戏矣。古者师行日三十里,六军一万五千人,如何历湘、鄂、滇、黔以入海、藏邪?

〔第十二章〕藏族

今地理学家所谓西藏高原者，就地势别之，可分四区：南山之南，冈底斯山之北，诸大川上源之西，地势高而且平，水皆潴为湖泊，一也。雅鲁藏布江之东，巴颜哈喇山之南，大度河之西，伊洛瓦谛江、怒江、澜沧江、金沙江、雅龙江之所贯流，二也。巴颜哈喇之北，南山之南，黄河上游及青海所潴，三也。喜马拉耶之北，冈底斯之南，雅鲁藏布江之域，四也。第四区为印度阿利安人分支吐蕃兴起之地，第二第三两区皆羌地，第一区，则今所称为藏人者之故居也。

今之所谓藏人者，有一特异之习，曰多夫。往史所载四裔诸国，有此习者，始于嚈哒；则嚈哒实此族之首见于史者也。《北史》云："大月氏之种类，亦曰高车别种。"《南史》则称为滑国，曰："车师之别种"；三说皆误。大月氏西徙后，史述其俗，多同大夏，姑勿论。其留居南山者，号小月氏，俗皆与羌同。羌俗多娶妻妇，适与嚈哒一妇数夫反。高车、车师，亦不闻有一妇数夫之俗。一妇数夫，此特异之俗，果其有之，诸史不容不载也。《北史》云："其原起自塞北，自金山而南。"金山本铁勒所处，故有高车别种之讹。车师北近金山，此族盖又尝居车师故地，故有车师别种之说。目为大月氏之种类，亦以其后得大月氏之地云然。皆指其所居之地以定其种族，而不知其人之初不居是也。《北史》又谓"其语与蠕蠕、高车及诸胡不同"。可见"大月氏之种类"及"高车别种"之说之不确。

然则嚈哒之故国，果安在与？案《唐书》："大夏，即吐火罗也。嚈哒，王姓也。后裔以姓为国，讹为悒怛，亦曰挹阗。"此说颇误。吐火罗者，大夏之旧都，即《大唐西域记》所谓缚喝者也。今阿富汗之波尔克城。《北史》别有吐火罗国，云"与嚈哒杂居"，又云："其王都拔底延城，盖王舍城也。"尤非。《西域记》："缚喝，都城周二十余里，人称小王舍城。"《隋书》谓其都城多寺塔,皆饰以金;盖亦佛法兴盛之地;故有此称。若王舍城则自在印度也。乃城名。嚈哒都大夏旧都,故人犹以大夏旧都之名称之。非彼初亦以吐火罗为国号,后乃改用王姓也。此说出近人丁氏谦,案大夏二字,似亦吐火罗转音,乃译音,非有义也。于邑双声。于於同字。然则嚈哒、悒怛、挹阗,仍系于阗音转。此族盖自后藏越南山而北,首据于阗,人因以于阗称之。其后拓土日广,徙居大夏故都,人不复考其得氏之由,乃复别译以嚈哒、悒怛、挹阗等字。实则与以大夏旧都名之为吐火罗,正后先同揆耳。自于阗入后藏,本为往来孔道。此族之故居后藏,可无疑矣。

嚈哒之盛,始于南北朝之初。其衰,亦略当南北朝之末。西史谓自五世纪中叶以降百余年,为嚈哒极盛之世,其年代亦略相当也。当夫月氏既衰,突厥未起,嚈哒实为跨有葱岭东西之大国。惜其事迹,东西史氏,均不能道其详。今约略考之。《南史》云:"后稍强大,征其旁国波斯、槃槃、罽宾、焉耆、龟兹、疏勒、姑墨、于阗、句般等国,开地千余里。"《北史》则云:"其人凶悍,能斗战。西域康居、于阗、沙勒即疏勒、安息及诸小国三十许,皆役属之,号为大国。"又载朱居国、渴槃陀国、钵和国、赊弥国,皆役属嚈哒。朱居国,在于阗西。其人山居。语与于阗相类。渴槃陁国,在葱岭东,朱驹波西。河经其国东北流今于阗河。风俗与于阗相类。钵和国,在渴槃陁西。唐时曰护密,或曰达摩悉铁帝,曰护侰,王居寒迦审城,北临乌浒河。今阿母河,源出葱岭,曰鄂克疏河,又曰瓦汗河,亦曰乌汗河。《唐书》乌浒,当是乌汗转音。玄奘《西域记》作缚刍河,则鄂克疏转音也。波知国,在钵和西南,有三池。传云大池有龙王,次有龙妇,小者有龙子。行人经之,设祭乃得过。不祭,多遇风雪之困。疑今帕米尔高原。赊弥国,在波知南。山居,皆葱岭东西之地。观其所力征经营，而其始起之地可知矣。

以上诸国，多不近车师，去金山尤远。且葱岭以东，自魏晋迄南北朝，虽曰时绝时通，而大事仍皆见于中国史籍。果使嚈哒力征，起自金山，远逾葱岭，焉耆、龟兹诸国，实乃首当其冲；于阗、疏勒之伦，乃后继承其敝。纵无叩关乞援之使，亦有近塞传述之辞。记载阙焉，宁不解人难索？然则原出塞北，寄居后部，非他族之事，而史误系之嚈哒，即强大之后，声威乃暨于此，决非其初兴时事矣。《南史》云，"汉永建元年，八滑从班勇击北虏有功，勇上为后部亲汉侯。自魏晋以来，不通中国。魏之居代都，滑犹为小国，属蠕蠕"云云。案两《汉书》载西域风俗皆详，车师与汉尤密。果有一妇数夫之族，附后部以居，安得一语不及？后魏孝文帝太和中，高车副伏罗部叛柔然。其酋阿伏至罗与穷奇，走前部西北自立。后穷奇为嚈哒所杀，虏其子弥俄突。阿伏至罗亦以残为其下所杀，立其宗人跋利延。嚈哒纳弥俄突。国人杀跋利延迎之。明帝正光中，柔然内乱，婆罗门自立。嚈哒听弥俄突之弟还国。击婆罗门，破之。婆罗门奔魏。魏置之敦煌。嚈哒主三妻，皆婆罗门妹也。婆罗门叛投嚈哒，为魏所讨禽。此皆嚈哒势力，及于金山、车师之事，然不能谓其初起于此也。

嚈哒之破月氏，西史亦不能道其详。但云：嚈哒自此尽据两河间地。又南下，降西北两印度。西伐波斯。波斯纳岁币以和。嗣后嚈哒屡干预其君主之废立，波斯几夷为藩属。梁武帝普通元年后，北印度乌苌国兴。《西域记》之乌仗那。攘嚈哒于境外。未几，突厥复盛，与波斯东西夹攻。嚈哒遂分崩。其地多入突厥。《西域记》云："出铁门，至睹货逻国。自数百年，王族绝嗣，酋豪力竞。依山据谷，分为二十七国。皆役属突厥。"此嚈哒败亡后之情形也。

今通称此族为藏，又称西康之地为康。康也，藏也，实仍羌字转音，因音变而字异耳。而此族之自称，则曰土伯特。土伯即吐蕃异译蕃读如播。特者，统类之词。见《元史译文证补》卷一。《蒙古源流考》称尼雅特赞博汗胜四方部落，为八十八万土伯特国王。尼雅特赞博，即《唐书》之弃宗弄赞，乃印度阿利安人之首王西藏者。见下章。其时已称土伯特，则土伯固藏人种族之本号也。今通称察木多以东为康，前藏为藏，后藏为卫。据西藏僧人所自述，则藏与康实以丹达山为界，而卫在喜马拉耶山以南，乃吐蕃盛时之疆域也。此说出《西康建省记》，考之于史，良是。丹达山以东，诚皆羌地；吐蕃盛时，喜马拉雅山南之国，固有为之臣者，泥婆罗即其一也。

藏族之北出者为嚈哒，其留居后藏者，则南北朝时所谓女国，唐时所谓东女也。此国本名苏伐剌拏瞿咀罗。《唐书》《西域记》皆同。曰女国，曰东女，盖皆中国称之。据玄奘《西域记》：其地在大雪山中。北距于阗，东接吐蕃，正今后藏之地也。《唐书》云："王居康延川，岩险四缭。有弱水南流，缝革为船。"似即今怒江。又云："东与吐蕃、党项、茂州接，东南属雅州罗女蛮、白狼夷"，则似兼有今前藏地矣。此国世以女为王，号曰宾就。女王之夫曰金聚，不知国政。王居九层之楼，侍女数百人。五日一听朝政。后有小女王，共知国事。女王死，国人以金钱数万纳王族中，求贤女二人立之。其一为小王。王死，因以为嗣。或姑死妇继。无篡夺。隋文帝开皇六年，始遣使朝贡。后绝。唐高祖武德中，其王汤滂氏，遣使入贡。高祖厚赐之。为突厥所掠，不得通。贞观中，使复至。太宗玺制抚慰。显庆初，使高霸黎文与王子三卢来朝。授右监门中郎将。其王敛臂，使大臣来请官号。武后册拜右玉钤卫员外将军。天授开元间，王及子再来朝。诏与宰相宴曲江，封王曳夫为归昌王，左金吾卫大将军。后乃以男子为王。开元以后，史不复见。后南诏与韦皋书，言吐蕃之暴横，有云："西山女王，见夺其位。"其殆为吐蕃所灭与？女王之位，不传之女而传之妇；后又以男子为王，则似此国王位，亦男系相承，立女特偶然之事。然南诏称为西山女王，则似其后仍立女，而以男子为王，特偶然之事者。史籍无征，末由亿断其政体矣。东女者，对西女言之也。西女者，西北距拂菻，西南际海岛。皆女子。多珍货。附拂菻、拂菻君长，岁选男子配焉。俗生男不举。亦见《唐书》。

又《唐书·南蛮传》："名蔑，其人短小。兄弟共取一妻。妇总发为角，以辨夫之多少。"俗与嚈哒同，亦必同族也。

俗谓高原少女多男；下隰之地，少男多女，故西藏有一妇数夫之习。此亦亿测之辞，男女妃合之制，因时因地而殊；一妇数夫之习，他族邃古之世，亦不必无之，惟藏族则久而未变耳。嚈哒之俗，"兄弟共取一妻，迭寝焉。一人入房，户外挂其衣以为志。生子属其长兄。夫无兄弟者，妻戴一角帽。若有兄弟者，依其多少之数为角"焉。故其世系不甚分明。"王位不必传于子弟，堪者死便受之。"《西域记》谓其亡，由"王族绝嗣，酋豪力竞"，殆亦继嗣之法不定，有以致之与？其王坐金床，随太岁转；与妻并坐接客；而无职官。则政权必出于一之义，尚未分明；行政者又无其人；可见其政治演进之浅。刑法峻急。偷盗者，无多少，皆要斩。盗一责十。弥足见其野蛮耳。

《南史》谓嚈哒事天神即祆神，亦即所谓胡天也。火神。《北史·吐火罗传》，则谓其俗奉佛。盖诸教并行，不衷于一。其葬，以木为椁。富者累石为藏，贫者掘地而埋。随身诸物，皆置塚内。父母死，子截一耳。葬讫即去。则似犹守旧俗也。

嚈哒以游牧为业。多驼马。无城邑，依随水草。以毡为屋，东向开户。夏迁凉土，冬逐暖处。《唐书》云："其国土著"，盖指吐火罗一地言之。头皆翦发，衣服类加以璎珞。其语与柔然、高车及诸胡不同，待河南人吐谷浑重译，然后通焉。吐谷浑与羌杂居，所谓河南人，盖羌人也。此嚈哒本在后藏，地与羌接之明证。"无文字，以木为契。与旁国通，则使旁国胡为胡书，以羊皮为纸。"盖其文化皆受之西域，居后藏时无有也。

女国，"子从母姓。妇人轻丈夫，而性不妒忌，女贵者咸有侍男"。盖亦行一妇数夫之制。丈夫惟务战与耕而已。此女王所由立与？然"官在外者，咸男子为之。凡号令，女官自内传，男官受而行之"。盖女系时代，曾以女为族长，其后化家为国，而此制未变，故犹立女王；然执事究以男子为优，故外官又皆用男子也。

其所居皆重屋，王九层，国人六层，盖如羌族之居碉也。气候多寒，以射猎为业。然多产盐，亦能将向天竺兴贩，其利数倍。男女皆以彩色涂面，一日中或数改变。人皆被发，以皮为鞋。案寒地之人多被发见《粤族》篇，则被发者藏族之故俗。嚈哒之翦发，盖据西域后，化于西胡也。事阿修罗神。又有树神。岁初以人祭，或用猕猴。此殆知用人之残忍，而以是为代。可悟进化以渐之理。祭毕，入山祝之。有一鸟，如雌雉，来集掌上。破其腹视之。有众粟，则年丰，沙石则有灾。谓之鸟卜。其贵人死，剥藏其皮，内骨瓮中，糅金屑瘗之。经一年，又以其皮肉，铁器埋之。日人某《西藏游记》，谓"藏人所信神鬼甚多。传自中国之佛教，不能大行；而自印度入之喇嘛教，矜炫奇迹者，则风靡全藏，职是之故"。惜乎藏族旧教，我国史籍，可征者甚鲜也。

此稿成后，披阅王静庵《观堂集林》。其《西胡考》云："《大唐西域记》十二云：于阗国尼壤城，四百余里至睹货逻故国。国久空旷，城皆荒芜。案于阗国姓，实为尉迟。而画家之尉迟乙僧，张彦《历代名画记》云：于阗人。朱景元《唐朝名画录》云：吐火罗人。是于阗与吐火罗同族，亦吐火罗曾居于阗之证。又今和阗以东大沙碛，《唐书》谓之图伦碛原注：'《唐书·西域吐谷浑传》：李靖等军且末之西。伏允走图伦碛，将托于阗。是图伦碛在且末于阗间'，今谓之塔哈马干碛，皆睹货逻碛之讹变。是睹货逻故国，在且末于阗间。"案谓吐火罗曾居于阗，又谓其故国在且末、于阗间，迹近凿孔，不如予说之信而有征矣。然一尉迟乙僧，或谓于阗人，或谓吐火罗人，则足为嚈哒吐火罗是一，及嚈哒为于阗异译之证。盖张彦云于阗人，犹云嚈哒人耳。当时虽误译于阗为嚈哒，乙僧则自知其故国中国旧译为于阗，不随时俗之讹而从其朔也。

〔第十三章〕
白种

自汉至藏，为族十一，皆黄种也。世界人种，究起原于何地不可知。就有史以来言之，则亚洲中央高原，似系各种人最初居地。汉族究自西来与否，今日尚难质言。至于欧洲种人，自亚洲中央高原西徙，则似无疑义。今日欧亚二洲之界，为乌拉山，为乌拉河，为里海，为高加索山，为黑海。水本不足为交通之障；乌拉山脉，虽长而低；高加索山，虽峻而短；亦不足以阻碍往来；故分史事为东西洋二部，则其界线，非今日欧亚二洲之界，而亚洲中央之高原也。今自波谜罗高原，东连青海、西藏、川边，实为世界最高、最崎岖之处。其北，则自新疆、蒙古，连于两海之间，为一大沙漠。南固山岭重叠，北亦举目荒凉。欧亚二洲之来往，除蛮族侵略外，殆无有焉。非谓竟无，谓其事不关重要耳。自亚入欧，陆道有三：一出西伯利，为北道。一逾葱岭，为中道。一自前后印度沿海行，为南道。北道荒寒，中道险阻，南道则苏彝土地峡为之阻。故中国与大秦之交通，卒始于海也。以兵事言：中国兵力，及于葱岭以外者甚少。元人虽尽臣西亚，兼据欧洲，实仍蛮族侵略性质耳。大食之强，卒不能侵寇中国。西辽既建国，命将伐金。师行万里，无所得。大石曰："皇天弗顺，命也。"帖木儿之强，元亡于东方，遗民多归之。帖木儿欲大举伐明，中途而卒。即帖木儿不死，亦不易越沙漠而扰北边也。此皆葱岭为东西限界之证。其南海道交通，却较陆地为便。然苏彝士运河未开；加之昔时航海之术，不如今日之精，往来究属不便。故冒险航行者，不过商贾之流。国家使节，必旷世而后一通，而兵事更无论矣。此东西洋之史事，所由以有关系为变，无关系为常邪？史事如此，而人种之分布随之。葱岭以东，以黄人为主。葱岭以西，以白人为主。其东非无白人，其西非无黄人，然较微矣。然关系虽浅，究非绝无。我国盛时，疆理所至，盖亦跨葱岭东西；声威所届尤远。葱岭以东之白人，固多同化于我者；其西之白人，来者亦不少；

此史有明文者也。今皆泯然无迹矣。故论我国民之血统，与白人混合者，实亦不少也。

见于中国史之白人，当分数派论之：一为汉时西域诸国。西域诸国，种族有三：（一）塞种，（二）氐羌，（三）汉族也。知西域有汉族者，《汉书·西域传》曰："自且末以往，皆种五谷。土地，草木，畜产，作兵，略与汉同。有异乃记。"然记其异者少，不记者多，则同于汉者甚多。此必非偶然也。塞种，似即 Semites，近人译为塞米的，或译为山米。故居伊犁河流域。又有乌孙者，颜师古谓其"青眼赤须，状类猕猴"。洪文卿尝询之俄人。俄人谓此类今德意志人。见《元史译文证补》卷二十七上。此亦未必然。然乌孙之为白种，则无疑矣。乌孙与月氏，俱居敦煌。其昆莫难兜靡，为月氏所杀。子猎骄靡，新生。傅父抱之，亡归匈奴。匈奴单于爱养之。冒顿及老上，再击破月氏。月氏击逐塞王，居其地。塞王南君罽宾克什米尔。猎骄靡长，请于匈奴，再攻月氏，月氏败，西走，臣大夏。大夏者，西史之巴克特利亚（Bactlia）也。乌孙自是居伊犁河域。张骞谓"乌孙居敦煌时故小国"，而《汉书》载其户口胜兵之数，为西域最，盖不去之塞种、月氏，皆为所抚用矣。浑邪王之降，河西地空。张骞欲厚赐乌孙，使还居故地。许妻以公主，为昆弟。时昆莫年老，国分于仲子大禄，嫡孙岑陬，不能专制；又远汉，未知其大小；而臣匈奴久；其大臣又皆不欲，故谢使者。而匈奴闻乌孙通汉，怒，欲击之。乌孙恐，乃使朝，愿得尚主。汉以江都王建女细君妻之。昆莫自以年老，欲使岑陬尚主。主不可，以闻。诏从其俗。主死，复以楚王戊孙解忧妻之。岑陬卒，大禄子翁归靡立。翁归靡卒，岑陬子泥靡立。皆尚楚主。翁归靡时，匈奴欲侵陵乌孙。昆莫及主，俱以为言。宣帝为发五将军击匈奴。校尉常惠，护乌孙兵，自西方入。获畜产甚众。匈奴由此衰耗。泥靡号狂王，与主不相得。公主与汉使谋诛之。不克。其子发兵围公主及汉使。都护救之，乃解。翁归靡胡妇子乌就靡，袭杀狂王，自立。元贵靡者，翁归靡尚楚主时所生子也。汉立元贵靡为大昆弥，乌就靡为小昆弥。时出兵安定其国。元始以后，事迹乃不可知焉。《汉书》谓自"乌孙分立两昆弥后，汉用忧劳无宁岁"。盖乌孙大国，汉欲借其力以制匈奴，不图转屈中国之力以事之也。

乌孙而外，大宛亦为大国。近人云："古时希腊之民，移殖里海之北者，彼国称为耶而宛，Ionian，即 Yavanas 之转音。即中国所谓大宛。葡萄、苜蓿，亦希腊语之译音云。"Botrus Medike。张骞之使月氏，为匈奴所得。后亡走大宛。大宛为发译传道，抵康居。康居传致大月氏。时大月氏得沃土，志安乐，无报胡心。而骞在大夏时，见邛竹杖、蜀布。问"安得此"？大夏国人曰："吾贾人往市之身毒。"骞以为"大夏去汉万二千里，居西南。今身毒居大夏东南数千里，有蜀物，其去蜀不远矣"。欲由蜀通大夏，不达，而汉由此开西南夷。参看《濮族》篇。是时由川滇通藏印之道，未必遂开。邛竹杖蜀布，疑仍由粤浮海道至印度也。其后汉求天马于大宛，不得。使李广利征之，不利。汉再发大兵征之，卒破其国。此役汉所失极多，然西域诸国，自此震惧，多遣使贡献，使子弟入侍焉。

塞王之为月氏所破也，《汉书》曰："塞种分散，往往为数国。疏勒以西，休循、捐毒之属，皆故塞种也。"又乌弋山离，"其草木、畜产、五谷、果菜、食饮、宫室、市列、钱货、兵器、金珠之属，皆与罽宾同"。难兜，"亦种五谷，葡萄，诸果，与诸国同属罽宾"。盖亦皆塞种矣。西域之绝也，莎车王贤，称霸诸国。妫塞王杀贤使者，贤击灭之，而立其臣。妫塞王，盖塞种之王妫水者也。《穆天子传》，于一切器物，必著之曰："西膜之所谓某某。"西膜，盖山米异译也。《穆天子传》，盖西域既通之伪书？以考周时事，殊不足用。然实可考汉时事。《传》述西膜之盛如此，正可见汉时塞种之盛也。疏勒，今新疆疏勒县。捐毒，在疏勒之西。南与葱岭属。西上葱岭，则休循也。乌弋山离，在今阿富汗境。难兜，在今巴达克山西境。

诸国中月氏本东方民族。然西徙后，其民实多大夏之遗。故《汉书》谓其"土地、风气、物类所有，与安息同"。《北史·康国传》："人皆深目高鼻，多须髯。"安息者，西史之泊提亚（Partnia）也。《汉书》谓其"土地、风气、物类所有、民俗，与乌弋、罽宾同"。于大宛，则云"与大月氏、安息同"。于康居，则云"与大月氏同俗"。参互观之，而诸国之为白种，可无疑矣。乌孙状貌，确为白种，而《汉书》谓其"与匈奴同俗"者，以白种诸国，均事农商，乌孙独事游牧，故云。非谓其与匈奴同种也。《汉书》又总序之云："自宛以西，至安息，虽颇异言，然大同，自相晓知也。其人皆深目高鼻，多须髯。善市贾，争分铢之利。贵女子。女子所言，丈夫乃决正。"可以知其种族矣。

汉通西域，始武帝时。至王莽而绝。后汉时，班超定之。超还，任尚代为都护，以峻急，失诸胡心，西域复叛。永建中，超子勇复平之。然乌孙及葱岭以西遂绝。故其兴亡多不可考。大宛，《魏书》称为者舌，特以地望言之，其种族犹是与否，不可知也。乌孙：魏时犹通使。《魏书》云："其国数为蠕蠕所侵，南徙葱岭山中。"自隋以后，遂无闻焉。元时有钦察者，亦曰乞卜察兀。地在乌拉岭西，里海、黑海以北。俄书称其地曰波罗物次，称其种人曰波罗物齐。他国皆称之曰奇卜察克。拉施特，阿卜而戛锡云：突厥族派凡五，一为奇卜察克；与蒙古同属乌克斯汗之后。乌克斯汗与亦脱巴阿部战败，退至两河间。未言何河。有陈亡将弁妇，怀孕临蓐；军中仓卒无产所，就空树中生子。乌古斯汗收育之，名以奇卜察克，义谓空树。越十七年，乌古斯战胜亦脱巴阿人，遂降其部。未几复叛，乃令奇卜察克往牙爱克河今乌拉河镇抚之。因以名部。西人涉猎中国史者，谓乌孙西徙葱岭后，杳不知其所之。唐初突厥所属之可萨部，即在奇卜察克之地。西书称曰哈萨儿。唐中叶后，又有他部，自东而西。哈萨儿部，被逼西徙。旧时牧地，悉属别姓。此部族即是乌孙。俄人称波罗佛次，佛次当即乌斯转音。今俄南境帖尼驳河，古名乌苏河；其入海之地，名乌速立姆那犹言乌孙海湾；当由乌孙居此，故有此称也。然所谓乌古斯汗者，中西古籍，咸无可征。故近世西人，多解为荒野平地之民；谓语出波斯，俄之波罗物次亦同解云。以上据《元史译文证补》予案蒙古为鞑靼、沙陀之混种，沙陀为西突厥别部，俱已见前。哲别、速不台之西征，其诱钦察，实有"我等同类"之说，又《元史·土土哈传》谓"其先本武平北折连川按苔罕山部族。自曲出徙居西北玉里伯里山，因以为氏。号其国曰钦察。曲出生唆末纳，唆末纳生亦纳思，世为钦察国主"。则钦察与蒙古，同出突厥，说非无因。岂乌孙为柔然所逼，后又隶属突厥欤？

皙族之又一支为坚昆。唐时称黠戛斯；或曰居勿，曰结骨，曰纥骨，曰纥挖斯；皆一音之异译也。《汉书·匈奴传》，称其"东去单于庭七千里，南去车师五千里"，盖在今唐努乌梁海境。略当车师正北。《唐书》云："地当伊吾之西，焉耆西北，白山之旁。"又云："直回纥西北三千里。南依贪漫山。"又云："阿热驻牙青山。青山之东，有水曰剑河。偶艇以度。水悉东北流，经其国，合而北，入于海。"又曰："徙牙牢山之南，牢山，亦曰睹满；距回鹘旧牙，度马行十五日。"案贪漫、赌满，同音异译，皆即今之唐努山。剑河，即《元史》之谦河，今叶尼塞上源之华克穆河也。详见《元史译文证补》卷二十六。黠戛斯人种甚杂。《唐书》称"其人皆长大，赤发，皙面，绿瞳"；此本为白种之征。又云："其种杂丁令，其文字语言，与回鹘同"；又列结骨为铁勒十五部之一；则与丁令相杂矣。丁令久属匈奴；匈奴封李陵为右贤王，盖即王其部落。故其人至唐时，尚自以为陵后。《唐书》称其"以黑发为不祥。黑瞳者，必曰陵苗裔也"。"景龙中，献方物。中宗引使者劳之曰：而国与我同宗，非它藩比。既破回鹘，得太和公主，自以李陵后，与唐同宗，遣使者达干，奉主来归。会昌中，诏阿热著宗正属籍。"其果为陵后与否不可知，而其人自谓陵后，则不虚矣。今俄人称哈萨克曰乞儿吉思，谓语出回纥；乞儿义为四十，吉思义为女；古时匈奴以汉地四十女嫁夫居此，故蒙是称。亦其与汉族相杂之一旁征也。

坚昆自汉至隋，无所表见。唐时，为突厥所羁制。突厥以女妻其酋豪。后又隶薛延陀。以颉利发一人监焉。贞观时，其酋长三人：曰讫悉辈，曰居沙波，曰阿米辈，共治其国。二十一年，闻铁勒入臣，即遣使献方物。其酋俟利发失钵屈阿栈，身入朝。《唐书》云："其君名阿热，遂姓阿热氏。"阿栈，似即阿热异译。以其地为坚昆府，隶燕然都护。乾元中，为回纥所破。自是不能通中国。回纥授其阿热官毗伽顿颉斤。回纥稍衰，阿热即自称可汗。回纥遣宰相伐之，不胜。挈斗二十年不解。而其将句录莫贺作难，导阿热，阿热遂得破杀回纥可汗。然未尝徙居其地，故其后事迹不可知。元时谓之吉利吉思，亦作乞儿吉速。地在也儿的石河，今额尔齐斯河也。

又有乃蛮者，亦作乃满，又作乃马。其部长曰亦难赤可汗。生二子：长曰太赤不哈，是为塔阳可汗。次曰古出古敦，是为不亦鲁黑汗。兄弟交恶，分国而治。塔阳居金山之阳，忽里牙速兀、札八儿二水间，南近沙漠。不亦鲁黑居兀鲁黑塔黑之地，北近金山。忽里牙速兀，即今乌里雅苏台河；札八儿，今匝盆河也。兀鲁黑塔黑未详。然云北近金山，则亦当在今科布多，乌梁海境。《元史·地理志》谓：乃蛮本居吉利吉思之地；而当时漠北诸族，惟乃蛮奉也里可温教，最为洁清；可知其为黠戛斯之后矣。清世亦称哈萨克。分三部：左曰鄂尔图玉斯，行国。中曰齐齐玉斯，西曰乌拉玉斯，皆居国。地界乌梁海、塔城、伊犁之间。西人仍称之为吉利吉思。左部曰大吉利吉思，中部曰中吉利吉思，西部曰小吉利吉思。乾隆时尝内附，授所部以王公台吉等爵；定三年一贡，岁一互市于乌鲁木齐。道光时，乃折而入于俄罗斯焉。

　　印度种族，尽人知之，无待赘述。然吐蕃王室，系出印度，则知者较寡矣。《唐书》云："吐蕃，本西羌属，居析支水西。祖曰鹘提勃悉野，健武多智，稍并诸羌，据其地。蕃发声近，故其子孙曰吐蕃，而姓勃窣野氏。或曰南凉秃发利鹿孤之后，二子：曰樊尼，曰傉檀。傉檀嗣，为乞伏炽磐所灭。樊尼挈残部臣沮渠蒙逊，以为临松太守。蒙逊灭，樊尼率兵西济河，逾积石，遂抚有群羌云。"此二说求之藏人所自述，羌无左证。且其地仅在河源积石一带，距吐蕃赞普所居之逻娑川今拉萨，尚千里也。盖中国前此，兵威所加，使译所及，传闻所得，极于河源内外。自此以往，实非所知。鹘提勃悉野及秃发樊尼，固实有其人；其兼并群羌，亦必实有其事。然与吐蕃实风马牛不相及。特当时所知羌中故实，以此为最远，故遂从而附会之耳。

考西藏人之史，自当以藏人所自述者为据。惜藏人史籍，译成华文者，仅《蒙古源流考》之前半耳。今姑据以为证。《源流考》云："巴特沙拉国乌迪雅纳汗生一子，善占之必喇满占之，曰：此子克父，必杀之。而锋刃利器，皆不能伤。乃贮以铜匣，弃之恒河中。外沙里城附近种地老人收养之。长，告以前事。此子遂向东边雪山而去。至雅尔隆赞唐所有之四户塔前，众共尊为汗。时岁次戊申，戊子后千八百二十一年也。是为尼雅特赞博汗。胜四方部落，为八十八万土伯特国王。尼雅特赞博汗生穆特赞博汗，穆特赞博汗生定持赞博汗，定持赞博汗生索特赞博汗，索特赞博汗生墨尔特赞博汗，墨尔特赞博汗生达克特赞博汗，达克特赞博汗生色哩特赞博汗，色哩特赞博汗生智固木赞博汗，为奸臣隆纳木所弑。后文又云：'尼雅特赞博汗之七世孙色尔特赞博汗，为其臣隆纳木所弑。'其长子置特，逃往宁博地方。次子博啰咱，逃往包地方。三子布尔特齐诺，逃往恭布地方。隆纳木据汗位一载，旧日数大臣诛之，迎立博啰咱。是为布迪恭嘉勒汗。布迪恭嘉勒汗生噜勒噶凌，噜勒噶凌生库噜木凌，库噜木凌生实勒玛凌，是称六贤汗。似夺二汗之名。实勒玛凌生德噜开木松，德噜开木松生迪斯巴勒，迪斯巴勒生廸米雅，廸米雅生萨喇特纳穆，萨喇特纳穆生苏斡，苏斡生萨琳嘉勒灿，萨琳嘉勒灿生洞哩洞剪，此为衍庆七汗。洞哩洞剪生都克廸都克灿，都克廸都克灿生持托克哲赞，持托克哲赞生拉托哩年赞，拉托哩年赞生持年松赞，持年松赞生达克哩年资克，达克哩年资克生纳木哩苏隆赞，是为妙音七汗。亦仅六汗。纳木哩苏隆赞生名哩勒丹苏隆赞，名哩勒丹苏隆赞，以丁丑年生，实戊子后二千七百五十年。年十三岁，己丑，即汗位。"案名哩勒丹苏隆赞，即《唐书》之弃宗弄赞。其即位之年己丑，为唐太宗贞观三年。其生年丁丑,为隋炀帝大业十三年。是岁为戊子后二千七百五十年,则上溯尼雅特赞博汗始王土伯特之戊申,为戊子后千八百二十一年者,实为周赧王二年矣。《源流考》之年代,固全不足据;然其事实,则考之他书,多有证验,固不能尽指为虚诬也。布尔特齐诺,即《元秘史》之孛儿帖赤那,乃蒙古奇渥温氏之祖。此人之年代,似不能在弃宗弄赞以前,此亦《源流考》年代不足据之一证也。

《唐书》述弃宗弄赞世系云:"其后有君长曰瘕悉董摩。董摩生陀土度,陀土生揭利瑟若,揭利生勃弄若,勃弄生讵素若,讵素生论赞素,论赞生弃宗弄赞。亦名弃苏农,亦号弗夜氏。"此说与前两说绝不相蒙,可见前两说之无据矣。此所述,盖真吐蕃赞普世系。德宗时,赞普乞力赞,姓户卢提氏,亦不姓勃窣野氏也。弃宗弄赞,以贞观八年,遣使来朝。求婚,不许。使者归,妄谓吐谷浑间之。弃宗弄赞怒,发兵攻吐谷浑。吐谷浑不能抗,走青海之阴。遂破党项、白兰,勒兵二十万,入寇松州今四川松潘县。侯君集击破之,乃去。旋使来谢罪,固请婚。以宗女文成公主妻之。自此事中国甚谨。永徽初,卒。无子,立其孙。《源流考》曰:"赞普年八十二卒。长子莽苏陇前卒。次子恭苏陇立,年十四。"幼不事政。宰相禄东赞专其国。禄东赞卒,子钦陵,居中用事;赞婆、悉多干、勃论,皆专方面兵。而赞婆专东境几三十年,大为边患。仪凤四年,赞普死,子器弩悉弄立。《源流考》:"恭苏陇卒,遗腹子对苏陇生,即嗣位。"观《唐书》长欲得国之言,可知其即位时年尚幼。既长,欲自得国,杀钦陵。南方属帐多叛。赞普自讨,卒于军。子弃隶缩赞立,始七岁。《源流考》:对苏陇之后,为哩勒丹租克丹汗。即位时二岁。吐蕃当高宗时,尽破诸羌,又取四镇。龟兹、于阗、疏勒、碎叶。玄宗时,西突厥十姓可汗请居碎叶,乃以焉耆备四镇。碎叶川,今吹河也。破茂州西之安戎城。疆域抵西洱河。武后时，王孝杰复四镇。钦陵寇临洮，又不胜。钦陵死，乃请和。中宗以雍王守礼女金城公主妻弃隶缩赞。吐蕃请河西九曲地，为公主汤沐邑。许之。且许筑桥河上，以通往来。由是河，洮之间，被寇无宁岁。玄宗立，乃复之。安禄山反，河西、陇右，尽为吐蕃所陷。代宗时，至入长安，立广武王承宏为帝焉。时则畿辅岁见侵掠。德宗立，乃请和。已而请助讨朱泚。约事平，畀以泾、灵等四州。吐蕃兵疫作，辄引去。其后顾求地。德宗赐以帛万匹。吐蕃怒，遂为寇。久之，其赞普达磨，《源流考》之达尔玛。嗜酒，好猎，喜内，凶愎少恩，稍衰。武宗会昌二年，卒。无子，以妃綝氏兄子嗣。方三岁。别将尚恐热，杀宰相，自为之。以兵攻鄯州节度使尚婢婢。鄯州，今甘肃西宁县。尚婢婢来降。唐乘之，复河湟。时宣宗世也。自是之后，吐蕃衰，其事多不可见。

　　吐蕃盛时，疆域殊广。西藏僧人谓卫地在喜马拉雅山之南，已见前篇。今案吐蕃赞普治逻娑川，即今拉萨，其地已在西藏南境。而《唐书》谓器弩悉弄以讨南方之叛卒于军，其所谓南方，必在印度无疑矣。高宗时，吐蕃既破吐谷浑、党项、白兰，又取安戎城，破诸羌羁縻州十有八；其疆域抵西洱河，实苞今西康及云南、四川之鄙。王孝杰复四镇，玄宗时，吐蕃欲假道勃律以取之。勃律者，《魏书》之波路，《西域记》作钵露罗，在迦湿弥罗之北迦湿弥罗今克什米尔，今印度之本治城也。武后时，吐蕃求与中国分十姓可汗地。西突厥地。参看第四篇。《唐书·大食传》谓："贞元中与吐蕃相攻。吐蕃岁西师，故鲜盗边。"可见其在西域之威棱矣。然达磨以后，一蹶不振，何哉？阿利安人之入西藏，本以文明人入野蛮人之地。以开明之长，御朴鲁悍强之众，故其兴也勃焉。然政府之措施，虽云如意，社会之程度，未必遂高，故贤君良相不作，遂泯焉无闻也。

西藏今日,最高之权,操于达赖、班禅之手。然其事不自今始。元时宣政院,固已僧俗并用矣。吐蕃赞普之统绪,绝于何时,殊不可考。以予度之:吐蕃王室,本以客族,驾居诸部落之上;固有诸部落,未必遂亡;一旦王室解纽,则仍各自独立矣。此等部落,或则酋长佞佛,以君主变为教主。或且舍位出家,及身纵仍绾政权,而黄教教律,不许取妻,其位遂不得不传诸徒众。又或僧人为众推戴,司其治理。如是,则达赖、班禅,以教中之首长,起而统驭之,甚易矣。此西藏政权之所由递嬗与?

又今之俄罗斯,其名早见《唐书》,此事措意者亦寡。案俄罗斯,《元史》作阿罗思,亦作斡罗思;《秘史》作斡鲁速。据西史所载,此种人当唐季,居今彼得格勒之南,莫斯科之北;北邻瑞典、那威。国人有柳利哥者,兄弟三人,夙号雄武;侵陵他族,收抚种人,立为部落。柳利哥故居地,有遏而罗斯之名,遂以名部。西人云,遏而罗斯为舻声。古时瑞、那国人,专事钞掠,驾舟四出。柳利哥亦盗魁,故其居地有是称。其说牵强附会已极。案《唐书》:"驳马,或曰弊刺,曰遏罗支。直突厥之北,距京师一万四千里。马色皆驳,因以名国云。北极于海。虽畜马而不乘,资湩以食。好与结骨战。人貌多似结骨,而语不相通。"驳马,盖他部落称之;遏罗支则其人自号。《唐书》所载,正西史所谓柳利哥故居之地也。

以上所述白种,虽与中国关系较疏,然其与中国人相混合者,实亦不少。冉闵之诛胡羯也,史称"高鼻多须,或致滥死"。夏氏曾佑因疑匈奴之形状,为高鼻多须。非也。匈奴自是黄人。所谓高鼻多须,乃西域之白种人,随匈奴入中国者耳。《北史·粟特传》:"其国商人,先多诣凉土贩货。魏克姑臧,悉见虏。"

此其商人之混杂中国人中者也。此外佛教、火教等，传教之徒，遂留中国者，当亦不少。

此诸白种，风俗亦各不同。然大率承袭欧洲之文明。亦颇能传之中国。以生业言：则汉时西域，氐羌为行国，而塞种为居国。《汉书》述罽宾等之俗，谓其"能艺五谷，葡萄，诸果，粪治园田。雕文刻镂。织厨，刺文绣。治宫室。有市列，以金银为钱"。据近今治植物学者言，则中国植物，传自西域者实不少云。汉武帝征和中，桑弘羊与丞相御史奏言："屯田轮台以东，其旁国少锥刀，贵黄金采缯，可以易谷食。"成帝时，康居遣子侍汉贡献。都护郭舜钦上言："康居骄黠，讫不肯拜使者。都护吏至其国，坐之乌孙诸使下。王及贵人先饮食已，乃饮啖都护吏。故为无所省，以夸旁国。以此度之，何故遣子入侍？其欲贾市，为好辞之诈也。"罽宾杀汉使，遣使谢罪。杜钦谓"无亲属贵人贡献，皆行贾贱人，欲通货市买，以献为名"。又述道路之险，谓"历大头痛小头痛之山，赤土身热之阪，令人身热无色，头痛呕吐，驴畜尽然。又有三池盘石。阪道陜者，尺六七寸；长者径三十里。临峥嵘不测之深。行者骑步相持，绳索相引，二千余里，乃到县度。畜队未半阬谷，尽靡碎。人堕，势不得相收视。险阻危害，不可胜言"。而贾市之徒，能数岁而一至，亦可谓难矣。此等固皆为利，然文明之传播，实利赖之。《北史·大月氏传》："太武时，其国人商贩京师，自云能铸石为五色瑠璃。于是采矿山，于京师铸之。既成，光泽乃美于西方来者。乃诏为行殿，容百余人。光色映彻。观者见之，莫不惊骇。自此国中瑠璃遂贱，人不复珍之。"此等事当尚不少，此特其一端也。

中国文化，亦当有传播西域者。惜乎不可尽考。《汉书》云："自宛以西，不知铸铁器。及汉使，亡卒降，乃教铸作它兵器。"即此一端，其关系可谓绝大。桑弘羊谓轮台以东，椎刀可易谷食，则重铁器者，正不独自宛以西。然此非必不知铸作，但苦无铁，或铸作不便耳。然其与汉，初不甚亲。《汉书》云"自乌孙以西，至安息，近匈奴。匈奴尝困月氏，故匈奴使持单于一信到，国国传食，不敢留苦。及至汉使，非出币物不得食，不市畜不得骑。所以然者，以远汉；而汉多财物，故必市，乃得所欲"云。

汉时西域白人，盖皆希腊殖民之裔，故其俗颇文明。至其近于游牧者则不然。《唐书·黠戛斯传》："昏嫁纳羊马以聘，富者或百千计。法最严，临陈桡，奉使不称，妄议国，若盗者，皆断首。子为盗，以首著父颈，非死不脱。"皆北狄野蛮之俗也。又曰："丧不鬌面，三环尸哭，乃火之，收其骨，岁然后墓。"此盖出于教律，非其故俗也。

吐蕃虽来自印度，亦杂羌俗为多。其刑：虽小罪，必抉目，或刖劓。以皮为鞭挞之，从喜怒，无常算。其狱，窟地深数丈，内囚于中，二三岁乃出。《源流考》谓名哩勒丹苏隆赞始定刑法，盖多仍羌俗。贵壮贱弱。母拜子，子倨父。出入，前少而后老。重兵死，以累世战没为甲门。败懦者，垂狐尾于首，示辱，不得列于人。其居父母丧，断发，黛面，黑衣，既葬而去。其葬，为冢，墍涂之。其君臣，自为友，五六人曰共命。君死，皆自杀以殉。所服玩乘马皆瘗。起大屋冢颠，树众木，为祠所。钦陵之自杀，左右死者百余。祠祭羝为大神。赞普与其臣，岁一小盟，用羊犬猴为牲。三岁一大盟，夜肴诸坛，用人马牛驴为牲。凡牲，必折足裂肠，陈于前。使巫告神曰："渝盟者，有如牲。"盖多羌俗，而用人及猴为牲，则似又藏族之俗也。其生业：能植小麦，青稞麦，荞麦，荁豆。然究以游牧为主。逐水草，无常所。衣率毡韦，赞普联氇帐以居，号大拂庐，容数百人。部人处小拂庐云。

吐蕃兵力之强，盖由所用之众故勇悍，而又以严法驭之也。《唐书》称其"兵法严而师无馈粮，以卤获为资。每战，前队尽死，后队乃继。其举兵，以七寸金箭为契。百里一驿。有急，驿人膺前加银鹘。甚急，鹘益多。告寇举烽。其传骑曰飞鸟使"。可见其戒备之夙，节制之严矣。其铠胄，"衣之周身，窍两目，劲弓利刃，不能甚伤"。其胜兵数十万。尤能收用客族。沙陀、南诏之服，皆以其人为前锋。初盗塞，畏春夏疾疫，尝以盛秋。德宗时，得唐俘，厚给资产，而质其孥，虽盛夏，亦入边矣。

西藏今日之文明，可谓为佛教之文明。首以佛教入西藏者，则文成公主也。《唐书》云：弃宗弄赞既尚主，为主筑一城，以夸后世。遂立宫室以居。国俗赭面，公主恶之。赞普为下令国中禁之。自襫毡罽，被纨绡，为华风。其慕效中国盖甚切。然吐蕃去印度近，其人又本自印度来，故其文化，究以传诸印度者为多。唐时吐蕃常遣人入国学习诗书，又请儒者典章疏；弃隶缩赞使来请《五经》，皆见于《唐书》。然其文字卒仿效印度；其所信佛教，亦以来自印度者为盛，即所谓喇嘛教也。